lernen Deutsch für den Beruf

von Adelheid Höffgen

Kommunikation am Arbeitsplatz

Lehrbuch für Deutsch als Fremdsprache

Max Hueber Verlag

Mein besonderer Dank gilt
Edith Wilson, die mit ihren Ideen,
Materialsammlungen und
Inspirationen das Projekt von
Anfang an konstruktiv begleitet hat.

Weitere Bestandteile
1 Kassette – ISBN 3-19-027245-X
Arbeitsbuch – ISBN 3-19-017245-5

4. 3. | Die letzten Ziffern
2008 07 06 | bezeichnen Zahl und Jahr des Druckes.
Alle Drucke dieser Auflage können, da unverändert,
nebeneinander benutzt werden.
1. Auflage

Umschlaggestaltung: Christiane Gerstung unter Verwendung der Fotografien
von Christiane Gerstung und Timotheus Fischer
Layout und Satz: Christiane Gerstung, München
Druck und Bindung: Ludwig Auer GmbH, Donauwörth
Printed in Germany
ISBN 3-19-007245-0
(früher erschienen im Verlag für Deutsch ISBN 3-88532-354-0)

An wen wendet sich das Lehrwerk?
Deutsch lernen für den Beruf ist ein Lehrwerk für fortgeschrittene Lerner (Niveau Zertifikat Deutsch als Fremdsprache), die sich berufssprachliche Kenntnisse und Fertigkeiten aneignen wollen. Das Lehrwerk vermittelt keine fach- bzw. gewerbespezifische Berufssprache (zum Beispiel des Baugewerbes), sondern die Grundlagen einer Kommunikation mit hohem Allgemeinheitsgrad, die auf verschiedene berufliche Situationen übertragbar sind.

Worauf bereitet das Lehrwerk vor?
Deutsch lernen für den Beruf bereitet gezielt auf das *Zertifikat Deutsch für den Beruf* vor. Das Lehrwerk beinhaltet alle prüfungsrelevanten Arbeitsformen und -techniken: Schreiben (Stichwortbrief und Brief nach Textbausteinen), orientierendes, kursorisches, selektives und intensives Lesen, kursorisches, selektives und intensives Hören, Sprechen (Selbstdarstellung, Analyse und Kommentierung eines Schaubildes, kontroverses Diskutieren) und Wortschatz und Strukturen.

Wie umfangreich ist das Lehrwerk?
Deutsch lernen für den Beruf erfordert eine Kursstruktur von ca. 100–120 Unterrichtseinheiten (= 45 Minuten).

Aufbau und Inhalt
Deutsch lernen für den Beruf besteht aus zehn Kapiteln, die thematisch angeordnet sind. Nach Kapitel 5 und Kapitel 10 folgt jeweils ein Testkapitel. Der thematische Aufbau entspricht in etwa einem Gang durch die Abteilungen eines Unternehmens.

Dieser Rundgang wird in jedem der zehn Kapitel durch weiterführende verwandte Inhalte und kommunikative Situationen sowie durch Infoseiten, die den theoretischen Hintergrund vermitteln, ergänzt.

Handelt es sich um ein progressiv aufgebautes Lehrwerk?
Ja, deshalb empfiehlt es sich die Kapitel hintereinander zu behandeln. Sowohl thematisch (z. B. Wiederholungscharakter des ersten Kapitels) als auch sprachlich wird vom Einfacheren auf das Komplexere hingearbeitet, wobei oft einzelne Aspekte aus früheren Kapiteln wieder aufgegriffen und weitergeführt werden.

Wie sind die einzelnen Kapitel aufgebaut?
Innerhalb der Themen wird nach den grundlegenden Fertigkeiten *Lesen, Hören, Sprechen* und *Schreiben* unterschieden. Diese sind im Buch durchgehend gekennzeichnet. Rechts neben dem Haupttext steht immer, unter welchem Aspekt die Fertigkeit geübt wird (s. o.). Die Aufgabenstellungen knüpfen an konkrete, realistische Situationen an, wie sie dem Lerner auch im Berufsalltag begegnen. Immer steht die berufliche Kommunikation im Vordergrund. Daneben vermittelt das Buch unter *Wortschatz und Strukturen* die notwendige Sprachkompetenz, wie sie in der Prüfungsbeschreibung vorliegt. Es muss in diesem Zusammenhang darauf hingewiesen werden, dass sehr vieles von den Lernern nur rezeptiv angeeignet werden muss. Entsprechend sind auch die Aufgabenstellungen formuliert. Daneben werden jene Aufgabentypen (authentische Texte als Lückentexte und fehlerhafte Briefe zur Korrektur) geübt, die auch in der Prüfung vorkommen.

Was sind Redemittel?

Redemittel sind im Gegensatz zum thematisch bestimmten Wortschatz themenübergreifende Sprachmittel, mit denen man sich in den unterschiedlichsten Kontexten situationsgemäß behaupten kann: Redemittel zur Meinungsäußerung, zur Klärung von Missverständnissen, zum Erklären und Beschreiben usw. Eingesetzt werden die Redemittel in beruflichen Situationen verschiedenster Inhalte im Rahmen formeller Besprechungen und informeller Gespräche unter Kollegen.

Wie werden die Fertigkeiten geübt?

Da es bei den einzelnen Fertigkeiten um die Erarbeitung verschiedener Lösungstechniken, mit anderen Worten Strategien geht, sollte man sich immer an die im Buch vorgegebenen Schritte halten. Sie sind notwendig, um den gewünschten Erfolg zu erzielen.

Aus Platzgründen ist allerdings darauf verzichtet worden, immer wieder erneut darauf hinzuweisen, dass bei Aufgaben des Hörverstehens zuerst der Text gehört, dann die eigentliche Aufgabe gelesen und der Text anschließend erneut gehört wird. Erst dann sollte der Lerner die Aufgabe lösen. Bei den Aufgaben zum Lesen ist darauf zu achten, dass bei Aufgaben, in denen der Text nicht Wort für Wort (= intensiv) gelesen werden soll, den Lernern auch keine Zeit dafür gegeben wird.

Alle Übungen und Aufgaben spielen sich in Handlungsketten ab

Im strukturierten beruflichen Umfeld werden sprachliche Fertigkeiten niemals isoliert gebraucht. Dem Telefongespräch folgt eine Notiz, der folgt eine Reaktion, die einen kurzen Brief oder ein erneutes Telefonat notwendig macht usw. Das Integrieren einzelner Fertigkeiten in ganze Handlungsketten ist ein wesentliches Anliegen dieses Lehrwerks.

Der selbstständige Lerner

Im Anhang des Buches befindet sich die Arbeitshilfe. Diese enthält die Lösungen zu den Aufgaben, Redemittellisten, Hinweise und die Texttranskriptionen aller Hörtexte, gegebenenfalls auch Argumentationshilfen. Die Lerner werden angehalten, ihre eigenen Redemittellisten zu führen und diese jeweils zu ergänzen.

In Verbindung mit den Hinweisen auf die Übungsziele und die Strategien im Lehrbuch ist damit gewährleistet, dass die Lerner verpasste Unterrichtseinheiten eigenständig nacharbeiten können.

Noch ein Hinweis

Eine ausführliche Beschreibung der Prüfung und einen Modelltest finden Sie in der Broschüre *Das Zertifikat Deutsch für den Beruf,* Herausgeber sind der *Deutsche Volkshochschul-Verband* und das *Goethe-Institut,* eine etwas kürzere Einführung im *Training Deutsch für den Beruf,* erschienen im Max Hueber Verlag, Best.-Nr. 3–19–007298–1.

Schleswig-
Holstein
Kiel
Lübeck
Hamburg
Rostock
Schwerin
Mecklenburg-
Vorpommern
Bremerhaven
Bremen
Niedersachsen
Brandenburg
Berlin
Hannover
Frankfurt/Oder
Sachsen-
Anhalt
Potsdam
Nordrhein-
Westfalen
Braun-
schweig
Magdeburg
Witten-
berg
Essen
Dortmund
Dessau
Cottbus
Düsseldorf
Meißen
Köln
Leipzig
Dresden
Thüringen
Hessen
Bonn
Weimar
Erfurt
Jena
Koblenz
Fulda
Zwickau
Chemnitz
Gera
Sachsen
Wiesbaden
Frankfurt
Rheinland-Pfalz
Mainz
Bayreuth
Trier
Würzburg
Saarland
Saarbrücken
Nürnberg
Mannheim
Heidelberg
Bayern
Karlsruhe
Stuttgart
Regensburg
Augsburg
München
Baden-Württemberg
Freiburg

Menschen und Berufe

1.

Beschreiben Sie die Fotos.
Was für Berufe sind hier dargestellt?

2.

Berufe

Welche Berufe kennen Sie?

Machen Sie eine Liste.
Für welche Ihrer Berufe braucht man eine Ausbildung / ein Hochschulstudium? In Ihrem Heimatland? In Deutschland?

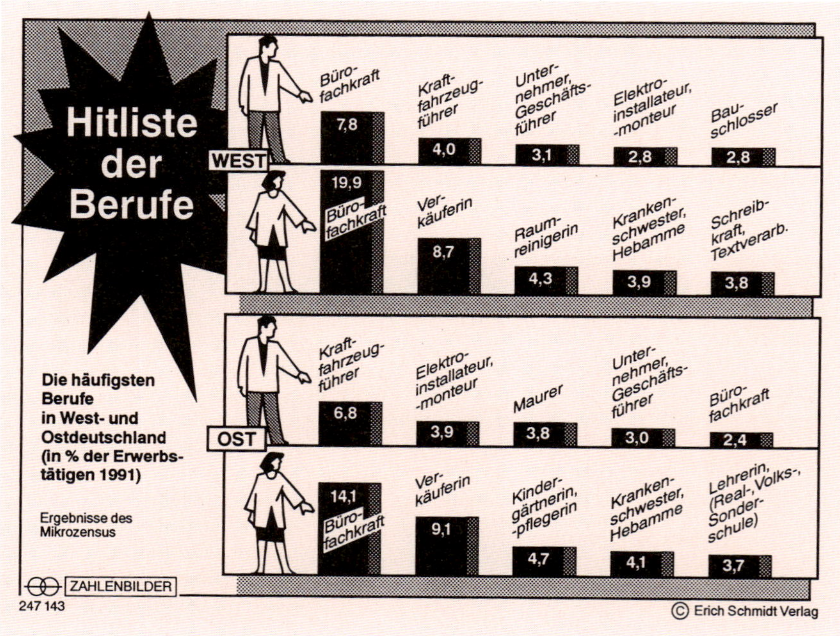

3.

Sie finden im Folgenden zehn Gruppen von beruflichen Tätigkeiten.

a. Welche Tätigkeiten sind *typisch* für welche Berufe?

Es können auch mehrere sein. Ordnen Sie zu.
Diskutieren Sie Ihre Ergebnisse in Ihrer Arbeitsgruppe.

Die Berufe:

Polizeibeamter
Bäcker
Verkäufer
Tierpfleger
Laborfacharbeiter
Kellner
Industriekaufmann
Optiker
Krankenpfleger
Maurer
Bürokauffrau
Gärtnerin
Friseur
Krankenschwester
Installateurin
Drucker
Erzieherin
Dreher
Mechaniker
Schneider
Schlosser
Ingenieur
Versicherungsangestellter
Koch
Kindergärtner
Tischler
Spediteur
Rechtsanwältin
Lehrer

Die Tätigkeiten:

1. herstellen / Material verarbeiten
2. Maschinen reparieren / bedienen / überwachen
3. Handel treiben
4. sichern
5. betreuen / pflegen / erziehen
6. Büroarbeiten
7. konstruieren / messen / untersuchen
8. ausbilden / informieren
9. planen / forschen
10. transportieren / sortieren / packen / bewirten

b. Welche dieser Berufe arbeiten vorwiegend mit Menschen / mit Maschinen?
Oder mit beiden?

c. Welchen Beruf haben Sie?
Welche Tätigkeiten passen zu Ihrem Beruf?

Berufsausbildung in der Bundesrepublik Deutschland

Das duale System

Die Ausbildung zu einem bestimmten Beruf, z. B. Mechaniker oder Industriekauffrau erfolgt in Deutschland nach dem Prinzip des dualen Systems. Dabei wird der Auszubildende teilweise im Betrieb (praktisch) und teilweise in der Berufsschule (theoretisch) ausgebildet.

Konkret heißt das, dass der Azubi an etwa vier Tagen in der Woche in einem Unternehmen (dem Ausbildungsbetrieb) arbeitet, wo er Berufspraxis erfährt. An einem bis zwei Tagen besucht er eine Berufsschule, wo er berufstheoretischen und allgemein bildenden Unterricht hat.

Mit dem Ausbildungsunternehmen hat der Auszubildende (auch Lehrling genannt) einen Ausbildungsvertrag, in dem genau festgelegt ist, wie lange die Ausbildung (die Lehre) dauert und was ihre Inhalte sind (das heißt, was der Lehrling am Ende der Ausbildung können muss).

Der begleitende Besuch der Berufsschule ist Pflicht (etwa 8 bis 12 Stunden pro Woche).

Theorie + Praxis

Die Koordination von betrieblicher und schulischer Ausbildung

Warum ein duales System?

Im Betrieb nimmt der Azubi an allen relevanten Arbeitsprozessen teil. Die Ausbildungsbetriebe müssen bestimmte Kriterien erfüllen, so dass sichergestellt ist, dass der Lehrling „eine breit angelegte berufliche Grundbildung und die für die Ausübung einer qualifizierten beruflichen Tätigkeit notwendigen fachlichen Fertigkeiten und Kenntnisse in einem geordneten Ausbildungsgang" bekommt. (Das steht im Berufsbildungsgesetz von 1969.) Der Jugendliche erfährt im Betrieb dieselben Bedingungen, unter denen der erlernte Beruf später auch ausgeübt werden muss. Er arbeitet praktisch mit und lernt dabei nicht nur die Inhalte seines Berufes, sondern auch die sozialen Beziehungen in der Arbeitswelt kennen.

Die Berufsschule unterstützt diesen Prozess durch begleitenden Unterricht, durch Vermittlung von theoretischen Kenntnissen, die der Betrieb allein nicht leisten kann. Die Berufsschulen sind staatlich. Der Unterricht ist berufsbezogen und wird im Allgemeinen in Fachklassen erteilt, in denen Azubis eines Berufs oder einer Berufsgruppe zusammengefasst sind.

Die Koordination von betrieblicher Ausbildung und schulischer Ausbildung ist nicht immer leicht, aber von großer Wichtigkeit. Durch dauernde Gespräche zwischen den Ministerien und Vertretern der Wirtschaft soll erreicht werden, dass die verschiedenen Ausbildungen und ihre Inhalte relevant für den Arbeitsmarkt sind.

Die Industrie- und Handelskammern spielen in der Berufsbildung eine ganz besondere Rolle. Sie beraten und überprüfen die Ausbildungsbetriebe und sie nehmen Zwischen- und Abschlussprüfungen ab.

Was sind eigentlich Ausbildungsberufe?

Zur Zeit gibt es in Deutschland rund 380 anerkannte Ausbildungsberufe, die auf mehr als 20 000 Berufstätigkeiten vorbereiten. Das bedeutet, dass erst nach der Ausbildung die Spezialisierung einsetzt, der Jugendliche aber aufgrund seiner Ausbildung in der Lage ist zwischen mehreren Tätigkeiten zu wählen.

Ausbildungen sind grundsätzlich für junge Leute gedacht, die entweder den Hauptschulabschluss oder die mittlere Reife haben. Zunehmend wählen aber auch Abiturienten eine Lehre, weil sie entweder noch nicht oder gar nicht an einem Universitätsstudium interessiert sind. Manche Ausbildungsbetriebe erwarten inzwischen schon, dass ihre Azubis das Abitur haben, zum Beispiel bei Leuten, die sich zu Bankkaufleuten ausbilden lassen wollen.

4.
Die Bewerbung

a. Wenn Sie sich um eine Stelle bewerben, tun Sie das im Allgemeinen schriftlich. Was sollte Ihrer Meinung nach in einem Bewerbungsschreiben stehen?

b. Im Folgenden finden Sie ein Bewerbungsschreiben, in dem einige Wörter weggelassen worden sind. Bitte ergänzen Sie die Lücken mit den Wörtern rechts neben dem Text.

Conchita Martinez
Wacholderweg 12
Musterdorf

GmbH
Personalabteilung

7. 9. 200

Bewerbung um eine Stelle als Fremdsprachensekretärin
Ihre Anzeige in der Frankfurter Rundschau vom 5. September 200x

Sehr geehrte Damen und Herren,

auf ___________ oben genannte Anzeige bewerbe ich ___________ um die Stelle einer Fremdsprachensekretärin in ___________ Exportabteilung.

Ich komme aus Spanien, lebe aber seit 10 Jahren in Deutschland und bin mit ___________ Deutschen verheiratet. Wir haben zwei Kinder.

einem
meine
meiner
Ihre
meiner
mir
mich
Ihrer
mich
meinen
meiner
mich

Nach dem Besuch des Gymnasiums in Madrid habe ich zuerst ein Jahr lang als Au-pair in Deutschland gearbeitet und dann eine Lehre als Industriekauffrau gemacht. Diese Ausbildung habe ich 1987 beendet. Seither arbeite ich in __________ Lehrfirma in der Exportabteilung als Sekretärin. Beiliegend finden Sie __________ Lebenslauf und Kopien __________ Zeugnisse, denen Sie weitere Angaben zu meiner Person entnehmen können.

Außer Spanisch (Muttersprache) spreche ich noch Französisch (gut) und natürlich Deutsch (sehr gut). Leider kann ich __________ Fremdsprachenkenntnisse an __________ jetzigen Stelle nicht oft einsetzen. Die von Ihnen angebotene Stelle interessiert __________ ganz besonders, weil Ihre Firma vor allem auf dem lateinamerikanischen Markt tätig ist.

Ich glaube die richtigen Kenntnisse und Qualifikationen mitzubringen und würde __________ freuen, wenn Sie __________ Gelegenheit zu einer persönlichen Vorstellung geben würden.

Mit freundlichen Grüßen

Conchita Martinez

Das Bewerbungsschreiben wird dann noch handschriftlich unterschrieben.

Anlagen

c. Bitte stellen Sie fest, welche Informationen das obige Bewerbungsschreiben enthält. Vergleichen Sie mit der folgenden Liste von Elementen, die ein Bewerbungsschreiben enthalten sollte.

Sind alle diese Elemente in unserem Bewerbungsschreiben enthalten? Bringen Sie die Elemente in die richtige Reihenfolge.

Redemittel Bewerbung → Anhang

- kurzer Tätigkeitsbericht
- Einleitung
- Absender / Datum
- Anlage: Bewerbungsunterlagen
- Grund der Bewerbung
- Betreff
- Anrede
- Adressat (Name der Firma / Institution)
- Unterschrift
- besondere Kenntnisse, Erfahrungen, Fähigkeiten
- Grußformel
- Schlussformel

d. Ergänzen Sie die Lücken.

1. __________ bewerben __________
2. __________ jdm. verheiratet sein
3. eine / die Ausbildung __________
4. __________ Exportabteilung arbeiten
5. __________ Markt tätig sein
6. Gelegenheit __________ einer persönlichen Vorstellung __________

Lesen

5.

Der Lebenslauf

In Deutschland ist es üblich, dem Bewerbungsschreiben einen Lebenslauf sowie Kopien relevanter Schul- und Arbeitszeugnisse beizufügen. Das sind die Bewerbungsunterlagen.

a. Konzentrieren wir uns jetzt auf den Lebenslauf.

Was, glauben Sie, ist in einem Lebenslauf enthalten?
Machen Sie eine Liste. Entscheiden Sie dann:

Welche Angaben sind unbedingt notwendig?
Welche vielleicht?
Welche möglicherweise doch nicht?
Was könnte einen Arbeitgeber besonders interessieren?

Bilden Sie Gesprächsgruppen und diskutieren Sie die Fragen.

b. Lesen Sie den authentischen Lebenslauf auf Seite 20f.

Was meinen Sie dazu?
Welche Angaben könnte man Ihrer Meinung nach weglassen?

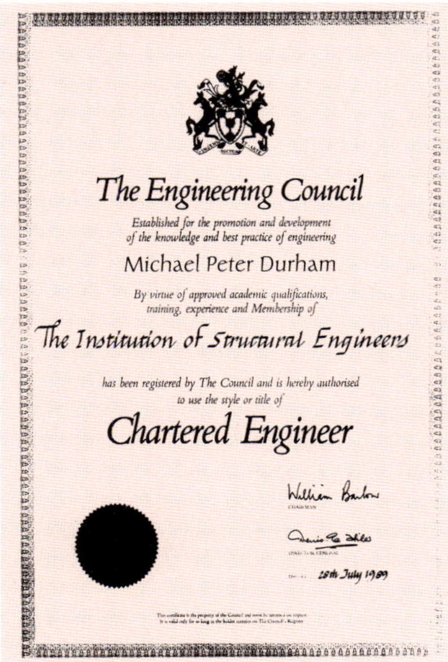
The Engineering Council
Established for the promotion and development of the knowledge and best practice of engineering
Michael Peter Durham
By virtue of approved academic qualifications, training, experience and Membership of
The Institution of Structural Engineers
has been registered by The Council and is hereby authorised to use the style or title of
Chartered Engineer
William Barlow
CHAIRMAN
DIRECTOR GENERAL
28th July 1989

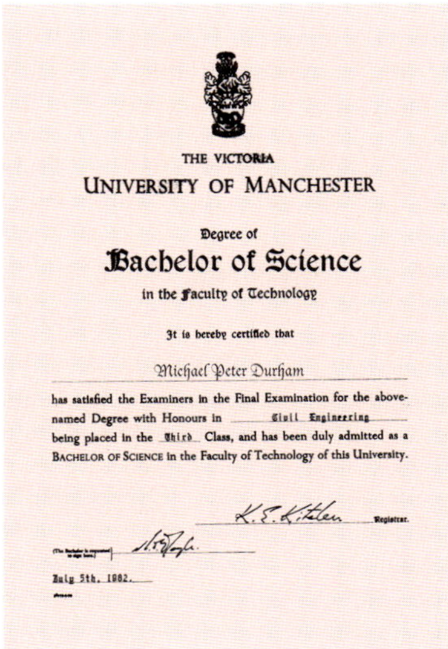
THE VICTORIA
UNIVERSITY OF MANCHESTER
Degree of
Bachelor of Science
in the Faculty of Technology
It is hereby certified that
Michael Peter Durham
has satisfied the Examiners in the Final Examination for the above-named Degree with Honours in Civil Engineering being placed in the Third Class, and has been duly admitted as a BACHELOR OF SCIENCE in the Faculty of Technology of this University.
K. E. Kitchen Registrar.
July 5th, 1982.

Lebenslauf von Michael Peter Durham

Ich wurde am 17. Oktober 1957 als Sohn des Kfz-Meisters Paul Durham und seiner Frau Irene, geb. Flint, von Beruf Sekretärin, in Liverpool geboren. Ich habe die britische Staatsangehörigkeit und bin nicht verheiratet.

Von 1969 – 1976 habe ich das De la Salle College (Realschule und Gymnasium) in Salford besucht und dort die mittlere Reife in acht Fächern und das Abitur in zwei Fächern abgelegt. Meine Prüfungsfächer waren Metallarbeiten und Europäische Geschichte, die ich beide mit „gut" bestanden habe.

Von 1976 – 1978 belegte ich am Wigan Technical College (einem Institut für Weiterbildung) einen Kurs in technischem Zeichnen mit Schwerpunkt Stahl- und Betonbau. Die Abschlussprüfung habe ich mit Erfolg abgelegt.

Von 1978 – 1982 habe ich an der Universität Manchester, am Institut für Naturwissenschaft und Technologie, einen Studiengang in Hoch- und Tiefbau belegt und habe mein Studium im Sommer 1982 als Diplom Hoch- und Tiefbauingenieur abgeschlossen. Meine Examensnote war „class III" (befriedigend).

Vom 1. Oktober 1982 – 31. August 1985 war ich bei der Firma Bruce Claw Partnership (OHG) in Altrinchham als Bauingenieur tätig. Dort hatte ich Gelegenheit, mich mit Konstruktionsmethoden und -verfahren sowie mit Beratungstätigkeit vertraut zu machen.

Vom 1. September 1985 – 30. Juni 1986 arbeitete ich bei Design Group Partnership in Bolton und war dort schwerpunktmäßig mit der Konstruktion von Bauten zur Lagerung von Abfällen für die Nuklearindustrie beschäftigt.

Vom 1. Juli 1986 – 30. März 1993 arbeitete ich bei Sheaffer Wyman Partnership in Manchester als leitender Bauingenieur. Dort war ich für Bauprojekte für den Einzelhandel und die Industrie verantwortlich. Ich leitete Gruppen von 3 bis 10 Personen, je nach Projekt. Meine Aufgaben waren Gesprächsleitung, konzeptionelle Entwürfe und das Überwachen von Detailentwürfen und Zeichnungen. Ich war ebenso für alle Kontakte zwischen Kunden, Konstruktionsteam und Bauunternehmer verantwortlich.

Vom 1. April 1993 bis 30. März 1994 habe ich mich beurlauben lassen, um mich intensiv weiterzubilden. Einzelheiten siehe unten.

Seit dem 1. April 1994 arbeite ich als Projektingenieur bei der Firma Building Design Partnership in Manchester. BDP ist ein multidisziplinäres Beratungsbüro, d. h. dort sind alle Berufsgruppen unter einem Dach beschäftigt, die an der Konstruktion von Gebäuden mitwirken. Wir arbeiten mit allen gängigen Baustoffen, also Stahl, Beton, Baustein und Holz.

Ich bin Mitglied folgender Berufsverbände:
Institut der Bauingenieure seit 1989
Institut der Hoch- und Tiefbauingenieure
(Examen zum Beurkundeten Bauingenieur)
F.E.A.N.I. (Fédération Européenne
d'Associations Nationales d'Ingenieurs) seit 1991.

Während meiner ganzen bisherigen Berufszeit habe ich mich ständig weitergebildet. Zwischen 1993 und 1994 habe ich CAD erlernt und mich dem Fremdsprachenlernen – Deutsch und Französisch – gewidmet. Deutsch lerne ich weiterhin und meine Sprachkenntnisse sind durch das Zertifikat Deutsch als Fremdsprache dokumentiert. Außer CAD und Fremdsprachen habe ich mich auf spezifischen Gebieten des Bauingenieurswesens fortgebildet. Ich bin im Besitz eines PKW-Führerscheins sowie eines Privatpilotscheins.

In meiner Freizeit gehe ich zum Segeln und Windsurfen und ich lese gern und viel.

c. Sie finden in Lebensläufen sehr viele Zeitangaben.
Lesen Sie den Lebenslauf noch einmal durch und unterstreichen Sie alle darin vorkommenden Zeitangaben.
Konzentrieren Sie sich dann auf die Zeitangaben, die Präpositionen enthalten.

Wäre es nicht eine gute Idee alle diese Zeitangaben herauszuschreiben? Sie werden sie sicher oft brauchen.

d. Der obige Lebenslauf ist ein ausführlicher Lebenslauf, d. h., er ist in ganzen Sätzen geschrieben. Daneben gibt es noch die „tabellarischen" Lebensläufe, sie enthalten kurze Angaben, keine ganzen Sätze. Oftmals sind die tabellarischen Lebensläufe für eine Bewerbung ausreichend.

Im Folgenden finden Sie den Anfang einer tabellarischen Version des obigen Lebenslaufes. Bitte schreiben Sie diesen tabellarischen Lebenslauf zu Ende. (Schreiben Sie die Angaben untereinander.)

Lebenslauf Michael Peter Durham

Persönliche Daten
Geboren am: *17. Oktober 1957*
in: *Liverpool, England*

Vater:
Mutter:
Staatsangehörigkeit:
Familienstand:
Titel: *Dipl.-Bauingenieur (Beurkundet)*

Schulbildung:

Studium:

Beruflicher Werdegang:

Berufliche Kenntnisse und Erfahrungen:

Mitgliedschaft in Berufsverbänden:

Sonstige Kenntnisse und Erfahrungen:

Interessen:

e. Arbeiten Sie mit einem Lernpartner.
Benutzen Sie nur den tabellarischen Lebenslauf und „erzählen" Sie ihn Ihrem Partner in ganzen Sätzen.
Verwenden Sie möglichst viele Zeitangaben.

6.

Ihre Bewerbung

Bewerben Sie sich nun um Ihre eigene Stelle oder um eine Stelle, die Sie gerne hätten. Schreiben Sie dazu einen tabellarischen Lebenslauf und ein Bewerbungsschreiben. (Sie können stattdessen auch die Daten von einer der unten stehenden Personen nehmen und ergänzen.)

1. Leoni Brinkmann, geb. 6. 12. 1968 in Brackwede, ledig
   Sept. 74 – Juli 78 Grundschule,
   dann Sept. 78 – Juni 87 Gymnasium (Hochschulreife)
   Okt. 87 – Juli 88 Au-pair-Stellung in Bergamo / Italien
   Sept. 88 – Juni 91 Kaufmännische Ausbildung im elterlichen Betrieb
   (Import / Vertrieb von Brautkleidern / -ausstattung),
   Kontakt mit italienischen Firmen.
   Okt. 91 – Juli 95 Studium der Betriebswirtschaft
   Universität Bielefeld mit Diplom.
   Seit Okt. 95 Assistentin des Bereichsleiters Export
   bei Fa. Ehmann (Damenoberbekleidung).
   Beherrschung der italienischen Sprache in Wort und Schrift,
   gute Englisch- und Französischkenntnisse,
   gute Kontaktfähigkeit, Messeerfahrung.

2. Thomas Hahn, geb. 17.5.64 in Dormagen, verheiratet, zwei Kinder
   Sept. 1970 – Juli 1974 Grundschule,
   dann Sept. 74 – Juni 80 Realschule Dormagen (mittlere Reife),
   Lehre als Apothekenhelfer von August 1980 – Juni 1983.
   Zivildienst von Juli 1983 – Sept. 1984,
   Tätigkeit als Apothekenhelfer in der Eulen-Apotheke Dormagen
   von Okt. 1984 – Juli 1988.
   Mai 1987 Heirat mit Evelyn Schmitz.
   Sept. 1988 – Juni 1990 Ausbildung zum
   Chemisch-Technischen Assistenten
   an der Fachschule für CTA in Köln.
   November 1990 Geburt der ersten Tochter,
   März 1993 Geburt der zweiten Tochter.
   Seit Okt. 1990 als CTA bei Fa. Bayer AG
   in Leverkusen im Forschungslabor tätig.
   Begeisterter Hobbyfotograf,
   entwickele und vergrößere meine Fotos selbst.
   Hatte bereits einige Ausstellungen.

7.
Eine Stellenanzeige

Gesucht wird ein 

Wir erwarten
- Höchstalter 23 Jahre
- mindestens 10 Jahre Berufserfahrung
- Spezialisierung auf unser Arbeitsgebiet
- sehr gute Abschlussnoten

Wir sind ein  mit …

Männliche Bewerber schreiben bitte unter XYZ an diese Zeitung.

Und, was ist Ihre Meinung zu dieser Anzeige?

Hören

8.
Das Vorstellungsgespräch

Kursorisches Hören

a. Hören Sie bitte das folgende Vorstellungsgespräch zwischen dem Personalchef der Firma Kemperhof und dem Bewerber, Herrn Kastner.

Welche Fragen stellt der Personalchef?
Markieren Sie bitte jene Fragen, die Sie in dem Gespräch gehört haben.

- ☐ Haben Sie ein Hobby?
- ☐ Wie alt sind Sie?
- ☐ Wie lange haben Sie bei Ihrer letzten Firma gearbeitet?
- ☐ Wie viele Sprachen sprechen Sie?
- ☐ Sind Sie verheiratet?
- ☐ Wann haben Sie die mittlere Reife gemacht?
- ☐ Hat Ihnen London gefallen?
- ☐ Wo haben Sie studiert?
- ☐ Warum möchten Sie Ihre jetzige Stelle aufgeben?
- ☐ Haben Sie gute Computerkenntnisse?

Sprechen

b. Ein Freund fragt Herrn Kastner, wie das Vorstellungsgespräch verlaufen ist. Was erzählt Herr Kastner?

Der Personalchef wollte wissen,	ob …
Er hat gefragt,	wann …
Er hat sich dafür interessiert,	wie viele …
etc.	

c. Führen Sie mit Ihrem Lernpartner / Ihrer Lernpartnerin Vorstellungsgespräche.

Sie können die obigen Fragen stellen. Vielleicht möchten Sie aber auch noch andere Informationen haben.

Berichten Sie nun, analog zu Aufgabe b, einer anderen Person aus Ihrer Lerngruppe, was der „Personalchef“ gefragt hat.

Hören

9.
Warum werden Stellenbewerber abgelehnt?

a. Wenn man eine Stelle nicht bekommt, weiß man meistens nicht warum. Im Folgenden finden Sie die wichtigsten Gründe, die Arbeitgeber bei einer Befragung genannt haben.

Was glauben Sie, welche Gründe sind besonders wichtig, welche weniger?

Ordnen Sie die Gründe nach ihrer Wichtigkeit, zuerst für Facharbeiter / Facharbeiterinnen, dann für qualifizierte Angestellte (Schreiben Sie in die Kästchen).

1. bei Facharbeitern / Facharbeiterinnen:

- ☐ zu wenig Berufserfahrung (_____)
- ☐ fehlende oder ungeeignete Ausbildung (_____)
- ☐ fehlende Kenntnisse (_____)
- ☐ fehlende persönliche Eignung (_____)

2. bei Angestellten in qualifizierten Tätigkeiten:

- fehlende Kenntnisse (_____)
- Arbeitszeitwünsche (29 %)
- fehlende persönliche Eignung (_____)
- zu hohe Einkommensvorstellungen (_____)

Hören

b. Sie hören eine Radiosendung, in der über die Gründe gesprochen wird, aus denen Stellenbewerber nicht eingestellt werden.

Selektives Hören

Bitte hören Sie das Gespräch und kontrollieren Sie beim ersten Hören, ob Ihre Einschätzung (siehe oben) richtig war.

Beim zweiten Anhören konzentrieren Sie sich bitte auf die Zahlen, die genannt werden. Es sind alles Prozentzahlen. Schreiben Sie die entsprechenden Prozentzahlen in die Klammern hinter die Gründe.

c. Was ist anders, als Sie es sich gedacht hatten?
Was finden Sie überraschend?
Vergleichen Sie Facharbeiter und Angestellte und interpretieren Sie die Gründe.

Wie ist das in Ihrem Beruf?
Was würden Sie sagen, welche Ablehnungsgründe spielen in Ihrem Beruf eine besondere Rolle?

10.

a. In dem folgenden Brief sind 10 Fehler. Finden Sie sie alle?
Unterstreichen Sie die Fehler und verbessern Sie die Wörter.

Sehr geehrte Herr Schlosser,

auf ihr Schreiben vom 21. Marz 200 teilen wir Ihnen mit, dass wir keine weiteren Ingenieur einstellen können, da wir ein kleiner Betrieb sind und die Arbeiten von unseren Bauingenieur überwacht und ausgeführt wird.

Wir geben Ihnen nachstehend die Adrese einer größeren Firma in Kassel, die Ihnen vieleicht weiterhelfen könnte.
Wir hoffen Ihnen mit diesen angaben gedient zu haben und verbleiben

mit freundlichen Gruß

b. Warum bekommt Herr Schlosser die Stelle nicht?

11.

In einer Zeitschrift zum Berufsleben erscheint regelmäßig eine Seite mit Tipps für Berufsneulinge. In einer Sondernummer zum Beginn des Ausbildungsjahres war Folgendes zu lesen.

Sie haben es geschafft!
Sie haben einen Ausbildungsplatz bekommen.
Hier sind einige Tipps, wie Sie sich dem Chef und den Kollegen gegenüber richtig verhalten.

Im Umgang mit Vorgesetzten sollten Sie ...

- sich als Neuling besser neutral verhalten und berechtigte Kritik eher für später aufheben;
- Fehler, die Ihnen unterlaufen, offen zugeben;
- nicht einen Abteilungsleiter gegen den anderen ausspielen;
- ehrlich sein;
- auch mal zu einer Überstunde JA sagen;
- nicht die eigenen Fehler mit Schwächen des Vorgesetzten entschuldigen. Beispiel: „Ihr Schreibtisch ist auch nicht ordentlicher aufgeräumt als meiner.";
- zusichern, dass man Betriebsgeheimnisse für sich behält.

Im Umgang mit Kollegen sollten Sie ...

- keine Lorbeeren ernten, die anderen gehören;
- Schikanen nicht schweigsam einstecken, sondern offen sagen, dass man sich dagegen wehren wird;
- anderen auch manchmal einen Gefallen tun;
- keinen Arbeitskollegen schneiden;
- nicht am üblichen Firmenklatsch teilnehmen;
- nicht auf Kosten der Kollegen krankfeiern;
- die anderen in der Abteilung so anreden, wie es üblich ist;
- bei Betriebsfeiern mitmachen;
- wenn es eine gemeinsame Kasse gibt, sich nicht vor dem Einzahlen drücken (zum Beispiel für Geburtstage);
- was im Vertrauen gesagt wird, nicht weiter ausplaudern.

a. Diese Tipps enthalten viele umgangssprachliche Wendungen, die im Berufsleben sehr oft vorkommen, vor allem in Gesprächen mit Kollegen. Einige davon sind Ihnen sicher unbekannt und sehen auch ungewohnt aus, zum Beispiel „krankfeiern".

Finden Sie für die folgenden Wörter und Wendungen Synonyme im Text.

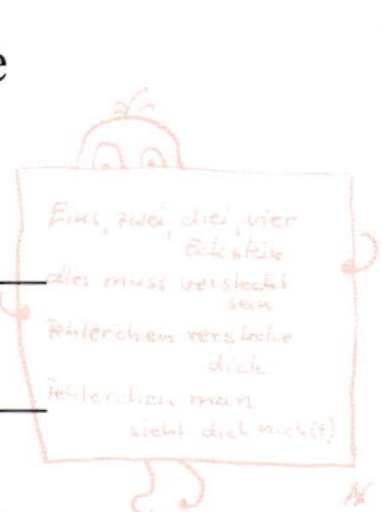

1. ein Berufsanfänger: ______________________________

2. eigene Fehler nicht verstecken: ______________________________

3. bei einem Chef über einen anderen Chef schlecht sprechen:

____

4. über etwas schweigen: ______________________________

5. Lob bekommen: ______________________________

6. sich gegen unbegründete Angriffe nicht wehren: ____________

7. eine Person nicht beachten: ______________________________

8. wenn Informationen, die stimmen könnten oder auch nicht

   stimmen, weitererzählt werden: ______________________________

9. Feste in der Firma: ______________________________

10. etwas nicht tun, weil man es nicht tun will

    (etwas vermeiden): ______________________________

    ____

11. etwas weitersagen: ______________________________

b. Welche Hinweise finden Sie passend, welche hätten Sie weggelassen?

Gibt es einige Verhaltensregeln, die Sie ergänzen würden?

12.

Grafik

Beschreiben Sie die folgende Grafik genau.

Welches sind die wichtigsten Unterschiede zwischen Männern und Frauen?
Finden Sie Erklärungen für die Unterschiede?
Was essen Sie persönlich in der Mittagspause? Warum?

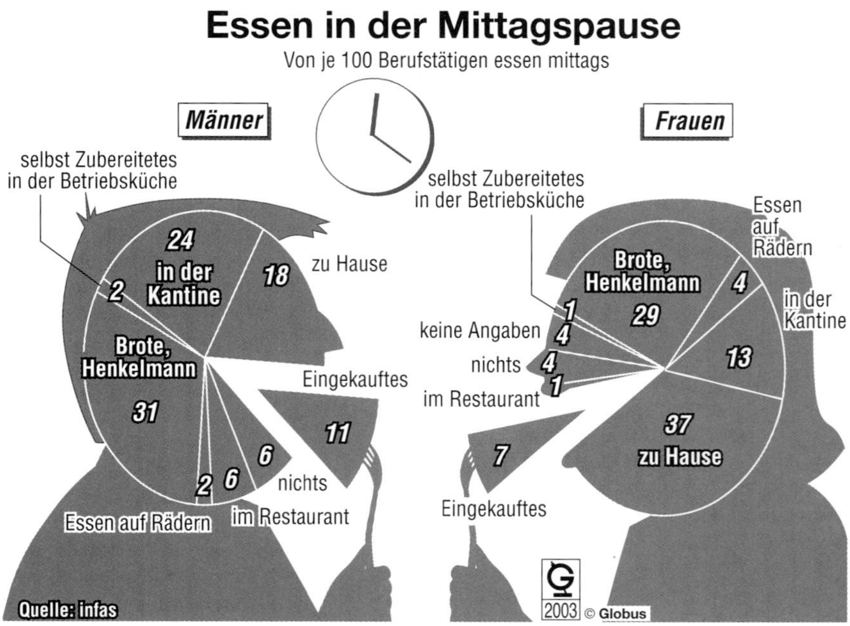

Hilfen:

Denken Sie an folgende Leitfragen, die zur Beschreibung einer Grafik wichtig sind:

- Was ist das Thema? Hat die Grafik ein Datum?
- Was für Informationen bekommen wir? (Geht es z. B. um Personen, um einen Zeitpunkt, um eine Entwicklung, um Geld usw.?)

– Gibt es Vergleiche? (z. B. zwischen Jahren, Personengruppen, Ost- und Westdeutschland usw.?)
– Zahlen spielen eine große Rolle in Schaubildern.
Um was für Zahlen handelt es sich? (DM, Dollar, ECU? Hundert, Millionen, Milliarden ...? Prozentzahlen?)

Hier sind Redemittel, die Ihnen bei der Beschreibung helfen:

Mehr Redemittel finden Sie in Ihrer Arbeitshilfe

Dieses Schaubild	*zeigt,*	*was ...*
Diese Grafik	*beschreibt,*	*wer ...*
		wie viele ...
Aus dieser Grafik erfahren wir,		*ob ...*

Lesen

13.

a. Bitte lesen Sie zunächst nur die Überschrift und die Einführung des Textes.

Worum geht es in diesem Gespräch?
Was erwarten Sie von diesem Lesetext?

„Entspannter diskutieren“

Wirtschaftspsychologe Friederich Nerdinger über Manager, Mode und steife Hemdkragen.

b. Lesen Sie nun den Text kursorisch.
Behandelt der Text die Punkte, die Sie erwartet haben?

Kursorisches Lesen

?
Herr Nerdinger, weltweit lockert sich in den Firmen die Kleiderordnung. Haben Sie eine Erklärung dafür?

Nerdinger:
Die Abkehr von der Kleiderordnung ist nicht zu verstehen, wenn sie isoliert betrachtet wird. Vergessen Sie nicht: Vorher hat es Reengineering und Lean Management gegeben. Man darf diesen Kontext nicht vergessen.

?
Was haben denn schlanke Hierarchien mit Schlabberkleidung zu tun?

Nerdinger:
Die traditionelle Uniformierung war Ausdruck des hierarchischen Denkens. Anzug mit Krawatte ist ein Statussymbol, das die Zugehörigkeit zu einer bestimmten Gruppe signalisiert. Jetzt, wo die Hierarchien flacher werden, ist es eine logische

Folge, auch diese Äußerlichkeiten zu verändern. Die Leute haben keine Lust mehr auf Uniformen und sagen das auch. Die Unternehmen selbst akzeptieren die neue Lässigkeit, weil sie sich eine bestimmte Wirkung davon erhoffen.

?
Welche denn?

Nerdinger:
Sie schaffen eine teamfreundliche Atmosphäre. Das ist der Betriebsausflug-Effekt: Wenn man sich erst daran gewöhnt hat, die Kollegen auch in einem familiäreren Kontext zu erleben, schafft das eine starke Verbundenheit. Jeder weiß, dass man in Jeans entspannter diskutiert als im Anzug. Das wirkt auch auf die Kunden: Mit der Kleidung seiner Mitarbeiter signalisiert das Unternehmen Modernität und Flexibilität.

?
Aber gerade Leute mit besonders viel Kundenkontakt, wie zum Beispiel auf der Bank, haben sich doch immer besonders schick gekleidet.

Nerdinger:
Das stimmt und wird auch weiter stimmen. Dienstleister müssen auf ihr seriöses Äußeres achten. Aber auch zwischen den Banken gibt es Unterschiede. Und sogar innerhalb der Institute variiert die Kleiderordnung zwischen den Filialen, je nachdem, welche Kunden dort ein- und ausgehen. Kundenorientierung heißt sich auf die Kunden einzustellen. Und dazu gehört auch die entsprechende Kleidung.

c. Lesen Sie den Text noch einmal und notieren Sie kurz die Gründe dafür, warum viele Unternehmen ihre Kleiderordnung gelockert haben. Wie ist das in Ihrer Firma / Ihrem Heimatland?

Selektives Lesen

Sprechen

d. Und was denken Sie darüber?

Diese Frage können Sie auch so formulieren:
Was meinen Sie zu dieser neuen Entwicklung?
Sind Sie dafür oder dagegen?

Bitte notieren Sie die Gründe für Ihre Meinung. Suchen Sie sich dann einen Lernpartner / eine Lernpartnerin, der / die möglichst eine andere Meinung hat als Sie, und diskutieren Sie mit ihm / ihr (oder im Kurs) über dieses Thema.

Sie können, wenn Sie möchten, Ihre Meinung auch mit der folgenden Grafik vergleichen, Beweise für Ihre Meinung finden oder auch gegen die Meinung Ihres Lernpartners / Ihrer Lernpartnerin.

Redemittel
Meinungsäußerung → *Arbeitshilfe*

Outfit nach Noten

Was Unternehmen in Deutschland bei ihren Angestellten gern oder ungern sehen	Allianz, Versicherungen	Apple, Computer	Coca-Cola, Getränke	Daimler-Benz	Deutsche Bank	Deutscher Ring, Versicherung	Hamburg-Mannheimer, Versicherung	Hoechst, Chemie	Honda, Automobile	Kienbaum & Partner, Unternehmensberatung	Krupp Hoesch, Stahl	Lintas, Werbung	Lufthansa	Microsoft	Opel, Automobile	Procter & Gamble, Unternehmensberatung	Puma, Sportartikel	Reynolds Tobacco	Roland Berger, Unternehmensberatung	Scxholz & Friends, Werbung	Thyssen, Stahl	Woolworth, Kaufhaus
Anzug	1	4	2	1	2	2	2	1	2	1	1	1	2	1	1	1	2	2	1	1	1	1
Kombination	1	1	2	1	2	2	2	2	2	1	1	2	2	1	1	1	2	3	2	1	2	1
gedeckte Farben	1	4	3	3	2	2	2	1	4	1	2	2	2	2	3	3	3	5	1	1	1	1
Krawatte	1	3	2	1	2	2	2	1	2	1	2	2	2	1	1	2	2	2	1	1	1	1
T-Shirt	5	5	4	5	5	5	5	5	5	4	6	2	5	4	6	4	4	3	6	4	5	3
Jeans	5	5	4	5	5	4	5	4	2	3	3	2	4	4	5	3	3	3	6	4	5	3
Turnschuhe	5	5	4	6	5	4	5	5	4	5	6	2	4	6	6	5	3	6	6	5	6	3
Shorts	6	5	5	6	5	6	6	6	4	5	6	5	6	6	6	6	6	6	6	5	5	4
Sandalen	5	5	3	4	5	4	5	4	4	4	5	6	5	6	6	5	5	6	6	6	3	4
Hawaiihemden	5	4	3	6	5	4	5	6	3	5	6	6	4	6	6	5	5	6	6	6	6	4
lange Haare	5	4	3	6	5	3	4	3	3	5	4	2	5	2	4	3	4	6	5	4	6	3
Ohrring	5	5	4	5	5	4	3	6	5	6	5	3	5	3	5	4	4	5	6	3	6	3

1 = sehr gern
2 = gern
3 = in Ordnung
4 = noch akzeptabel
5 = ungern
6 = inakzeptabel

Arbeitszeit

14.

Sprechen

a. **Die Vier-Tage-Woche**
Bei VW wird seit Februar 1994 nur noch vier Tage die Woche gearbeitet.

Was halten Sie von dieser Regelung?
Würden Sie auch gerne nur vier Tage in der Woche arbeiten?
Was würden Sie mit Ihrem freien Tag machen?
Was, glauben Sie, sind die Vor- und Nachteile dieser Regelung?

Lesen

b. Lesen Sie, was drei VW-Mitarbeiter dazu sagen.

Was machen diese drei Mitarbeiter mit ihrer freien Zeit?
Was für Vor- und Nachteile sehen sie in der Vier-Tage-Woche?
Ergänzen Sie die Tabelle auf Seite 34. Vergleichen Sie mit Ihren eigenen Antworten.

Selektives Lesen

	Was macht sie / er?	Vorteile	Nachteile
Veronika Baker			
Klaus Kuhr			
Dieter Emmeluth			

VW-Mitarbeiter – Einfach motivierter

Montags darf Veronika Baker nichts Unvorhergesehenes passieren: Um 14.34 endet ihre Schicht, um 16.00 Uhr muss sie ihre fünfjährige Tochter Sarah vom Ganztagskindergarten abholen, dann einkaufen, Sarah zur Großmutter bringen und pünktlich um 17.30 Uhr zum Kurs über speicherprogrammierbare Steuerungen gehen. Seit sie einmal die Woche abwechselnd montags und freitags frei hat, hat sie sogar noch einen Kurs in Mathematik und technisches Zeichnen angefangen. „Ich brauche", sagt die 31-jährige Montagearbeiterin, „einfach eine Herausforderung".

Klaus Kuhr liegt an dem Freitag, den er jetzt nicht mehr arbeiten muss, „viel auf der Couch" und schaut „viel Fernsehen". Das tut seiner Schulter und seinem Rücken gut. Klaus Kuhr ist 40, wirkt aber viel älter. Seit 1978 arbeitet er in der Gießerei, eine Woche Früh-, eine Woche Spät-, eine Woche Nachtschicht, bei Lärm und Hitze. Erst nach drei Tagen Pause, sagt er, sei er wieder fit und habe keine Schmerzen mehr.

Dieter Emmeluth ruht an seinem zusätzlichen freien Tag nicht. Der 39-jährige Getriebeprüfer baut weiter an seinem Häuschen, das er 1986 begonnen hat. „Sollten wir jemals wieder fünf Tage die Woche arbeiten, dann wird das bestimmt erst mal stressig."

Der häusliche Familienvater, der nach Erholung suchende Schwerarbeiter, die sich weiterbildende allein erziehende Mutter – alle drei Volkswagen-Mitarbeiter reagieren sehr unterschiedlich auf die Vier-Tage-Woche. Einig sind sie sich aber, dass sie an vier Tagen hintereinander besser arbeiten als an fünf: „Man ist einfach motivierter und konzentrierter", meint Veronika Baker. In der Gießerei, glaubt Klaus Kuhr, treffe er manche Kollegen jetzt sogar häufiger als früher, weil sie weniger fehlten.

Hören

c. Die VW-Mitarbeiter haben bisher eine Jahressonderzahlung bekommen. Diese wurde jetzt von VW gestrichen.

Beim ersten Zuhören stellen Sie bitte fest:
Wer von den Dreien hat die größten finanziellen Probleme?

Hören Sie jetzt die Interviews noch einmal.
Wie reagieren die drei Personen darauf, dass sie jetzt weniger Geld haben?

Selektives Hören

15.

Noch eine Übung zu den Zeitangaben

Ergänzen Sie bitte die fehlenden Wörter.

1. a) Heute ist Montag, ___________ 14. Februar 1996.
   b) ___________ Monat, also im März, nehme ich meinen Urlaub.
   c) ___________ Montag war der 7. Februar.
   d) ___________ Jahr, 1997, möchte ich mir eine neue Stelle suchen.
2. Wir haben ___________ Mittwochnachmittag geschlossen.
3. Wir haben ___________ 25. Juli bis 4. August Betriebsferien.
4. ___________ der Semesterferien habe ich als Kassierer gearbeitet.
5. Wir laden Sie zum Vorstellungsgespräch ___________ 1. Juni ___________ 14.00 Uhr ein.
6. ___________ zwei Jahren arbeite ich bei Müller & Co.
7. ___________ zwei Jahren habe ich die Firma verlassen.
8. ___________ 1992 und 1993 war ich im Ausland.

16.

Wie lernen Sie Ihren Wortschatz?
Jedes Kapitel beinhaltet einen bestimmten Wortschatz, das heißt Wörter, die zu einem bestimmten Thema gehören. Das Thema erfahren Sie jeweils durch die Kapitelüberschrift und die Unterüberschriften.

Sie sollten ein persönliches Wörterheft haben. Wir zeigen Ihnen hier zwei Möglichkeiten von vielen, wie Sie das Wörterheft benutzen können.

a. Sie können die Über- und Unterüberschriften aus dem Buch in Ihr Wörterheft schreiben und darunter die Wörter ergänzen, die Sie lernen möchten (müssen). Sie können, wenn Sie wollen, auch die Übersetzung dazuschreiben. Wir empfehlen Ihnen außerdem, immer auch einen Satz zu schreiben, dann lernt man die Wörter leichter.

Schreiben Sie Wörter, die inhaltlich zusammengehören, zusammen auf.

Beispiel:
… meinen zu (+ Dativ) (Übersetzung)
Was meinen Sie zu diesem Problem?

… denken über (+ Akk.)
Was denken Sie darüber?

b. Oder Sie bringen die Wörter, die Sie lernen möchten, in einen bestimmten Zusammenhang:

Bewerbung und Lebenslauf

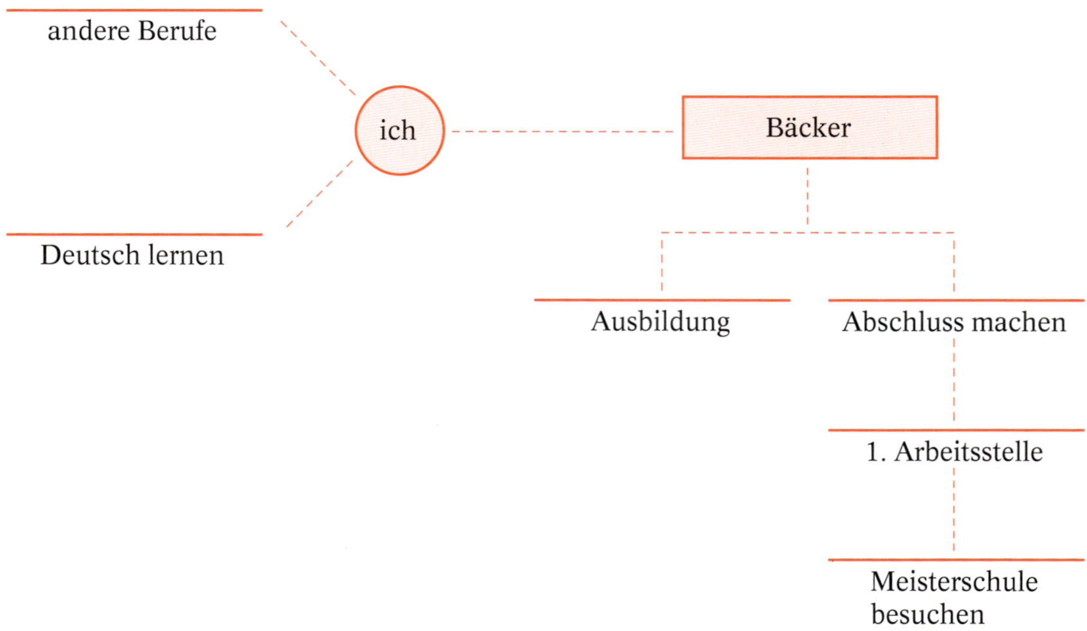

Auch wenn es Ihnen so besser gefällt, sollten Sie Beispielsätze schreiben.

Das Unternehmen

Unternehmensorganisation

Wortschatz

1.

a. Wo arbeiten diese Leute?

Lesen Sie die Visitenkarten.
Verbinden Sie die Namen der Personen mit den Abteilungen, in denen sie Ihrer Meinung nach arbeiten.
(Mehrere Lösungen sind möglich.)

Gerd Schneider
Dipl.-Kaufmann

Maria Baumann
Geschäftsführerin

Thomas Manz
Exportkaufmann

Buchhaltung   Einkauf   Verkauf   Planung

Markus Buchner
Chem.-techn. Assistent

Markus Ottinger
Ing. grad

Christine Näther
Dipl.-Chemikerin

b. Was machen diese Leute?

Überlegen und notieren Sie die Tätigkeiten der Personen in Stichworten.
Vergleichen Sie jetzt Ihre Vorschläge mit den Vorschlägen Ihrer Lernpartnerin / Ihres Lernpartners.

Sie können auch fragen:
Was sind ihre Aufgaben?
Welche Tätigkeiten verrichten sie?

c. Und Sie?
Bilden Sie Gesprächskreise (bis zu fünf Lerner in einer Gruppe).
Erzählen Sie kurz von sich (Beruf, Aufgabe, Tätigkeit).

Bilden Sie dann neue Gesprächskreise und erzählen Sie von den anderen.

Hören

2.

Zwei Gespräche: am Empfang – am Telefon
Die beiden Gespräche sind durcheinander geraten.

a. Lesen Sie zuerst die Sätze. Versuchen Sie möglichst viele Sätze dem Gespräch A (am Telefon) und dem Gespräch B (am Empfang) zuzuordnen. Wenn Sie unsicher sind, machen Sie ein Fragezeichen.

Danke. Vielen Dank.
Oh. Äh. Wann kommt er denn? Er erwartet nämlich meinen Anruf.
Welchen Herrn Schmidt meinen Sie? Mit dt oder mit Doppel-t?
Kleinen Moment bitte … Nehmen Sie doch bitte einen Augenblick Platz. Herr Schmidt kommt sofort und holt Sie ab.
Herrn Schmidt vom Verkauf.
Danke schön.
A Lorenz KG, guten Morgen.
Herr Schmidt ist leider noch nicht im Haus.
Welchen Herrn Schmidt meinen Sie? Im Verkauf oder im Labor?
Wie bitte?
Maier von der Firma Thomas. Ich möchte gern Herrn Schmidt sprechen.
B Guten Morgen, Herr …?
Werden Sie erwartet?
Mit dt.
Oh Entschuldigung, Herrn Schmidt im Verkauf.
Hier ist meine Karte, bitte. Worcester von der Fa. Cranbourne.
Einen Moment bitte. Ich verbinde Sie mit der Verkaufsabteilung. Vielleicht kann man Ihnen da weiterhelfen.
Oja, natürlich, ich habe einen Termin bei Herrn Schmidt.

b. Versuchen Sie dann, *die* Gespräche zu rekonstruieren.
Vergleichen Sie Ihre Lösung mit der Lösung Ihres Lernpartners / Ihrer Lernpartnerin.

c. Hören Sie jetzt die beiden Gespräche.
Korrigieren Sie wenn nötig.

d. Vergleichen Sie die Gespräche miteinander. Notieren Sie die typischen Redemittel für A Telefon und B Empfang.

Sprechen

3.

Führen Sie jetzt ähnliche Gespräche in der Firma Bauer KG, Produzent für Fertiggerichte.

In der Telefonzentrale der Firma Bauer: Frau Niedermayer.
Am Empfang der Firma Bauer: Frau Müller.

Sie führen mit folgenden Personen Gespräche:

- Franz Hueber, Bauernverband, zuständig für ökologischen Anbau
- Friedrich Heufelder, Chefeinkäufer der Macro Großhandelskette
- Anita Schulze-Obrighofen, Redakteurin, Journal für gesunde Ernährung
- Gunther Habicht, Verbraucherschutz
- Reinhardt Blumenschein, VP, Unternehmen für Verpackungsmaterialien

Wortschatz

4.

Die Organisation der Firma Chemotec GmbH

a. Sehen Sie sich das Organigramm auf Seite 40 an.

Was produziert das Unternehmen?
Was glauben Sie, wie groß ist das Unternehmen?

- ☐ bis zu 50 Mitarbeiter
- ☐ bis zu 200 Mitarbeiter
- ☐ bis zu 3000 Mitarbeiter

b. Bitte sehen Sie sich jetzt genau an, wie die Firma Chemotec GmbH organisiert ist.

Sie sehen verschiedene Ebenen: die Unternehmensleitung, die Leitung der einzelnen Bereiche, die Abteilungen und deren Untergliederungen.
Einige Kästchen sind leer. Bitte entscheiden Sie, welche Wörter aus dem nachfolgenden Schüttelkasten in die leeren Kästchen gehören.

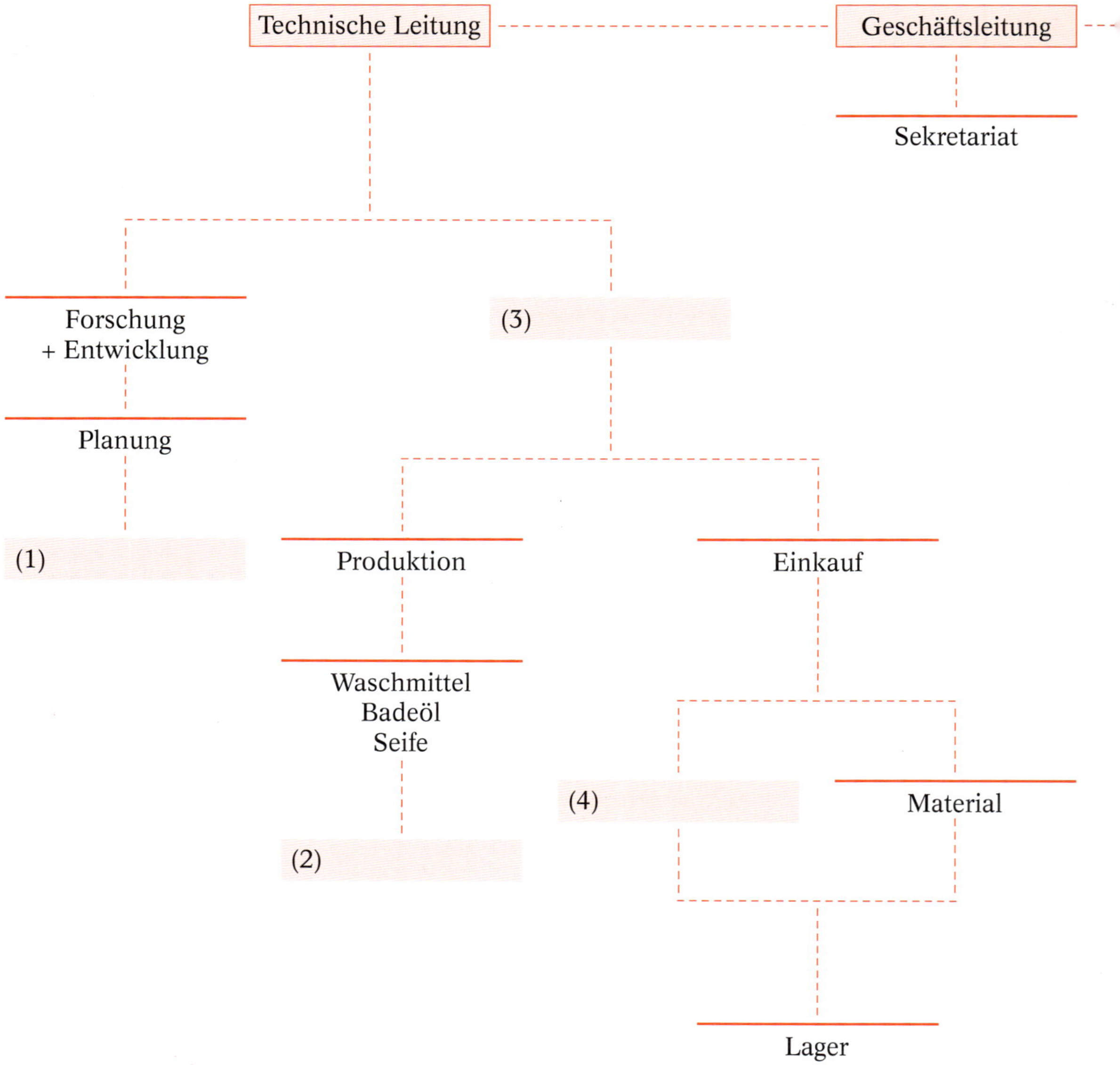

Rohstoffe
Ausbildungswesen
Versuchslabor
Kundendienst
Rechnungswesen
Fertigung
Kaufmännische Leitung
Kostenrechnung
Qualitätskontrolle

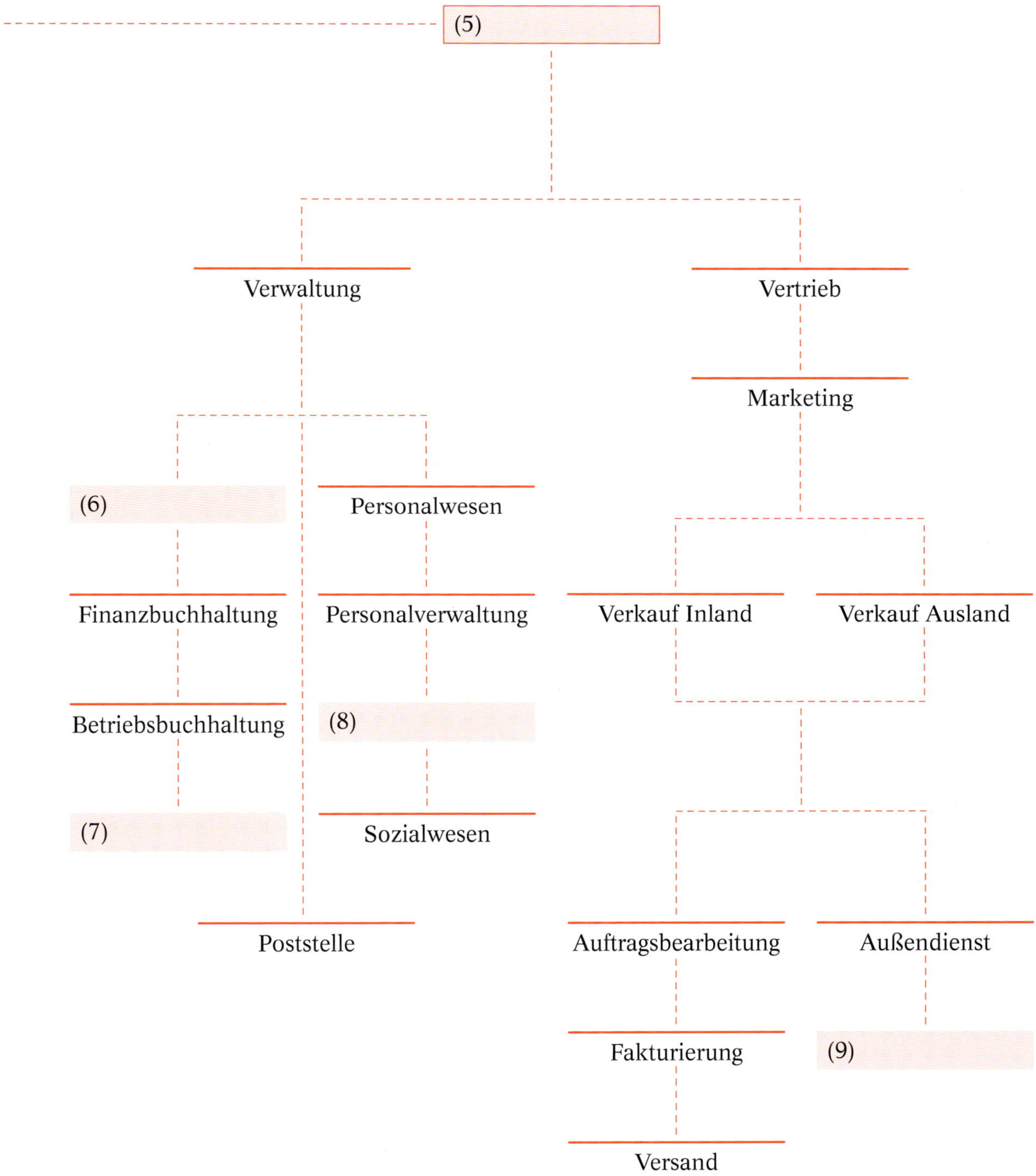
(5)
Verwaltung
Vertrieb
Marketing
(6)
Personalwesen
Finanzbuchhaltung
Personalverwaltung
Verkauf Inland
Verkauf Ausland
Betriebsbuchhaltung
(8)
(7)
Sozialwesen
Poststelle
Auftragsbearbeitung
Außendienst
Fakturierung
(9)
Versand

5.

Was wird in den folgenden Abteilungen und ihren Büros gemacht?

Bitte ordnen Sie die Tätigkeiten den Abteilungen zu.

A	Marketing	Versandpapiere unterschreiben
B	Finanzbuchhaltung	Marketingassistentin einstellen
C	Einkauf	mit Kunden telefonieren
D	Personalwesen	Glasflaschen bestellen
E	Auslieferungslager	Preise vergleichen
F	Produktion *Badeöl*	Werbung planen
		Maschinen prüfen
		Rechnungen bearbeiten
		Glasflaschen abfüllen
		mit der Spedition telefonieren
		mit Lieferanten telefonieren
		Vorstellungsgespräche führen
		Bestand kontrollieren
		Abrechnungen kontrollieren

(Beispiel: A Marketing – mit Kunden telefonieren)

Lesen

6.

Wer bekommt den Brief?

Orientierendes Lesen

An der Poststelle der Firma Chemotec GmbH werden täglich die eingehenden Briefe an die verschiedenen Abteilungen verteilt. Manchmal ist es schwierig festzustellen, wer einen bestimmten Brief bekommen soll, wenn zum Beispiel kein Name oder keine Abteilung darauf steht. Dann muss man den Brief kurz „anlesen" oder „überfliegen".

Bestimmte Sätze oder Formulierungen helfen dann die richtige Abteilung zu finden.

Bitte lesen Sie die folgenden Briefauszüge und entscheiden Sie, welche Abteilung den Brief bekommen soll.

… Wir bitten Sie deshalb, uns eine Preisliste zuzuschicken.

(1) ______________________________

… haben wir festgestellt, dass Sie unsere Rechnung noch nicht bezahlt haben.

(2) ______________________________

… Ich würde gerne in Ihrer Firma eine Ausbildung machen.

(3) ______________________________

… Wir bestellen hiermit …

(4) ______________________________

… Erwarten wir den Besuch Ihres Vertreters am …

(5) ______________________________

… Leider sind die Preise für ätherische Öle wieder gestiegen.

(6) ______________________________

… Bitte teilen Sie uns deshalb mit, ob Sie die Waren schon abgeschickt haben.

(7) ______________________________

… Wir sind ein Marktforschungsinstitut, das sich auf chemische Produkte spezialisiert hat.

(8) ______________________________

… möchte ich anfragen, ob Sie ungelernte Arbeiter einstellen.

(9) ______________________________

Die Wirtschaftszweige

Die gesamte Wirtschaft eines Landes wird in *Sektoren* eingeteilt. Zum *Primärsektor* zählt man im Allgemeinen die Landwirtschaft und den Bergbau, weil sie direkt aus der Natur Rohstoffe, Energie und natürlich Lebensmittel gewinnen. Die Industrie bildet den *Sekundärsektor.* Sie produziert mit Rohstoffen und Energie *Sachgüter.* Der *Tertiärsektor* verteilt diese Sachgüter und stellt verschiedene andere Dienste zur Verfügung. Hierzu gehören der *Handel* und alle *Dienstleistungen.*

Die drei wichtigsten Bereiche: Industrie, Handel und Dienstleistungen:

1. Die Industrie

Industrie produziert aus *Rohstoffen* und Energie *Sachgüter*, das sind Güter, die man anfassen kann. Man unterscheidet *Produktionsgüter,* die nicht direkt an den Verbraucher verkauft werden (z. B. Werkzeugmaschinen), und *Konsumgüter* (z. B. Schuhe und Kleider). Die Industrieproduktion verwendet hauptsächlich Maschinen und wird immer stärker automatisiert (Roboter). Die Arbeitsvorgänge finden in kleinen Schritten statt (starke Arbeitsteilung). Ein typisches Beispiel dafür ist das *Fließband,* an dem jeder Arbeiter oder Roboter nur eine bestimmte Arbeit verrichtet. All dies ermöglicht ökonomische Massenproduktion. Der Kapital- und Maschineneinsatz ist hoch, der Personaleinsatz in der Produktion gering. Allerdings ist Verwaltung notwendig (kaufmännische Organisation) und hierfür wird ein großer Teil des Personals benötigt. Der Industrieproduktion steht das Handwerk gegenüber. Auch hier wird produziert, aber mehr personalintensiv als maschinenintensiv. Handwerksbetriebe sind kleiner und verkaufen zumeist direkt an den Verbraucher (Beispiele: Tischler, Schlosser, Maurer). Sie arbeiten häufig auf Bestellung und sind oft hochspezialisiert. Die Produkte sind deshalb individueller und es werden Fachkräfte gebraucht.

2. Der Handel

Der Handel produziert keine Güter, sondern verteilt sie. Man unterscheidet grundsätzlich zwischen *Großhandel* und *Einzelhandel.* Der Großhandel ist eine Zwischenstufe zwischen Industrie und Einzelhandel. Großhändler verkaufen nicht direkt an den Endverbraucher, sondern an Weiterverarbeiter und Großverbraucher (z. B. Restaurants) und an den Einzelhandel. Sie kaufen größere Mengen von Waren und verkaufen sie in kleineren Mengen weiter. Großhändler sind oft spezialisiert und erleichtern damit der Industrie den *Absatz* (Verkauf) und dem Einzelhandel den Einkauf. Wie der Name sagt, verkauft der Einzelhändler an den einzelnen Verbraucher. Zum Einzelhandel gehören z. B. der Gemüsehändler, der Tante-Emma-Laden, der Supermarkt, das Schuhfachgeschäft, das *Warenhaus,* aber auch der *Versandhandel.*

3. Die Dienstleistungsbetriebe

Sie bieten der Wirtschaft Dienste an und unterstützen sie z. B. durch Gütertransport, Versicherung oder Finanzierung. *Verkehrsbetriebe* befördern Güter, Nachrichten und Personen (z. B. *Speditionen, Post-* und *Fernmeldebetriebe, die Bahn*). *Banken* und andere *Kreditinstitute* haben sich auf finanzielle Transaktionen spezialisiert. Sie geben zum Beispiel Kredite, sie sind im *Zahlungsverkehr* notwendig und sie handeln mit *Wertpapieren. Versicherungen* helfen der Wirtschaft und Privatpersonen sich gegen Risiken abzusichern. Man kann Sachen und Personen versichern.

Natürlich darf man auch das sogenannte *Dienstleistungshandwerk* nicht vergessen: Friseure, KFZ-Mechaniker, Restaurants etc.

Sortieren Sie die für Sie wichtigen oder bisher unbekannten Begriffe nach dem Zusammenhang.

- Industrie
- Handel
- Dienstleistungsbetriebe

Fragen Sie Ihren Lernpartner / Ihre Lernpartnerin, wenn Sie einen Begriff nicht verstehen:

Wissen Sie / Weißt du, was … bedeutet?

Was ist eigentlich … ich kann mit dem Begriff nichts anfangen.

Kannst du mir / Können Sie mir erklären, was man unter … versteht?

Sprechen

7.

Ein Standort für ein neues Unternehmen

Ein neuer Standort für ein Unternehmen

a. Die folgende Karte zeigt den Ort „Genthin“ als Wirtschaftsstandort. Bitte beschreiben Sie genau, wo dieser Standort liegt. Siehe Deutschlandkarte Seite 9.

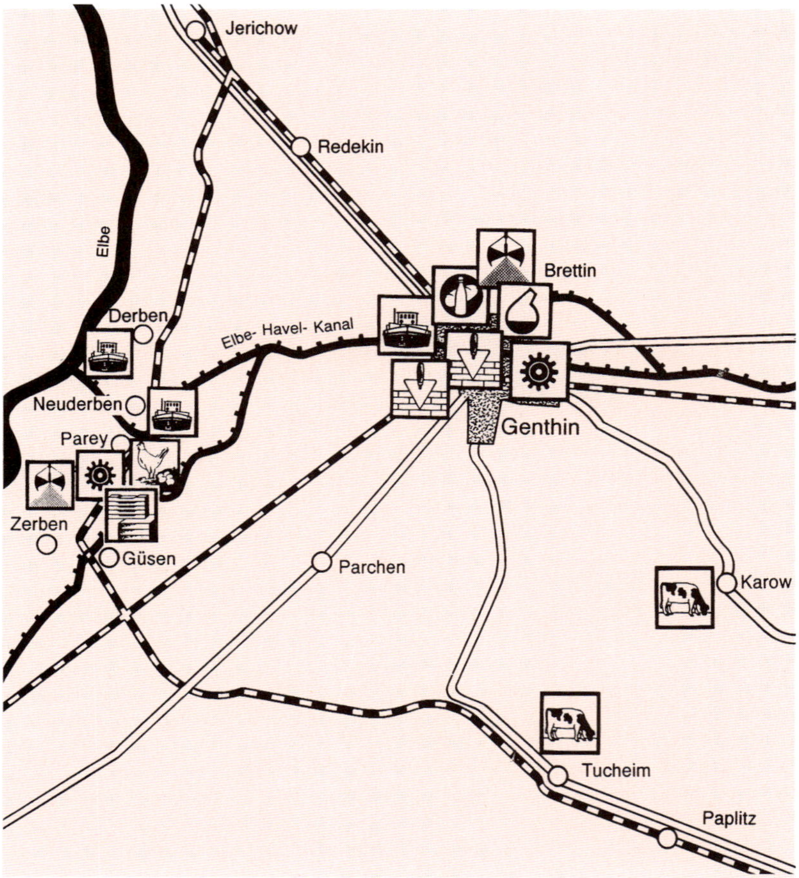

110 km → Berlin

150 km → Leipzig

475 km → Frankfurt / Main

50 km → Landeshauptstadt Sachsen-Anhalt (Magdeburg)

25 km → Kreisstadt des Jerichower Landes (Burg)

Genthin befindet sich / liegt / … nur … km von der … -stadt / der Metropole / Industriestadt / dem Erholungsgebiet / … entfernt …

Hilfen:
Ostdeutschland – Westdeutschland, Entfernungen zu Städten, zu Erholungsgebieten

b. Der Landkreis Jerichower Land hat eine Broschüre herausgegeben, die über Genthin mit seinem Umland als Wirtschaftsstandort informieren soll. Diese Broschüre soll neue Unternehmen dazu anregen, sich in der Region Genthin anzusiedeln.

Kursorisches Lesen

1. Lesen Sie bitte, bevor Sie den Text lesen, die drei Überschriften:

   - Ausbau der Infrastruktur
   - Wirschafts- und Bevölkerungsstruktur
   - Lage

   Ordnen Sie bitte nach dem Lesen die drei Überschriften den drei Absätzen zu.

Region Genthin –
Wirtschaftsstandort zwischen Magdeburg und Berlin

(1) ______________________________

Zentrale Lage mit direkter Anbindung an die Ballungsräume Berlin – Magdeburg. Die Bundesstraßen B 1 / 107 mit Anschluss an die A 2 Berlin – Hannover führen durch die Stadt Genthin, ebenso die Bundesbahnstrecke Berlin – Köln und der Elbe-Havel-Kanal. Die Region verfügt über ein ausgebautes Verkehrsnetz mit direkten Gleisanschlüssen zu den Industriestandorten.

Anmerkung:
Der jetzige Landkreis Jerichower Land ist 1994 aus den ehemaligen Kreisen Burg und Genthin im Rahmen einer Gebietsreform entstanden.

(2) ______________________________

Wirtschaftlich bedeutsam für die Region sind die Metall verarbeitende Industrie, die Waschmittelproduktion, die Betonerzeugnisproduktion, der Schiffsbau sowie das Handwerk mit seinem breit gefächerten Produktions- und Dienstleistungsangebot. Die vorhandenen Kieslagerstätten im Raum Zerben und im Raum Zabakuck bilden die Grundlage für die Bauproduktion. Durch die historisch gewachsene Industrie hat die Region Genthin ein hohes Potential an Facharbeitern. Das betrifft insbesondere die Bereiche Handel, Gastronomie, Bauwesen, die Metall verarbeitende und die chemische Industrie, aber auch die Tier- und Pflanzenproduktion, die Forstwirtschaft und die Lebensmittelindustrie. Die Wohnbevölkerung beträgt rund 37 000 Einwohner, davon sind im arbeitsfähigen Alter ca. 66 % und im Rentenalter ca. 14 %.

(3) ____

Die Kommunikationstechnik entspricht voll dem Niveau der alten Bundesländer. Elektro- und Erdgasversorgung sowie Wasserversorgung sind gesichert. Hinsichtlich der Abwasserentsorgung sind umfangreiche Investitionen geplant. Die Verkehrsanbindungen werden weiter verbessert. Im Rahmen der Bundesverkehrswegeplanung werden die Bahnstrecke Hannover–Berlin und die A2 ausgebaut. Weiterhin ist der Kanalausbau zwischen Elbe und Havel konzipiert.

2. Bitte lesen Sie den Text genauer und unterstreichen Sie die zusammengesetzten Nomen.
   Welche Kombinationen finden Sie?

   Beispiel:

An bindung	=	Präposition	+	Nomen,
Land kreis	=	Nomen	+	Nomen

c. Beschreiben Sie jetzt mit Hilfe der Karte die Region genauer. Denken Sie dabei besonders an die Industriezweige und die Standorte (Infrastruktur). Ihr Lernpartner / Ihre Lernpartnerin hört Ihnen dabei zu.

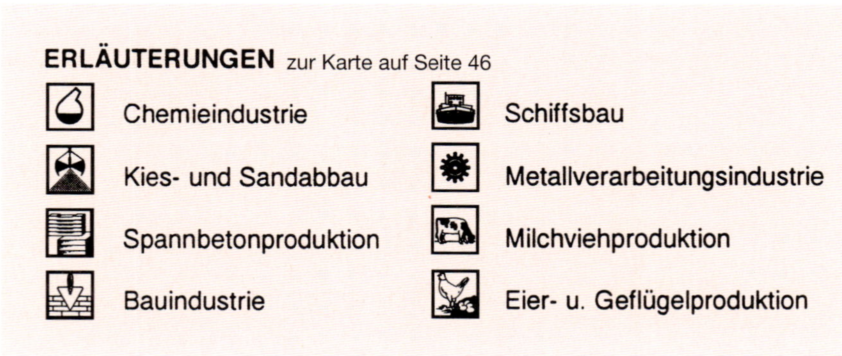

Lesen

8.
Genthin – die Lösung für die Chemotech GmbH?

Selektives Lesen

a. Die Firma Chemotech GmbH sucht einen Standort für eine Niederlassung in Ostdeutschland. Ihr Chef hat Ihnen die oben abgedruckte Broschüre gegeben und bittet Sie ihm Stichpunkte zu den einzelnen Punkten zu sammeln, damit er sich für eine Besprechung vorbereiten kann.

Er möchte kurz informiert werden, ob Ihrer Meinung nach Genthin als Standort interessant sein könnte.

In wirtschaftlichen Fachtexten finden Sie manchmal Pluralbildungen, die sonst nicht üblich sind.

1. wichtigste bereits ansässige Industrien?
2. Arbeitskräftepotential?
3. Einwohner insgesamt?
4. Abwasserentsorgung?
5. Verkehrsanbindung: Straße, Bahn, Wasser?
6. Entfernungen zu wichtigen Großstädten und auf welchem Wege erreichbar?
7. Ihre Empfehlung:

Sprechen

b. Die Entscheidung ist gefallen. Ihre Firma möchte eine Niederlassung in Genthin gründen. Sie sollen dort eine Stelle als Marketingassistent bekommen.

Diskutieren Sie mit einem Kollegen die Vor- und Nachteile von Genthin als Standort und vergleichen Sie Genthin mit einem Standort Ihrer Wahl, zum Beispiel Frankfurt.

Führen Sie das Gespräch mit einem Lernpartner / einer Lernpartnerin. Verwenden Sie wenn möglich die bisherigen Redemittel und den bisherigen Wortschatz.

Hilfen:

\+ Wohnungen billiger
ruhige Lage
neue Firma, gute Karrierechancen

Möglichkeit Geld zu sparen
gute Verkehrsverbindungen
nicht weit von Berlin (Kulturangebot ...)
endlich mal weg vom Großstadtgetriebe
Ostdeutschland entwickelt sich schnell

– weit weg von Frankfurt, Freunden und Verwandten
Langeweile auf dem Land
Ostdeutschland nicht so entwickelt
Freizeitmöglichkeiten?

\+ *Argumente für Genthin*

– *Argumente gegen Genthin*

Wortschatz und Strukturen

9.
Wortbildung

a. Welche Verben stecken hinter diesen Nomen?

der Lieferant ________________

die Verarbeitung ________________

der Anschluss ________________

der Vorschlag ________________

die Versorgung ________________

der Stand ________________

das Erzeugnis ________________

der Unternehmer ________________

der Handel ________________

b. Zusammengesetzte Nomen (Komposita)

Verbinden Sie die Wörter aus den beiden Spalten (links und rechts) und bilden Sie so viele Komposita wie möglich.

Verkehr-s	werk
Industrie-	lage
Hand-	struktur
Ballung-s	industrie
Fach-	arbeit
Infra-	produktion
Bau-	netz
Lebensmittel-	zweig
	gebiet
	angebot
	raum

Erinnern Sie sich an die Regeln?

1. *Rechts steht das Grundwort. Das bestimmt auch den Artikel:*
   das Industriegebiet (die Industrie + das Gebiet)
   die Lebensmittelindustrie
2. *Manchmal finden Sie ein -s oder -n zwischen Grundwort und Bestimmungswort.*

10.

Hören

Interne Telefongespräche

Bitte hören Sie die folgenden Telefongespräche erst einmal ohne zu schreiben. Beim zweiten Anhören füllen Sie bitte die nachfolgenden Gesprächsnotizen aus.

1. Die Sekretärin des Technischen Direktors ruft im Labor an.

Notiz

Anruf für: ______________________

Anrufer: , Sekretärin von Herrn Thoma

Grund des Anrufs: ______________________

2. Herr Becker aus dem Versand ruft die Personalabteilung an.

Notiz

Anruf für: ______________________

Anrufer: ____________ Abt. ____________

Grund des Anrufs: ______________________

Bitte um: ______________________

Guten Morgen, Frau Bichler. Hier spricht Sonntag.
Ist Herr Franz irgendwo bei Ihnen?

...

Ach so, der kommt heute später.
Können Sie ihm vielleicht was ausrichten?
Herr Thoma hat eine Besprechung anberaumt, morgen Nachmittag um 14.30 Uhr hier in seinem Büro.
Es geht um die neue Abfüllanlage für Badeöle.
Er hätte gerne Herrn Franz auch dabei. Okay? Danke.

Guten Tag, hier ist Becker. Ich rufe aus dem Versand an.
Könnte ich wohl mal bitte Frau Sauer sprechen?

...

Ach so, sie ist heute gar nicht da.
Kann ich bei Ihnen eine Nachricht hinterlassen?

...

Ja, also ich habe morgen um 9.00 Uhr gleich einen Termin bei Frau Sauer. Mir wäre es recht, wenn wir den auf morgen Nachmittag verschieben könnten. Wir haben im Moment so viele Schwierigkeiten mit unseren Verpackungsmaschinen und ich müsste eigentlich morgen früh die ganze Zeit hier sein. Tut mir Leid, dass ich sie jetzt nicht erreichen kann. Ich hoffe, das geht in Ordnung. Danke.

Das Unternehmen in der Öffentlichkeit

Kontakte

Lesen

I.

a. Lesen Sie den Text einmal kurz durch.
Wo könnte der Text stehen (abgedruckt worden sein)?

Orientierendes Lesen

Hundert Jahre Dienst am Kunden
Die Geschichte eines Familienunternehmens

Im Jahre 1896, also genau vor 100 Jahren, begann der junge Werkzeugmacher Ferdinand Humpel im Gartenhaus seiner Großeltern Werkzeuge herzustellen. Er gründete eine kleine Firma, die er als Einzelunternehmer leitete. In seiner Werkstatt halfen ihm damals drei Gehilfen und zwei Lehrlinge. Die gute Qualität seiner Werkzeuge wurde bald bei den Handwerkern der Umgebung bekannt. Aus der Werkstatt wurde eine große Fabrik. Arbeiter und neue Maschinen wurden gebraucht. Das nötige Kapital bekam Ferdinand Humpel von seinem Schwager, den er als Partner in seine Firma aufnahm. So entstand die Humpel Werkzeug OHG. In der Zeit nach dem 1. Weltkrieg hatte die Firma keine Probleme, denn gutes Werkzeug lässt sich immer verkaufen. Im Jahre 1932 konnte Ferdinand Humpel seinen drei Kindern einen erfolgreichen Betrieb übergeben. Die Zahl der Mitarbeiter war inzwischen auf weniger als 300 angestiegen. Die Familientradition, Qualitätsarbeit zu produzieren aber keinen Kundendienst zu unterhalten, wird bis heute fortgesetzt. In modernen Gebäuden und Werkhallen werden Werkzeuge aller Art produziert und der Export spielt keine Rolle. Seit 20 Jahren leitet der Enkel des Gründers, Wolfgang Humpel, die Firma. Wir wünschen ihm und allen Mitarbeitern der Humpel KG eine erfolgreiche Zukunft.

KG
OHG
GmbH *→ Seite 58/59*

b. Sehen Sie nun die Notizen des Reporters der *Weinheimer Rundschau.*

Offensichtlich sind dem Reporter beim Verfassen des Artikels in der Eile einige Fehler unterlaufen.

Lesen Sie bitte die im Folgenden abgedruckten Notizen. Lesen Sie noch einmal den Text, vergleichen Sie und schreiben Sie eine Fehlerliste (Hilfe: 10 Angaben im Text sind falsch.)

Intensives Lesen

100-jähriges Jubiläum der Firma Humpel Werkzeug KG – Schlossermeister Ferdinand Humpel, Gartenhaus der Großeltern – Einzelunternehmen – zwei Gehilfen und zwei Lehrlinge – gute Qualität bekannt – Werkstatt wurde kleine Fabrik: Arbeiter, Maschinen gebraucht – Kapital von Bruder – Gründung der Humpel Werkzeug KG – viele Probleme nach 1. Weltkrieg – 1932 Übergabe an 3 Kinder – mehr als 300 Mitarbeiter – Qualität und Kundendienst – moderne Gebäude und Werkhallen – Export große Rolle – seit 20 Jahren leitet Enkel Wolfram Humpel die Firma

c. Sehen Sie sich die Notizen jetzt noch einmal an.

Welche Fragen hat der Reporter wohl gestellt? Rekonstruieren Sie das Interview.

Telefongespräche

In diesem Buch hören, üben oder erarbeiten Sie sehr oft Telefongespräche. Meistens sind es Gespräche zwischen einem Unternehmen und einem Kunden (einer Privatperson oder einem anderen Unternehmen). Diese Gespräche laufen sehr oft über die Telefonzentrale eines Unternehmens. In der folgenden Grafik finden Sie die Antwort auf die Frage: *Was passiert eigentlich in einer Telefonzentrale?* (Verstehenshilfe: die rot markierten Flächen und Pfeile kennzeichnen die direkte Arbeit der Telefonzentrale.)

Jemand ruft an, meldet sich:
- Name, Firma
- sagt, mit wem er/sie sprechen möchte: Name, Funktion, Abteilung

weiterverbinden mit der Person direkt oder ihrem Sekretariat (Sekretärin)

Person meldet sich oder die Sekretärin stellt den Anruf durch

der Angerufene meldet sich

- Information geben: gewünschte Person arbeitet nicht mehr im Unternehmen
- ist nicht anwesend (keine Gründe)

Telefonzentrale
- Abteilung nachschlagen
- mit Sekretariat / direkt verbinden
- nicht verbinden können

der Angerufene meldet sich nicht oder die Leitung ist besetzt

Telefonzentrale bietet Alternativen an

- mit einem anderen Mitarbeiter verbinden
- mit der Abteilung verbinden

anbieten, dass gesuchte Person zurückruft

- Anrufer selbst ruft wieder an
- eventuell Durchwahl geben

- Anrufer informieren
- verbinden

Telefonnotiz schreiben

2.
Anruf bei der Firma Humpel Werkzeug KG (Sekretariat)

a. Hören Sie das folgende Telefongespräch.
Übernehmen Sie die Aufgabe der Sekretärin die Telefonnotiz auszufüllen.

Selektives Hören

Memo

Anruf für ______________________

____

Anruf von ______________________

____

Datum ______________________

Uhrzeit ______________________

Tel.-Nr. ______________________

Nachricht ______________________

____

____

____

Bitte um ______________________

____

____

____

rufen
anrufen
zurückrufen
der Anruf
der Rückruf

b. Hören Sie das Gespräch bitte noch einmal.
Ergänzen Sie die folgenden Sätze.

Sind Sie ____?

Worum ____?

Ist Frau K ____?

Wir könnten Sie … zurückrufen __________________________?

Ja, das passt ____

3. Ein weiteres Telefongespräch

a. Rekonstruieren Sie bitte das folgende Telefongespräch.
Vergleichen Sie Ihr Gespräch mit dem Ihres Lernpartners / Ihrer Lernpartnerin.

Gesprächspartner:
1. Sekretärin
2. Herr Korowski

- ☐ Herr Dr. Bauer wird Sie sofort anrufen, wenn er zurück ist.
- ☐ Guten Tag. Könnte ich bitte mit Herrn Dr. Bauer sprechen?
- ☐ Oh, Entschuldigung.
  Korowski von der Fa. Huber & Co., Druckerei.
- ☐ Sekretariat Herr Dr. Bauer.
- ☐ In etwa einer Stunde. Genügt Ihnen das?
- ☐ Sie haben Prospektmaterial bei uns bestellt.
  Ich hätte da noch eine Frage wegen des Farbdrucks.
- ☐ Wie ist Ihr Name bitte?
- ☐ Ja, das ist kein Problem. Ich erwarte seinen Anruf. Danke.
- ☐ Ist es dringend? Herr Bauer ist in einer Besprechung.
- ☐ Auf Wiederhören.
- ☐ Ja, ziemlich. Wir müssten heute noch Bescheid bekommen.
- ☐ Worum geht es denn?
- ☐ Wann erwarten Sie ihn denn zurück?

In Deutschland verwendet man den Dr.-Titel im Geschäftsleben und im öffentlichen Leben. In Österreich alle Titel, auch im Bekanntenkreis. In der Schweiz ist der Dr.-Titel nicht gebräuchlich – mit Titeln geht man im persönlichen Gespräch sehr sparsam um.

b. Hören Sie jetzt das Gespräch von der Cassette.
Vergleichen Sie bitte.

Welche Unternehmensform ist für Sie die Beste?

Hier finden Sie, kurz zusammengefasst, die wichtigsten Rechtsformen von Unternehmen in Deutschland. Sie finden die Hauptgründe, aus denen diese Unternehmensformen gewählt werden, eine kurze Zusammenfassung der Inhalte der entsprechenden Rechtsform sowie ihre Vor- und Nachteile.

Sie wollen eine Firma gründen.

Was wollen Sie?	Rechtsform
Sie wollen souveräner Chef werden, keiner soll Ihnen in Ihre Finanzen und Ihre Entscheidungen hineinreden. Sie wollen möglichst wenig Formalitäten.	Einzelunternehmen. Bei kleinen Unternehmen ist die Eintragung ins Handelsregister nicht nötig. Der Name der Firma muss Ihr Vor- und Nachname sein.
Sie wollen sich nur finanziell an einem Unternehmen beteiligen, aber nicht aktiv mitarbeiten und nach außen hin nicht erscheinen.	Stiller Teilhaber. Der stille Teilhaber gibt dem Unternehmen Geld ohne ein Recht auf Mitsprache. Über die Gewinnbeteiligung wird ein privater Vertrag geschlossen.
Sie wollen sich mit mehreren gleichberechtigten und vollhaftenden Gesellschaftern in Ihrem Unternehmen zusammenschließen. Es müssen mindestens zwei Gesellschafter sein.	OHG (Offene Handelsgesellschaft). Jeder Gesellschafter leistet eine finanzielle Einlage. Ein Gesellschaftervertrag wird geschlossen und es erfolgt eine Eintragung ins Handelsregister. Der Name der Firma besteht aus den Namen der Gesellschafter mit dem Zusatz OHG oder „und Co.", „und Söhne" etc.
Sie wollen die Vorteile des souveränen Chefs mit beschränkter Haftung verbinden. Auch Sie sind mindestens zu zweit. Einer von Ihnen ist bereit, voll zu haften, der andere nur beschränkt.	KG (Kommanditgesellschaft). Wie bei der OHG wird ein Gesellschaftervertrag geschlossen und es erfolgt eine Eintragung ins Handelsregister. Außer dem Chef (dem Komplementär und Vollhafter) mindestens ein Kommanditist (Teilhafter). Der Name des Komplementärs erscheint im Firmennamen mit dem Zusatz KG.
Sie wollen vor allem die beschränkte Haftung. Sie selbst können als Geschäftsführer angestellt sein.	GmbH (Gesellschaft mit beschränkter Haftung). Die Gesellschaft ist eine Kapitalgesellschaft. Das Stammkapital muss mindestens 50 000,– DM betragen. Es kann einen oder mehrere Gesellschafter geben. Der Name der GmbH ist meistens eine Sachfirma, aber mit dem Zusatz GmbH.

Eine Unternehmensform fehlt noch, die AG (Aktiengesellschaft). Normalerweise wird allerdings bei einer Unternehmensgründung nicht sofort eine AG gegründet. Man findet sie häufig bei Großunternehmen. Auch sie ist eine Kapitalgesellschaft. Ihre Gesellschafter (Aktionäre) sind mit ihren Geldeinlagen (Aktien) am Grundkapital des Unternehmens (mindestens 100 000, – DM) beteiligt. Außer ihrer finanziellen Einlage haben sie nichts mit den Geschäften zu tun. Sie werden aber darüber informiert und können jährlich einmal auf der Hauptversammlung ihre Meinung sagen, den Vorstand kritisieren ... Der Vorstand führt die Geschäfte und wird vom Aufsichtsrat kontrolliert. Die Aktionäre erhalten jährlich einen Teil des Gewinns des Unternehmens, die Dividende.

Vorteile	**Nachteile**
Sie können allein bestimmen und Ihren Betrieb ohne große Formalitäten führen. Ein Mindestkapital ist nicht erforderlich.	Sie haften mit Ihrem ganzen Vermögen, Geschäfts- und Privatvermögen. Das kann, wenn Sie in Konkurs gehen, den Ruin Ihrer Familie bedeuten.
Der Unternehmer bekommt mehr Eigenkapital. Der stille Teilhaber hat eine diskrete Geldanlage.	Ein stiller Teilhaber kann leicht frustriert werden, weil er im Betrieb nichts zu sagen hat.
Die OHG kann genau den Bedürfnissen und Fähigkeiten der Gesellschafter angepasst werden. Die Gesellschafter arbeiten alle aktiv mit und leiten die Geschäfte.	Jeder Gesellschafter haftet mit seinem ganzen Privat- und Geschäftsvermögen. Viel Vertrauen in die Partner ist notwendig.
Der Chef kann finanzkräftige Teilhaber in sein Unternehmen aufnehmen, die ihm nicht in die Geschäfte hineinreden. Diese Kommanditisten haften nur mit ihrer Einlage.	Der Komplementär haftet mit seinem ganzen Vermögen. Die Buchführung ist ziemlich kompliziert.
Die Haftung ist auf das Stammkapital beschränkt.	Bei Verschuldung über das Stammkapital hinaus muss Konkurs angemeldet werden. Bei großen GmbHs (über 500 Mitarbeiter) ist ein Aufsichtsrat (das ist eine Kontrolle der Geschäftsführung) gesetzlich vorgeschrieben.

4.
Guter Kundendienst ist wichtig

a. Jeden Tag sind Sie immer wieder Kunde: Sie kaufen ein, Sie telefonieren, Sie tanken … Was ist dabei für Sie „Kundendienst“?

Notieren Sie sich kurz einige Gedanken.

b. Arbeiten Sie jetzt in der Lerngruppe gemeinsam.
Tragen Sie Ihre Stichpunkte zum Thema Kundendienst in einer „mind-map“ zusammen:

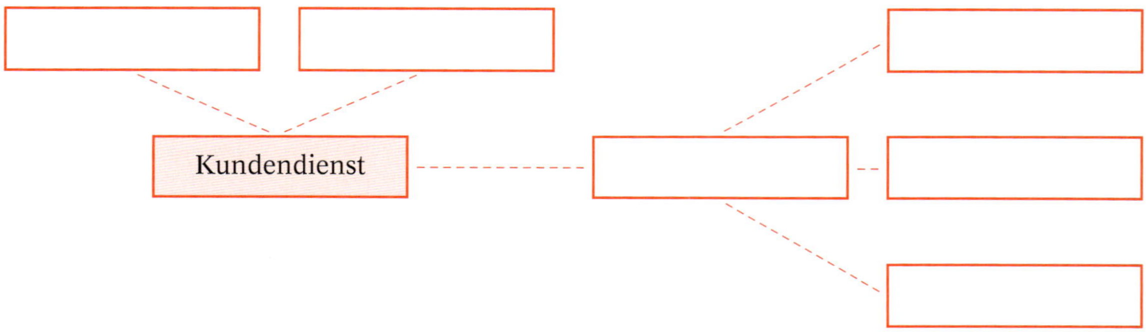

5.

Aus der Zeitschrift „Handwerk"

Lieber Leser

...

Enger Kundenkontakt ist wichtig.

Ideen, wie man neue Kunden gewinnen und alte halten kann, darüber finden Sie mehr auf der Seite 35.

Kursorisches Lesen

a. Lesen Sie den folgenden Text möglichst schnell durch. (Machen Sie sich keine Sorgen, wenn Sie nicht jedes Wort verstehen!) Ergänzen Sie die Lücken (1–5) mit den folgenden Zwischenüberschriften (a–e).

a) Geräteverleih
b) Notfalldienst
c) Urlaubsdienst
d) Kaffeetheke
e) Rundum-Service

Handwerk 35

Damit der Kunde wiederkommt

Wenn Sie Ihr Serviceangebot auf die Bedürfnisse der Kunden abstimmen, haben Sie schon einen wichtigen Schritt in Richtung Kundenbindung getan. Doch bevor Sie sich für teure Zusatzleistungen entscheiden, sollten Sie Ihre Kunden befragen. Bei der Befragung erleichtern Sie Ihren Kunden das Antworten, indem Sie bereits Alternativen vorgeben. Besonders oft genannte Wünsche von Kunden sind:

____________________ (1)

Gute Kunden erhalten dabei eine Telefonnummer, unter der sie Tag und Nacht jemanden erreichen können. Sie garantieren, dass der Kunde innerhalb einer bestimmten Zeit Hilfe erhält.

____________________ (2)

Immer mehr Kunden suchen das Angebot „Alles aus einer Hand". Überlegen Sie, mit welchen anderen Firmen Sie zusammenarbeiten könnten.

__________________ (3)
Lange und komplizierte Beratung ist anstrengend. Geben Sie Gelegenheit zur Entspannung, indem Sie einen Kaffee oder ein kaltes Getränk anbieten. So lassen sich auch uninteressierte Begleitpersonen beschäftigen, die den Kunden bei längeren Gesprächen drängen und damit seine Kaufentscheidung beeinflussen können.

__________________ (4)
Ein Kunde, der die schwere Bohrmaschine oder den Teppichreiniger nur selten braucht, ist froh, wenn er sich das Gerät ausleihen kann. Erklären Sie dazu geduldig, wie es funktioniert; so verhindern Sie nicht nur Schäden, sondern geben das Gefühl, auch außerhalb des Verkaufsgesprächs für den Kunden da zu sein.

__________________ (5)
Das ist der Traum von vielen Kunden – sie kommen aus dem Urlaub zurück und das Haus ist renoviert. Ihr Kunde gibt Ihnen den Hausschlüssel und fährt dann in Urlaub. Zum Service kann auch gehören nach getaner Arbeit den Teppich zu saugen und die Gardinen waschen zu lassen.

Wortschatz und Strukturen

6.
Finden Sie im obigen Text Begriffe mit ähnlicher Bedeutung wie …

1. das, was der Kunde braucht __________________
2. wenn die Kunden wiederkommen __________________
3. extra Service __________________
4. versichern __________________
5. Gespräch mit vielen Erklärungen __________________
6. für kurze Zeit mitnehmen __________________
7. wenn etwas kaputtgeht __________________
8. neu tapezieren, streichen usw. __________________

7.
Ein Werbebrief

Brief nach Textbausteinen

Im Folgenden werden Sie damit vertraut gemacht Briefe nach Textbausteinen zu schreiben. Dies hier ist der erste Schritt.

Sie sind Mitarbeiter der Firma Hausmann und Söhne, Teppichgroß- und -einzelhandel in Krefeld. Ihr Chef möchte das Unternehmen über Krefeld hinaus bekannt machen und schlägt deshalb vor, einen allgemeinen Werbebrief zu verschicken.

a. Identifizieren Sie in dem folgenden Werbebrief

- Anrede
- Textbeginn
- Textende (Schlusssatz)
- Grußformel

(Das sind Standardteile eines Geschäftsbriefes.)

____________	Wir haben außerdem ein Fachgeschäft im Stadtzentrum von Krefeld.
____________	In unseren ausgedehnten Geschäftsräumen finden Sie ausgebildetes Personal, das Ihnen stets zur fachlichen Beratung zur Verfügung steht.
____________	Als ganz besonderen Service bieten wir die Beratung in Ihren eigenen vier Wänden.
____________	Das Unternehmen ist ein Familienbetrieb und beschäftigt insgesamt zehn Mitarbeiter. Beide Söhne des Firmeninhabers arbeiten aktiv im Geschäft mit.
____________	Wir freuen uns darauf, von Ihnen zu hören oder Sie in unseren Geschäftsräumen begrüßen zu dürfen.
____________	Bei unseren Produkten handelt es sich vor allem um Teppichfliesen höchster Qualität und in bester Auswahl.

____________ Wenn Sie allerdings Ihre Fliesen selbst verlegen wollen, ist auch das kein Problem: Sie bekommen bei uns alles notwendige Werkzeug und Zubehör.

____________ Die Firma Hausmann & Söhne in Krefeld ist ein Unternehmen des Teppichgroß- und -einzelhandels.

____________ Durch Direktimport können wir beim Kauf einen Preisvorteil erzielen, den wir voll an unsere Kunden weitergeben.

____________ Mit freundlichen Grüßen

____________ Qualifizierte Dekorateure kommen zu Ihnen ins Haus und bringen eine umfangreiche Musterkollektion mit.

____________ Außerdem finden Sie bei uns ein großes Angebot an Berberteppichen und afghanischen Teppichen.

____________ Für diesen Service genügt ein Telefonanruf von Ihnen um mit uns einen Besuchstermin zu vereinbaren.

____________ Sehr geehrte Damen und Herren,

____________ Durch die verkehrsgünstige Lage im Krefelder Industriezentrum ist das Unternehmen sowohl vom Stadtzentrum als auch von der Autobahn gut zu erreichen.

b. Der Brief ist jetzt halb fertig auf dem Bildschirm Ihres Computers. Schreiben Sie den Brief zu Ende. Ergänzen Sie dazu die fehlenden Sätze aus a).

Sehr geehrte Damen und Herren,

die Firma Hausmann und Söhne in Krefeld ist ein Unternehmen des Teppichgroß- und -einzelhandels.

____

Durch die verkehrsgünstige Lage im Krefelder Industriezentrum ist das Unternehmen sowohl vom Stadtzentrum als auch von der Autobahn gut zu erreichen.

____

Bei unseren Produkten handelt es sich vor allem um Teppichfliesen höchster Qualität und in bester Auswahl.

____

Durch ____________________________________

____

____

____

____

c. Stellen Sie sich vor, Sie diskutieren diesen Brief in Ihrer Kaffeepause.

Was finden Sie gut?
Was gefällt Ihnen weniger?
Wie würden Sie es möglicherweise formulieren?

Wortschatz und Strukturen

8.

a. Wenn Sie ausdrücken, mitteilen wollen, dass etwas möglich ist, dass Ihre Firma etwas machen kann, können Sie das auf unterschiedliche Weise tun. Hier sind einige Beispiele:

- Wir können das gerne für Sie machen.
- Es ist gar kein Problem, das zu machen.
- Wir machen das gerne für Sie.

b. Sie können in vielen Fällen auch ein Adjektiv verwenden.

- Das ist selbstverständlich machbar.

Das Suffix *-bar* drückt hier die Möglichkeit aus.
Bilden Sie Adjektive auf *-bar* und antworten Sie auf die Fragen.

1. Können Sie die Produkte nächste Woche liefern?
2. Kann ich Sie auch sonntags erreichen?
3. Kann ich die Gardinen selber waschen?

Sprechen

9.

Üben Sie die Kundenbetreuung bei der Firma *Hausmann und Söhne.*

Sie sollten bei den folgenden Übungen die Informationen aus den Übungen 5–8 beachten.

Arbeiten Sie in dieser Übung mit Ihrem Lernpartner / Ihrer Lernpartnerin gemeinsam.

Redemittel
Möglichkeiten

Das können wir arrangieren.
Aber ja, der / die / das zu transportieren, ist kein Problem.

a. Sie finden hier zunächst Hilfen für ein Kundengespräch. Ordnen Sie die Begriffe in der linken Spalte den Verben zu und formulieren Sie Fragen.

Der Kunde fragt:

Produkte?	importieren
Beratung zu Hause?	verkaufen
Woher?	
Wann?	anbieten
Wie oft?	
Wo?	verleihen
Wie schnell?	
Wie groß?	ausleihen
Werkzeug?	
Geräte?	verlegen
Urlaubsdienst?	beraten

Vorsicht:
Bilden Sie nicht zu viele neue Adjektive.
(vergl. Übung 8)

b. Führen Sie nun das Kundengespräch.

Ein Kunde (Ihr Lernpartner / Ihre Lernpartnerin) stellt Ihnen Fragen und Sie antworten.

10.

Stellen Sie das Unternehmen vor, in dem Sie arbeiten (oder das Sie gut kennen).

Berichten Sie über folgende Punkte.

- Größe, Mitarbeiterzahl, Standort, Gründung ...
- Industrie, Handel oder Dienstleistung?
- Export?
- Kunden (Wo? Wie viele?)

11.

a. **Was verstehen Sie unter Corporate Identity?**

Überlegen Sie sich eine Erklärung des Begriffs und nennen Sie ein paar Beispiele.

b. Lesen Sie nun den folgenden Text und vergleichen Sie die Aussagen mit Ihrer Antwort.

Selektives Lesen

Was haben Sie bei Ihrer eigenen Erklärung vergessen (oder was ist im Text nicht beachtet worden)?

Denken Sie an Ihr Profil

Mit einem unverwechselbaren Erscheinungsbild, das Ihre Unternehmensziele deutlich macht, können Sie Ihren Betrieb an den Markt bringen und Ihre Leistungen bekannt machen: Das ist der beste Grundstein für dauerhaften unternehmerischen Erfolg.

Für den CI-Experten Josef Gomolka, Leiter des Bereiches Markt-Kommunikation bei Drescher-Druck in Rutesheim bei Stuttgart, ist klar: „Mit einem überzeugenden Erscheinungsbild lässt sich die beste Werbung aufbauen, die es für ein Unternehmen gibt."

Gerade für junge Unternehmen, die noch ihren Platz am Markt finden müssen, sei ein klares Profil besonders wichtig. Gomolka hat eindrucksvolle Zahlen dafür: Er befragte Unternehmen, die mit bestimmten Maßnahmen ihre Corporate Identity (CI) verbessern wollten. 89 Prozent der befragten Unternehmen berichteten von einem Imagegewinn, 85 Prozent verzeichneten eine Verbesserung der Mitarbeitermotivation. Einen größeren Marktanteil und höhere Umsätze konnten sieben von zehn der befragten Betriebe feststellen.

Das sind gute Gründe, sich schon beim Start in die Selbstständigkeit um das Firmenbild zu kümmern. Wer gleich zu Anfang seine Marschroute festlegt, hat es in der turbulenten Anfangsphase leichter, seinen Weg konsequent zu verfolgen. Bei der Erarbeitung einer individuellen CI-Strategie muss man an drei Bereiche denken:

Unternehmensverhalten: Hier müssen die Leitlinien des Betriebes formuliert werden, an denen sich Mitarbeiter und Kunden orientieren können. Man kann zum Beispiel auf Tierversuche verzichten, Umweltschutz oder soziales Verhalten gegenüber Mitarbeitern praktizieren. Wichtig ist, dass diese Leitsätze kurz und eindeutig formuliert sind, so dass man sie leicht verstehen kann. Natürlich muss sich auch der Chef daran halten und seine eigene CI vorleben.

Unternehmenskommunikation: Die schönsten Leitlinien nutzen wenig, wenn die Öffentlichkeit sie nicht sieht. Auf der Grundlage der CI lassen sich gute Werbeargumente finden, mit denen sich Ihr Betrieb von der Konkurrenz unterscheiden kann.

Erscheinungsbild: Geschäftsdrucke, Firmenfahrzeuge und Kleidung der Mitarbeiter sollen erkannt werden. Ein durchgängiges Logo ist die beste Visitenkarte für den Betrieb. „Ist das für einen neu gegründeten Betrieb nicht zu teuer?", wird sich jetzt mancher Gründer fragen. CI-Experte Alfons Kifman, der im bayerischen Tutzing eine Kommunikationsagentur hat, sagt eindeutig „nein". Denn die Entwicklung eines klaren Profils sei eine Investition, die langfristig immer gut für das Unternehmen sei. Weil CI-Agenturen für kleine Budgets meist zu teuer sind, rät Kifmann jungen Unternehmern, sich bei der Gestaltung des Logos an Druckereien zu wenden: „Viele bieten Entwicklung und Druck aus einer Hand, zu einem vernünftigen Preis."

Auch bei der Berufskleidung lässt sich sparen. „Mieten statt kaufen", heißt nach Auskunft der Deutschen Berufskleider- und Textilleasing GmbH (DBL) der Trend. Solche Mietservice-Unternehmen beschäftigen sich nicht nur mit Reinigung und Pflege, sondern beraten auch die Betriebe bei der Gestaltung eines zum CI passenden Outfits.

c. Die folgenden Ausdrücke haben Sie im Text gelesen. Was bedeuten sie? Geben Sie Beispiele.

1. verbesserte Mitarbeitermotivation
2. die Leitlinien des Betriebes formulieren
3. Werbeargumente finden
4. ein klares Profil entwickeln

Mitarbeitermotivation I

Mitarbeitermotivation II

d. Ordnen Sie die folgenden Begriffe ihren Definitionen zu:

1. der Betrieb
2. das Unternehmen
3. die Firma
4. das Geschäft

Beachten Sie: Die Begriffe Betrieb, Unternehmen und Firma werden häufig synonym gebraucht, wenn eigentlich Unternehmen gemeint ist.

a.	b.	c.	d.
wirtschaftlich-rechtliche Organisation, deren oberstes Ziel es ist, einen Ertrag zu erwirtschaften	der Name, unter dem ein Kaufmann im Handel seine Geschäfte betreibt und Dokumente unterschreibt	Bezeichnung für eine Unternehmung und für das Verkaufslokal (Laden) einer Unternehmung, aber auch für eine von mehreren Verkaufsstellen (Filialen). In der Regel Einzelhandel	räumliche, technische und organisatorische Einheit zur Erstellung von Gütern und Dienstleistungen

Mitarbeitermotivation III

12.
Verben

a. Suchen Sie im Text die reflexiven Verben (zusammen mit Reflexivpronomen und Präposition, wenn vorhanden). Sie müssten sechs reflexive Verben mit Präposition und dreimal „sich lassen“ + Verb finden.

b. Ordnen Sie den folgenden Verben die richtigen Präpositionen zu.

Legen Sie sich eine Liste mit neuen Verben und den dazugehörenden Präpositionen mit einem Beispielsatz an.

sich	beschäftigen	
	aufregen	
	wenden	über
	freuen	auf
	einigen	an
	orientieren	mit
	halten	
	erinnern	

c. Füllen Sie nun die Lücken in den folgenden Sätzen mit den passenden Verben.

1. Vielleicht __________ Sie sich __________ unser Gespräch auf der Messe.
2. Könnten wir uns __________ einen Kompromiss __________?
3. Bei Fragen __________ Sie sich bitte __________ Frau Brunner.
4. Bitte __________ Sie sich __________ dieses Problem nicht __________! Wir werden eine Lösung finden.
5. __________ eine baldige Antwort würde mich sehr __________

6. Alle unsere Mitarbeiter müssen sich __________ die Regeln __________.

7. Haben Sie sich schon __________ dem Problem unseres Kunden __________?

8. __________ den roten Pfeilen können Sie sich __________.

d. **Für besonders Neugierige**

Bei den reflexiven Verben im obigen Text haben Sie drei gefunden, die mit dem Hilfsverb „lassen" auftreten:

1. lässt sich aufbauen,
2. lassen sich finden,
3. lässt sich sparen.

Auch diese drücken eine Möglichkeit aus, vergl. Übung 9.

Diese Sätze kann man auch anders formulieren.

1. lässt sich aufbauen → Die Werbung kann aufgebaut werden.
2. lassen sich finden → Werbeargumente können gefunden werden.
3. lässt sich sparen → Bei der Berufskleidung kann gespart werden.

Daraus lässt sich folgende Regel ableiten:
durch „lassen" + Reflexivpronomen kann eine Passivkonstruktion ersetzt werden.

e. Drücken Sie nun die folgenden Sätze anders aus:

1. Die Kundenkontakte lassen sich aufbauen.
2. Ja gut, das lässt sich machen.
3. Lässt sich der Termin ändern?
4. Lassen sich die Kunden überzeugen?
5. Eine Kaffeetheke lässt sich einrichten.
6. Die Preise lassen sich vergleichen.

Sprechen

13.

Entwickeln Sie konkrete Vorschläge für eine Corporate Identity für die unten aufgeführten neuen Unternehmen.

Geben Sie sich ein Zeitlimit.
Bilden Sie eine Arbeitsgruppe.
Einigen Sie sich auf ein Unternehmen.
Überlegen Sie dabei auch, wie Sie Ihre Ergebnisse präsentieren.

Denken Sie aber auf jeden Fall an das Logo, das Unternehmensverhalten, die Unternehmenskommunikation, das Erscheinungsbild, die Berufskleidung ...

Folgende Unternehmen stehen Ihnen zur Auswahl:

1. ein Reisebüro, das sich auf Reisen an die Pole spezialisiert hat;
2. ein Reisrestaurant;
3. ein Kosmetikproduzent, der alles auf der Basis von Honig und Gurken herstellt.

Redemittel
Vorschlagen

Das Produkt und seine Entwicklung

I.
Was ist Qualität?

a. Die Mitarbeiter von verschiedenen Unternehmen (aus Industrie und Dienstleistung) wurden gefragt, was für sie „Qualität“ ist.

Im Folgenden finden Sie die Antworten auf einer Wandtafel nach einem „Brainstorming“.

Beim ersten Lesen überlegen Sie bitte:
Welche Aussagen passen eher zu dem Begriff „Produktqualität“ und welche zu „Dienstleistungsqualität“?
Vergleichen Sie Ihr Ergebnis mit dem eines Lernpartners / einer Lernpartnerin. (Einige Begriffe passen zu beiden Kategorien.)

Haltbarkeit fehlerfrei Technologie freundlich und höflich
vollkommene Zufriedenheit Garantie Innovation Kompetenz beim Kunden
Kundendienst Kontrolle Kundenbetreuung
gutes Funktionieren gleicher Standard durch alle Abteilungen
hoher Standard nicht reparaturanfällig gutes Arbeitsklima Kontinuität
Testen Schulung Transparenz der Arbeitsvorgänge
Überprüfen Ausbildung Verantwortungsbewusstsein Informationsfluss
Erfüllung aller Anforderungen und Wünsche keine „tödliche“ Routine Motivation
Konzentration Zuverlässigkeit gute Verarbeitung Materialien
aus Fehlern lernen Bedürfnisse von Kunden und Markt erfüllen
Zufriedenheit und Freude an der Arbeit Präsentation Weiterbildung
gute Zusammenarbeit

b. Ordnen Sie beim zweiten Lesen die Begriffe nach den Kriterien *Produkt / Mitarbeiter / Kunde.*
(Manche passen in mehr als eine Kategorie!)

Produkt	*Mitarbeiter*	*Kunde*
Haltbarkeit	Ausbildung	Kundenbetreuung

Hören

2.

Wie kann Qualität erreicht werden?

Hören Sie das folgende Gespräch, das in der Firma *media partner*, Werbeagentur, geführt wird.

Kursorisches Hören

Welche Qualitätskriterien werden in dem Gespräch genannt? Markieren Sie alle Begriffe in Ihrer Liste aus Aufgabe 1, die auch im Gespräch vorkommen.

Lesen

3.

a. Die Firma HERZ Armaturen stellt Thermostatventile für Raumheizungen her. Die Firma ist für die Qualität ihrer Produkte bekannt. Wie erreicht HERZ eine gleichbleibende Qualität?

Lesen Sie den folgenden Text und notieren Sie in Stichworten alles, was bei HERZ zur Sicherung der Qualität wichtig ist.

Selektives Lesen

Qualität nach Maß

Bei Herz werden alle qualitätssichernden Maßnahmen in einem Gesamtsystem zusammengefasst. Das bedeutet, dass Qualität ein Bestreben aller Mitarbeiter ist und nicht nur die Prüftätigkeit in einer oder mehreren Abteilungen. Denn nur durch das enge Zusammenwirken von Planung, Entwicklung, Fertigung, Qualitätsprüfung und Verkauf können die Ansprüche der Kunden optimal erfüllt werden.

So wie man im Produktionsbereich heute nicht mehr nach Mustern fertigt, ist es auch unvorstellbar, Qualitätssicherung nur als reine Prüftätigkeit zu sehen. Bei Herz war die Qualitätssicherung bereits in den frühen Sechzigerjahren so weit fortgeschritten, dass wir schon damals eine Fünfjahresgarantie abgeben konnten. Diese gilt heute noch. Im Zuge der ständigen Weiterentwicklung des Qualitätswesens wurde Anfang der Achtzigerjahre das Herz-Qualitätssicherungs-Handbuch herausgegeben, in dem für alle Bereiche das Qualitätssicherungssystem und die Qualitätspolitik beschrieben wurde. Dies geschah lange bevor die heutige Qualitätsnorm ISO 9000 existierte. Herz war daher schon bestens vorbereitet, als 1988 die europäische Norm EN 215 für thermostatische Heizkörperventile in Kraft trat. Das heutige Herz-Qualitätssicherungssystem geht vollkommen konform mit den Qualitätsnormen der ISO 9001.

Der Grund für diesen gleichmäßig hohen Qualitätsstandard liegt darin, dass bei Herz die Herstellung vieler Produktteile im eigenen Haus erfolgt. Bereits in der Planung und Konstruktion werden hochmoderne CAD- und CAM-Systeme (siehe rechts) eingesetzt. Auf der anderen Seite gewährleisten die Handarbeit und das Know-how der Mitarbeiter in der Gießerei auch heute noch die größte Sicherheit und Qualität.

Eine ganze Reihe von Produktions- und Endprüfungen sind weitere interne Checkpoints, die jedes Herz-Produkt passieren muss, ehe es für die Auslieferung an die Kunden freigegeben wird.

Der hohe Qualitätsstandard der Herz-Produkte war und ist somit die wichtigste Grundlage für den Erfolg des Unternehmens.

CAD = computer aided / assisted design ÷ computerunterstütztes Konstruieren

CAM = computer aided / assisted manufacturing ÷ computerunterstütztes Fertigen

b. Im Text werden die Abteilungen Planung, Entwicklung, Fertigung (Produktion), Qualitätsprüfung und Verkauf erwähnt.

Überlegen Sie noch einmal, was in diesen Abteilungen gemacht wird und wer dort arbeitet (vgl. Kapitel 1 und 2).

c. Was könnte in den genannten Abteilungen zur Verbesserung der Qualität Ihrer Meinung nach getan werden?

Notieren Sie Ihre Ideen als Stichpunkte.

Entwicklung	Planung	Qualitätsprüfung	Fertigung (Produktion)	Verkauf

Hören

4.
Pro und Contra „Teamarbeit“

a. Auch „Teamarbeit“ ist ein Weg zur Qualitätsverbesserung, oder?

Kursorisches Hören

Sammeln und notieren Sie Argumente für und gegen Teamarbeit. (Sie können auch im Anhang nachschlagen, wenn Sie noch Ideen brauchen.) Arbeiten Sie, wenn möglich, mit einem Lernpartner / einer Lernpartnerin.

b. Hören Sie nun den Anfang eines Gesprächs zwischen zwei Kollegen (A und B).

Worüber spricht Kollege A und worüber spricht Kollege B?

Achtung: In den Gesprächen (siehe 2 und 4) kommen Redemittel zur Meinungsäußerung vor. Ergänzen Sie Ihre Sammlung → Arbeitshilfe

- Kompromiss-Gefahr (1)
- Jeder fühlt sich verantwortlich (2)
- Zeitfaktor (3)
- Teamarbeit ungewohnt (4)
- Gedankenvielfalt (5)
- gleicher Informationsstand (6)

A	B

c. Spielen Sie nun das Gespräch nach und führen Sie es zu Ende. Verwenden Sie dazu Ihre eigenen Argumente. Sie können das Gespräch mit einem Lernpartner / einer Lernpartnerin oder in zwei größeren Lerngruppen führen.

Schreiben

5.
Entwicklung eines neuen Produkts

Sie finden im Folgenden ein Flussdiagramm, in dem kurz (im Nominalstil) dargestellt wird, wie ein neues Produkt entsteht.

a. Bitte formulieren Sie zuerst die Nomen in Nomen + Verben um.

Beispiel:
Produktidee = eine Idee für ein Produkt haben

Entwicklung eines Produkts

Produktidee
↓
Darstellung der Idee (als Zeichnung, als Beschreibung)
↓
Prüfung und Bewertung der Idee
↓
Herstellung eines Prototyps
↓
Test des Prototyps
↓
Berechnung der Kosten
↓
Produktionsplanung
↓
Marketingkonzept
↓
Aufnahme der Produktion

b. Schreiben Sie nun mit Hilfe der Nomen + Verben einen kleinen Text. Verwenden Sie dazu Konjunktionen wie *zuerst, dann, danach, anschließend, zum Schluss.* Schreiben Sie den Text im Passiv. (In der Arbeitshilfe finden Sie Unterstützung.)

6. Produktbeschreibung

a. Lesen Sie die folgenden Produktbeschreibungen und unterstreichen Sie alle Adjektive. Konzentrieren Sie sich dann auf die Adjektive mit Suffixen (*-bar, -ig-, -lich*). Machen Sie eine Liste.

Die folgenden Texte enthalten viele Redemittel zum Beschreiben. Ergänzen Sie Ihre Redemittelliste → Arbeitshilfe

Kühlschrank ohne Sternefach
Der hier gezeigte integrierbare Kühlschrank verbirgt sich unauffällig hinter einer Möbeltür. In Augenhöhe platziert bietet er leichten Zugriff auf Speisen und Getränke. Sein Nutzinhalt beträgt 170 Liter. Sein Gehäuse ist

so dimensioniert, dass er in einen 60 Zentimeter breiten und entsprechend hohen Schrank der Einbauküche eingebaut werden kann. Er ist 87 Zentimeter hoch. Seine Stromkosten betragen bei zehnjähriger Betriebsdauer nur etwa 280 Mark. Durch FCKW-freies Kältemittel und geringen Stromverbrauch ist er besonders umweltfreundlich.
Die Einlegeböden des Kühlschranks sind in der Höhe verstellbar, einer davon ist geteilt. Auch die Ablagefächer in der Tür sind variabel angeordnet, um zum Beispiel Platz für hohe Flaschen zu schaffen.
Selbstverständlich ist der Innenraum beleuchtet.

Haushaltsmesser

Bei diesem Produkt handelt es sich um einen Satz hochwertiger, scharfer Messer für alle Anwendungen in der Küche. Die Stahlklingen sind handwerklich gefertigt und haben eine doppelt gezackte Schneide. Das französische Chefmesser ist ein mächtiges Hackmesser, das auch hauchdünne Scheiben schneidet. Das Fleischermesser zerteilt sowohl Rippchen und Hähnchen als auch Gemüse. Zum Set gehört noch ein Vorlegemesser mit der passenden Gabel. Damit kann ein Braten bei Tisch aufgeschnitten werden. Das Brotmesser schneidet glatt und zerteilt sauber ohne Krümel. Das fünfteilige Set kostet 59,– DM und hat eine lebenslange Garantie.

Milchflaschen aus Polycarbonat

In verschiedenen Ländern Europas sind heute leichte und praktisch unzerbrechliche Flaschen aus Polycarbonat bereits auf dem Markt. Diese wieder verwertbaren Flaschen berücksichtigen weitgehend die Vorstellungen des Handels, der Molkereien, der Verbraucher und vor allem des Umweltschutzes. Die Flaschen sind:

- leicht (die 1-Liter-Flasche wiegt nur ca. 70 g)
- praktisch unzerbrechlich (sie splittern nicht)
- Platz sparend (eckig und kompakt wie Milchkartons)
- transparent (auf Wunsch auch in transparenten Lichtschutzfarben verfügbar)
- geschmacks- und geruchsfrei (lebensmittelrechtlich zugelassen)
- wieder verschließbar (mit recycelbarem Schnappdeckel oder Schraubverschluss)
- umweltfreundlich (können wieder gefüllt werden, 100-mal und mehr, danach recycelbar).

b. Im folgenden Silbenrätsel finden Sie weitere Suffixe:
-arm, -reich, -frei, -echt, -los, -art-ig, -seit-ig.

Testen und erweitern Sie nun Ihren Wortschatz.
Lösen Sie das Rätsel.

Silbenrätsel

arm • artig • bar • bar • bar • be
bügel • echt • erfolg • farb • frei • freund
freund • geruch • halt • kalo • leicht • lich
lich • lich • los • neu • nütz • nutzer
pflege • reich • rien • seitig • sicht • um
viel • wasch • welt

1. gut für die Umwelt ______________________
2. geht nicht schnell kaputt, ist lange ______________________
3. kann man selbst waschen, ist ______________________
4. hat viel Erfolg, ist ______________________
5. braucht man nicht zu bügeln ______________________
6. kann man gut sehen ______________________
7. ist ganz neu ______________________
8. braucht nicht viel Pflege ______________________
9. kann für vieles genutzt werden ______________________
10. erfüllt viele Zwecke ______________________
11. ist leicht zu benutzen ______________________
12. riecht / duftet nicht______________________
13. verliert die Farbe nicht ______________________
14. hat wenig Kalorien ______________________

c. Erweitern Sie Ihre obige Adjektiv-Liste, geordnet nach Suffixen.

Schreiben Sie weitere Adjektive dazu, die Sie kennen.
Blättern Sie dann im Buch zurück und finden Sie alle Adjektive mit Suffixen, die dort vorkommen. Achten Sie von nun an ganz bewusst auf alle neuen Adjektive und ergänzen Sie die Liste.

-arm, -artig, -bar, -echt, -frei, -ig, -lich, -los, -reich

Sprechen

d. Beschreiben Sie eines der folgenden Produkte so genau wie möglich. (Denken Sie dabei an Material, Farbe, Gewicht, Größe, Anwendung, Funktion, Zielgruppe, Verpackung etc.). Arbeiten Sie mit Ihrer Lernpartnerin / Ihrem Lernpartner.

Redemittel
Beschreiben

1. Ein neues Erfrischungsgetränk – Dose oder Flasche.
   - Bestandteile
   - Zielgruppe
   - Verpackung (recycelbar?)

2. Eine Aktentasche
   - Abmessungen (Größe)
   - Material
   - Funktion
   - Einzelheiten

e. Beschreiben Sie nun das Produkt Ihrer Firma (bzw. eines Ihrer Produkte) – möglichst ein neues Produkt – so genau wie möglich. Wenn Sie möchten, können Sie Ihre Beschreibung zu Hause auch schreiben.

Umweltaspekte

Lesen

7.
„Wir brauchen Innovationen statt Restriktionen"

a. Lesen Sie die Überschrift und die rechts neben dem Text stehenden Wörter und überlegen Sie Folgendes:

- Was ist wohl der Inhalt des Textes?
- Wer hat ihn wohl geschrieben?
- Um was für eine Art Text könnte es sich handeln?

b. Lesen Sie nun den Text und setzen Sie die Wörter ein. *Intensives Lesen*

„Wir brauchen Innovationen statt Restriktionen"

Verantwortung für die Zukunft.
Was wir heute tun, muss auch kommenden Generationen nutzen. Sorgfältiger und sparsamer Umgang mit den natürlichen ______ (1) ___________, die Erhaltung einer lebenswerten Umwelt und ein Höchstmaß an wirtschaftlicher und sozialer ______ (2) ___________ – das sind die Ziele einer nachhaltigen ______ (3) ___________, zu der sich auch die deutsche Chemieindustrie bekennt. Die Chemie ist eine Schlüsselindustrie, deren Produkte und ______ (4) ___________ für die Gesellschaft unverzichtbar sind. Sie setzt Impulse für eine dauerhafte und umweltgerechte Entwicklung und sie trägt mit innovativen Problemlösungen entscheidend zur ______ (5) ___________ der Lebensbedingungen bei.

Entwicklung
Energie
Klimaschutz
Recyclingverfahren
Ressourcen
Produktionsmethoden
Sicherheit
Aufgaben
Solarzelle
Verbesserung
Leistungen

Was kann die Chemie tun?
Woran arbeitet sie?
Ein paar Stichworte: bessere Medikamente für ein sicheres Leben. Mehr ______ (6) ___________ aus Wind und Sonne. Innovative Verfahren, die Kohle, Öl und Gas besser ausnutzen. Umweltschonendere ______ (7) ___________ und neue Techniken zur Reinhaltung von Boden, Wasser und Luft. Verbesserte ______ (8) ___________. Umweltverträglichere Transportmittel und globale Informationssysteme.

Chemie für die Zukunft der Menschen.
Die Zukunft braucht die Chemie. Von der ______ (9) ___________ bis zur Gentechnik. Vom Katalysator bis zum ______ (10) ___________. Dafür brauchen wir eine breite Unterstützung, damit wir an diesen ______ (11)___________ erfolgreich arbeiten können.

Sprechen

8.

Dieser Werbetext ist sehr kurz und prägnant geschrieben. Das ist typisch für Werbetexte. Natürlich würde niemand so sprechen.

Bitte überlegen Sie einmal (vielleicht zu zweit), wie Sie genauer beschreiben könnten, was die chemische Industrie tut / tun soll, warum sie so wichtig ist etc. Geben Sie auch konkrete Beispiele. Die folgenden Ideen können Ihnen dabei helfen.

- Warum hat die chemische Industrie einen so schlechten Ruf?
- Warum müssen wir an die Zukunft denken?
  Wo liegen Gefahren?
- Warum brauchen wir die chemische Industrie?

Begründen:
…, weil …
… nämlich …
…, denn …

Abschwächen:
Eigentlich ist ihr Ruf gar nicht so schlecht, weil …
Im Grunde genommen …

9.

Die Umweltsorgen der Deutschen

Beschreiben Sie die folgende Grafik genau und berichten Sie, welche Umweltprobleme für die Deutschen am wichtigsten sind.

Gibt es Unterschiede zwischen West und Ost?
Wie ist das in Ihrem Heimatland?

Vergleichen Sie dann auch mit den Vorschlägen in der Arbeitshilfe.

Hören

10.

Aus der Sendereihe: Unsere Umwelt

Sie hören jetzt eine Sendung im Radio.
Hören Sie zuerst einmal nur zu. Sie hören die ganze Sendung.

Dann hören Sie die Sendung in fünf Abschnitten noch einmal.
Lesen Sie die Aufgaben zu jedem Abschnitt und entscheiden Sie, ob Sie das im Text gehört haben.

Stimmen die folgenden Sätze mit den Aussagen des Textes überein?

Kursorisches Hören

	Ja	Nein
Abschnitt 1		
1. Herr Weber kommt von der Verbraucherzentrale Bremen.	☐	☐
2. Mehr als 1,5 Kilowattstunden Stromverbrauch für einen Kühlschrank sind zu viel.	☐	☐
Abschnitt 2		
3. Einen neuen Kühlschrank zu produzieren kostet viel Rohstoffe und Energie.	☐	☐
4. Eine Energiesparlampe spart viel Strom.	☐	☐
Abschnitt 3		
5. Am meisten Energie verbrauchen Gefrierschränke.	☐	☐
6. In jedem Haus muss die Isolierung einzeln überprüft werden.	☐	☐
Abschnitt 4		
7. Ölheizung ist besser als Erdgas.	☐	☐
8. Mit Gas spart man 250–500 Euro pro Jahr.	☐	☐
Abschnitt 5		
9. Unser Klima ist für eine Solaranlage nicht gut genug.	☐	☐
10. Die laufenden Kosten bei einer Solaranlage sind sehr hoch.	☐	☐

11.
Reinigung kommt von reinigen

a. Bitte lesen Sie den folgenden Text und markieren Sie alle Komposita.

Analysieren Sie, woraus diese Komposita bestehen. Manchmal sind die einzelnen Wortteile durch ein *-s* oder ein *-n* verbunden, manchmal nicht.

Unternehmen als Praktiker

Die chemische Reinigung Hartmann hat als Erste ein System installiert, das nur mit Kohlenwasserstoff arbeitet.

Die Firma Hartmann ist ein klassischer Wiener Familienbetrieb. Großvater Hartmann hat 1919 am „Färbergrund" an der Linken Wienzeile eine Färberei aufgemacht. Später hat man eine Warenannahme in der Innenstadt eröffnet und ist auf das modernere Reinigungsgeschäft umgestiegen. Enkel Peter hat dann die Shopping City Süd entdeckt und in das relativ kleine Geschäft Hochleistungstechnologie investiert.

Perchloräthylen wird nicht mehr verwendet. An seine Stelle tritt ein paraffinartiger Kohlenwasserstoff, der Staub bzw. Pigment- und Fettverschmutzungen einfach wegspült. Er ist im Boden, in der Luft und im Wasser biologisch abbaubar, aber durch das geschlossene System und die ständige Wiederaufbereitung gibt es so gut wie keine Emissionen und Rückstände.

Das Trockenreinigungssystem besteht aus einer Art Waschmaschine, in der statt Wasser das paraffinartige Lösungsmittel verwendet wird, und zwei Trocknungsanlagen. Aber spezielle Fleckenentfernung muss immer noch von Hand durchgeführt werden. Wasserlösliche Flecken oder Eiweißflecken reagieren nicht auf das neue Lösungsmittel. Man muss also weiterhin für solche Flecken diverse Chemikalien und Wasser verwenden. Für die Mitarbeiter liegen am Arbeitsplatz Schutzhandschuhe bereit, die allerdings selten getragen werden. Zu unbequem, zu gefühllos, zu zeitaufwendig werden als Gründe angegeben. Trotzdem kennt Peter Hartmann bei seinen Mitarbeiterinnen keine Allergien. Denn auch die Spezialfleckenlöser sind viel milder geworden.

Nach dem kalten Reinigen in der Waschtrommel wird in den warmen Trommeln getrocknet. Die Wärme wird dann aber auch für die Kühlung der Waschtrommel verwendet. Die Energieeinsparung dieses Systems der getrennten Wasch- und Trocknungsprozesse macht 68 % aus und zeigt auch hier wieder einmal, dass Umweltschutz und Unfallschutz sehr oft Hand in Hand gehen.

b. Lesen Sie nun den Text noch einmal und entscheiden Sie, ob die folgenden Aussagen richtig oder falsch sind.

Kursorisches Lesen

	Richtig	Falsch
1. Die Reinigung Hartmann ist heute ein Geschäft in der Innenstadt Wiens.	☐	☐
2. Das neue Reinigungssystem verwendet einen Kohlenwasserstoff.	☐	☐
3. Fettflecken sind schwer zu entfernen.	☐	☐
4. Die neuartige Reinigung findet in einem geschlossenen System statt.	☐	☐
5. Eiweißflecken können nicht trocken entfernt werden.	☐	☐
6. Die Mitarbeiter tragen nicht gern Handschuhe, weil sie ihnen nicht passen.	☐	☐
7. Die Kleidung wird warm gereinigt.	☐	☐
8. Das neue System spart nicht viel Energie.	☐	☐

12.
Zielvorstellungen und Intentionen

a. Unterstreichen Sie im folgenden Text das Verb „werden“ und entscheiden Sie, welche Bedeutung es jeweils hat.

INFO

Die Qualitäts-Politik einer mittelständischen Firma

Wir werden Produkte bester Qualität und höchsten Wertes produzieren, die dem Bedarf der Konsumenten weltweit bestens gerecht werden.

Wir werden dieses Ziel durch eine Organisation und ein Betriebsklima erreichen, welches die besten Leute anzieht und die Talente unserer Mitarbeiter fördert. Die Zusammenarbeit soll gefördert werden und die historischen Unternehmensgrundsätze der Integrität und des Richtigtuens beibehalten werden.

Wir erwarten, dass durch die Erfüllung unserer Verpflichtung unsere Produktmarken einen hohen Ertrag und eine führende Stellung auf dem Markt erreichen werden und dass als Folge davon unser Unternehmen, unsere Mitarbeiter, unsere Kapitalgeber und die Gesellschaft, in der wir leben und arbeiten, sich positiv entwickeln werden.

b. Der obige Text formuliert Ziele mit Hilfe von
- Futur,
- dem Modalverb „sollen“,
- und der Präposition „durch“ + Nomen.

Man kann Ziele auch durch Finalsätze bzw. Infinitivkonstruktionen ausdrücken. Ordnen Sie den folgenden Satzanfängen (links) sinnvolle Ergänzungen (rechts) zu. Es gibt manchmal verschiedene Kombinationsmöglichkeiten.

Wir produzieren ausschließlich ohne Konservierungsstoffe,	damit unsere Kunden höchste Zufriedenheit erfahren.
Unser Ziel ist optimale Bedienung,	um die Umwelt zu schonen.
Wir entwickeln neue Motoren,	um unseren Kunden gesunde Nahrungsmittel zu bieten.
Die Qualität unserer Produkte wird ständig geprüft,	um aus unseren Fehlern lernen zu können.
Wir brauchen die Kommentare unserer Kunden,	

c. Ergänzen Sie die folgenden Satzanfänge selbstständig.

1. Wir kaufen nur erstklassige Rohstoffe, …
2. Unser Kundendienst ist Tag und Nacht erreichbar, …
3. Bei uns ist Teamarbeit sehr wichtig, …
4. Wir verwenden nur Mehrwegflaschen, …
5. Unser neues Werk arbeitet mit Solarenergie, …
6. Sogar unsere Standardmodelle haben einen Airbag, …

Redemittel Ziele. Ergänzen Sie Ihre Redemittelliste

Das Produkt auf dem Markt

Sprechen

1.

a. Beschreiben Sie zuerst die Anzeige und verwenden Sie bei Ihrer Beschreibung möglichst viele Adjektive. Erinnern Sie sich an die Adjektivsammlung in Kapitel 4.

b. Wofür wird hier geworben?
Stellen Sie Vermutungen an und begründen Sie diese!

Wortschatz

2.

a. Finden Sie für die Produkte in den folgenden Fotos passende Adjektive, um sie so genau wie möglich zu beschreiben.

Schreiben

b. Haben Sie Lust selbst kleine Werbetexte für diese Produkte zu schreiben?

Lesen

3.
Markenartikel

a. Kennen Sie dieses Produkt?
Was wissen Sie darüber?
Wer stellt Nivea her?

b. Lesen Sie bitte den folgenden Text und unterstreichen Sie beim ersten Lesen alle Wörter, in denen das Wort „Marke(n)" vorkommt. Versuchen Sie eine Definition von „Marke". *Kursorisches Lesen*

Das blaue Wunder

Die Erfolgsgeschichte von Nivea beweist zweierlei: Traditionsmarken können jung bleiben. Und: Beiersdorf hat eine erstklassige Markenstrategie.

Die gute alte Nivea ist und bleibt die Marke mit dem größten Potential für die Firma Beiersdorf. Aber das erfordert ein Marketing, das die Balance hält zwischen Kontinuität und Innovation.

Der wichtigste Faktor für Kontinuität ist die bekannte Produktqualität, ohne die keine Werbung funktionieren würde. Die Ur-Nivea gibt es seit 1911. Sie war ein Gemisch aus Öl und Wasser, verbunden mit dem Emulgator Eucerit und versetzt mit Zitronensäure, Maiglöckchen und anderen Essenzen. Daraus entstand eine fettige Creme, die wegen ihres Aussehens Nivea (lateinisch:

schneeweiß) getauft wurde. Alle Variationen des Stammprodukts in der blau-weißen Dose sind immer wieder neue Mischungen von Öl und Wasser. Kontinuität findet sich auch im Logo und in der Aufmachung: Die Verpackung ist immer gleich geblieben: blaue Dose mit weißem Schriftzug, der sich auch kaum verändert hat.

Eine solche Markenidentität hängt stark von einem grundsätzlichen Vertrauen der Kunden in das Produkt ab. Laut Psychologen hat die Marke ein „Selbstbild", das auf früheste Kindheitserlebnisse mit der Hautcreme zurückgeht. Deshalb ist die Original-Creme immer noch „Mutter der Marke Nivea" und gilt als „Vehikel, das den Markenmythos transportiert". Die Werbung berücksichtigt diese Identität: „Einfach schön" heißt ein Werbeslogan für Nivea-Creme.

Innovation ist das zweite Standbein für die Markenstrategie. Ein zweigleisiger Weg soll zum Ziel führen: die ständige Verjüngung der Stammmarke bei gleichzeitigem Ausbau von Submarken, die zum Markenimage des Hautspezialisten beitragen. Dabei muss immer ein Gleichgewicht zwischen Stamm- und Submarken herrschen. Beispiele für neu entwickelte Submarken sind Nivea Soft, eine Creme mit leichter Konsistenz, speziell für jüngere Käufer, und Nivea Vital, eine Gesichtspflegeserie, die speziell für die Frau ab 50 kreiert wurde.

Inzwischen werden 70 Prozent des Nivea-Umsatzes im Ausland gemacht. Deshalb hat der weitere Ausbau der Nivea zur Weltmarke für Beiersdorf Vorrang. Interessant ist, dass die deutsche Marke NIVEA in vielen Ländern als nationale Marke gesehen wird.

c. Ist Nivea ein Markenartikel?

Suchen Sie für die folgenden Fragen Antworten im Text.
Diese Fragen sind ein Test dafür, ob Nivea wirklich ein Markenartikel ist. Wenn Sie die Fragen positiv beantworten, haben Sie den Beweis: Nivea ist ein Markenartikel.

1. Gibt es Nivea schon lange? Wenn ja, ist sie sofort erkennbar (Logo, Aufmachung)?
2. Ist die Produktqualität wichtig und über lange Zeit gleich?
3. Ist Nivea national / international bekannt und kann man sie überall kaufen?
4. Spielt die Werbung eine große Rolle?
5. Wie ist das Image von Nivea?

d. Kennen Sie noch andere Markenartikel?

Wählen Sie einen (oder zwei) aus, beschreiben Sie ihn (sie) Ihrem Lernpartner / Ihrer Lernpartnerin genau. Er / Sie soll raten, von welchem Markenartikel Sie sprechen.

Beginnen Sie so:
Mein Markenartikel hat / ist / sieht … aus. Er besteht aus …
Er hat … (Logo, Verpackung). Die Werbung dafür ist …
Man kann ihn … kaufen.

Ergänzen Sie Ihre Redemittelliste
Beschreiben

Wortschatz und Strukturen

4.
Sprechen über Werbeträger

a. Ordnen Sie die folgenden Begriffe ihren Definitionen zu.

Werbemittel	Das sind alle Einrichtungen, in denen und auf denen die Verbraucher mit Werbung konfrontiert werden, z. B. Tageszeitungen, Fernsehen …
Werbeträger	Das sind alle Maßnahmen, die die Produkte eines Unternehmens in der Öffentlichkeit bekannt machen sollen.
Werbung	Das sind alle Ausdrucksformen, die ein Unternehmen benutzt, um für ein Produkt zu werben, z. B. Filme, Briefe, Prospekte …

b. Finden Sie noch mehr Beispiele für Werbeträger und Werbemittel.

5.
Statistik „lesen"

a. Im Folgenden finden Sie eine Statistik, die die Werbeträger in den Werbegruppen darstellt und zwar im Vergleich zwischen drei Jahren. Lesen Sie zuerst die folgenden Sätze und ergänzen Sie sie dann mit den Angaben aus der Statistik.

Der Text zur Statistik gibt Informationen darüber, wie viel ___________ die Unternehmen 1997 für Werbemaßnahmen ausgegeben haben. Aus der Statistik wird ersichtlich, wie sich die Zahl der Werbeträger von 1960 ___________ geändert hat. Die Veränderungen sind in ___________ ausgedrückt: So ist zum Beispiel die Zahl der Kinobesucher ___________ 76 Prozent ___________. Die Zahl der angemeldeten Hörfunkgeräte ist ___________ 16,2 Mio ___________ ___________ Mio ___________.

Ergänzen Sie Ihre Redemittelleiste
Grafik beschreiben

Mediengruppe	1960	1990	1997	Veränderung 1960/1997 gerundet in %
Fernsehen	4,6 Mio	–	33,5 Mio	+ 628
Hörfunk	16,2 Mio	–	37,5 Mio	+ 132
Anzeigenblätter	–	56,2 Mio	84,0 Mio	+ 460
Kinobesucher	604,8 Mio	52,4 Mio	73,1 Mio	– 76
Massendrucksachen/Infopost	–	5,7 Mio	5,9 Mio	+ 136
Branchenbücher	–	24,0 Mio	30,0 Mio	+ 52
Tageszeitungen	15,5 Mio	24,9 Mio	29,4 Mio	+ 90
Publikumszeitschriften	39,1 Mio	109,7 Mio	127,2 Mio	+ 225
Fachzeitschriften	14,2 Mio	16,0 Mio	17,1 Mio	+ 20
Kundenzeitschriften	13,8 Mio	20,5 Mio	22,6 Mio	+ 64
Wochenzeitungen	2,6 Mio	1,8 Mio	2,0 Mio	– 23

Die Verteilung des Werbekuchens 1997

1997 betrugen die Gesamtausgaben für Werbung in Deutschland 29 Mrd Euro (zum Vergleich: 1996 waren es noch 27,6 Mrd Euro), davon wurden 19,8 in den Medien umgesetzt, das sind 68 % der Ausgaben.

(Die Angaben beziehen sich auf angemeldete Geräte, Auflagenhöhen und Druckauflagen usw.)

b. Sehen Sie sich jetzt die Statistik genauer an.

Vergleichen Sie die Anzahl der vier wichtigsten Werbeträger miteinander und stellen Sie eine Rangordnung her.

Verwenden Sie folgende Redemittel.
Auf dem ersten Platz …
Am meisten wird auf/in … geworben.
An zweiter Stelle … etc.

Ergänzen Sie Ihre Redemittelliste
Grafik beschreiben

c. Vergleichen Sie nun die beiden Jahre miteinander.

Wie hat sich die Anzahl der jeweiligen Werbeträger und Kinobesucher in der Mediengruppe geändert?

Die folgenden Redemittel helfen Ihnen, Ihre Antworten zu formulieren.

Die Anzahl von … beträgt / betrug 1960 …
Die Anzahl ist von … auf … gefallen / gestiegen
Für Werbeausgaben wurden 1997 … mehr … ausgegeben, als …

Ergänzen Sie bitte Ihre Redemittelliste Grafik beschreiben

d. Haben Sie Lust ein wenig zu rechnen?
(Zur Erinnerung: 1 000 Millionen sind eine Milliarde.)

29 Milliarden Euro wendeten deutsche Unternehmen 1997 für Werbung auf (+ ____________ % im Vergleich zu 1996). ____________ Milliarden Euro flossen davon in die Kassen der Medien. Printmedien hatten insgesamt eine Auflagenhöhe von ____________ Millionen Exemplare. Insgesamt wurden 1997 mehr als ____________ -mal mehr Fernseh- und Hörfunkgeräte mit Werbung versorgt als 1960.

Wortschatz und …

6.

a. Lesen Sie den folgenden Text zuerst ganz. Ergänzen Sie dann die Lücken (es sind 10) mit dem passenden Wort aus der Auswahl, die Sie nach dem Text finden. Bei den fehlenden Wörtern handelt es sich um grammatisch wichtige Ausdrücke.

Beispiel:
a) seiner b) seinem c) sein

… fährt in *seinem* neuesten Film …

Filmindustrie – Knapp kalkuliert

Auch in Deutschland enthalten Kinoproduktionen und Fernsehserien immer mehr Schleichwerbung

schleichen = heimlich und leise irgendwo hingehen || irgendwohin gehen, ohne gesehen und gehört zu werden

Die Automobilindustrie Großbritanniens trauert – James Bond, der bekannteste Geheimagent Ihrer Majestät, fährt in seinem neuesten Film „Goldeneye" ein ____(1)________ Auto, einen BMW Z3! Bond muss sich diesmal der Macht des Geldes beugen. Rund 50 Millionen Dollar kostet die Herstellung eines 007-Films und das ist zu viel ____(2)________ ohne Sponsorengelder auszukommen. Insgesamt 15 internationale Marketingpartner und Lizenznehmer haben ____(3)________ an dem Bond-Film beteiligt. Mit ihrem 350-Millionen-Dollar-Etat helfen sie die Produktionskosten zu drücken.

entgegennehmen ≈ bekommen und annehmen

Auch in Deutschland stecken z. B. Nahrungsmittelhersteller oder Versicherungen ihr Geld in Fernsehproduktionen, vor allem in TV-Serien. Das Problem dabei ist: ____(4)________ deutschen Fernsehen ist Schleichwerbung streng verboten. Produzenten, die Geld von der Industrie entgegennehmen, riskieren, dass sie ihren Film schneiden müssen. Sonst landet der vielleicht im Papierkorb oder sie müssen Geldstrafen bezahlen. ____(5)________ ist auch schon passiert, dass ein Film ganz offen als Werbefilm bezeichnet werden musste. Aber Schleichwerbung funktioniert nur, wenn das betreffende Produkt nicht genannt wird und wenn es glaubwürdig in den Film passt. Besonders geeignet sind Markenartikel, die von den Zuschauern sofort erkannt ____(6)________.

scharf kalkulieren ≈ genau und knapp berechnen, möglichst günstig produzieren

Das Traumland ____(7)________ Produktplatzierer ist Amerika. Dort ist Schleichwerbung, zumindest im Kino, völlig legal. Es gibt heute kaum einen Hollywood-Film ohne Produktplatzierung. Aber auch in Deutschland geht der Trend in ____(8)________ Richtung: Besonders die beiden öffentlich-rechtlichen deutschen Fernsehsender ARD und ZDF, ____(9)________ nach 20 Uhr keine Werbung mehr zeigen dürfen, versuchen dieses Verbot mit Produktplatzierung zu umgehen. Aber auch die Privatsender kalkulieren oft besonders scharf und zwingen ihre Filmproduzenten zum Sparen. Besonders kleinen Filmfirmen bleibt nichts anderes übrig, ____(10)________ durch Schleichwerbung kostenlose Requisiten zu bekommen oder ihre Finanzen etwas aufzubessern. Viele Produktionsleiter oder Regisseure können ohne imagefördernde Inszenierung von Computern, Nahrungsmitteln, Reisezielen oder Autos finanziell kaum noch arbeiten.

Welches der folgenden Wörter passt jeweils in die Lücken (1–10)?

(1)	a)	deutsche	b)	deutsches	c)	deutsch
(2)	a)	um	b)	–	c)	für
(3)	a)	ihn	b)	ihnen	c)	sich
(4)	a)	am	b)	auf dem	c)	im
(5)	a)	es	b)	er	c)	der
(6)	a)	werden	b)	sind	c)	haben
(7)	a)	der	b)	deren	c)	des
(8)	a)	dieselbe	b)	derselben	c)	denselben
(9)	a)	was	b)	wer	c)	die
(10)	a)	wie	b)	als	c)	wo

b. Lesen Sie den kompletten Text noch einmal und erklären Sie, was „Schleichwerbung" ist.

Messen

7.

Sprechen

Nebenstehend finden Sie die Namen einiger großer Messen in Deutschland.

Was wird auf diesen Messen wohl ausgestellt?
Was für Besucher findet man auf diesen Messen:
In welcher Branche arbeiten sie?
Welche Berufe haben sie?
Wie sieht ihre Tätigkeit aus?

interpack
boot
Hannover Messe
CeBIT
ORGATEC
PRECIOSA
SPOGA
DRUPA
GAFA
IAA

Messen und Ausstellungen

Messen sind die Schaufenster der produzierenden Wirtschaft. In regelmäßigen Abständen präsentieren sie das Angebot einer Vielzahl von Unternehmen eines oder mehrerer Wirtschaftszweige für kurze Zeit an einem Ort. Wer als Aussteller an einer Messe teilnimmt, hat die Möglichkeit seine Erzeugnisse einem interessierten Publikum vorzustellen, Geschäfte abzuschließen, neue Kontakte zu knüpfen, den Bedarf an Produkten kennen zu lernen (Marktforschung) und das Konkurrenzangebot zu beobachten. Für die Besucher der Messe bedeutet sie einen Marktüberblick, den sie sonst nie bekommen könnten, und einen direkten Kontakt zu den Herstellern. Messebesucher können gewerbliche Abnehmer, Händler oder Privatverbraucher sein.

Trotz der wachsenden Konkurrenz im internationalen Messegeschäft ist Deutschland weltweit immer noch der Messeplatz Nr. 1. Wie der Ausstellungs- und Messeausschuss der Deutschen Wirtschaft (AUMA) berichtet, fanden in der Bundesrepublik 1993 mehr als 100 überregional wichtige Fach- und Publikumsmessen statt, die von über 9 Millionen Interessenten besucht wurden. Auf einer Fläche von insgesamt 5,9 Millionen Quadratmetern zeigten 131 000 Aussteller ihre Produktpalette. Für die internationale Bedeutung des Messestandorts Deutschland spricht schon die Beteiligung von rund 58 000 ausländischen Ausstellern, darunter 52% aus den EU-Mitgliedstaaten, 18% aus dem übrigen Europa, 15% aus Asien und 12% aus Amerika.

Große Messen brauchen eine leistungsfähige Infrastruktur für Aussteller und Besucher. Deshalb konzentriert sich das Messegeschehen hauptsächlich auf wenige Städte mit zum Teil schon sehr alter Messetradition. Gemessen an den Umsatz-, Aussteller- und Besucherzahlen sind Hannover, Frankfurt am Main, Köln, Düsseldorf, München und Berlin die führenden Messestädte in Deutschland. Neben den „großen Sechs“ gibt es in der Bundesrepublik 12 weitere Messestädte mit überregionalen Ausstellungen, darunter auch die alte Messemetropole Leipzig, die allmählich wieder neue Bedeutung erhält.

Zu den größten und bekanntesten Messen in Deutschland gehören die Internationale Automobil-Ausstellung (IAA) und die Buchmesse in Frankfurt, die Industriemesse und die Computer-Messe CeBIT in Hannover, die Internationale Handwerksmesse in München, die Internationale Bootsausstellung in Düsseldorf, die Grüne Woche und die Funkausstellung in Berlin und die Verbrauchsgütermessen (wie ANUGA, photokina) in Köln.

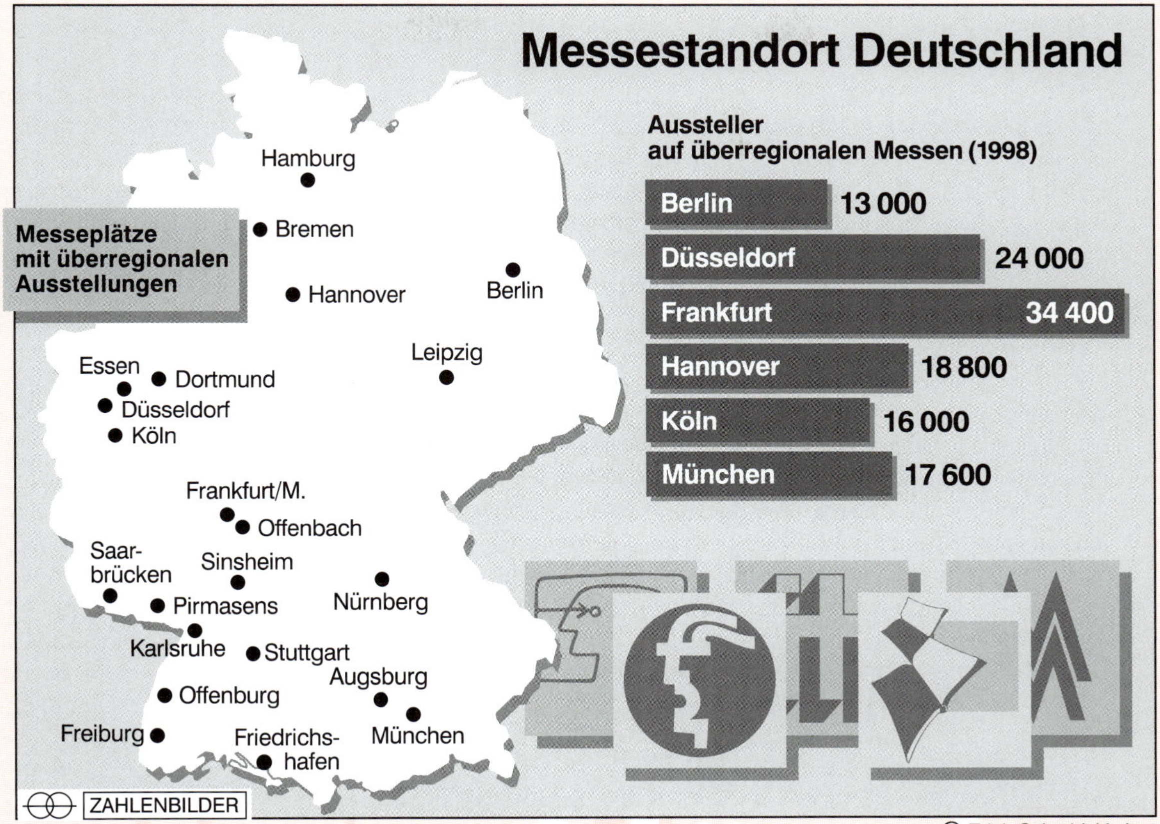
Messestandort Deutschland
Aussteller
auf überregionalen Messen (1998)
Berlin 13 000
Düsseldorf 24 000
Frankfurt 34 400
Hannover 18 800
Köln 16 000
München 17 600
Messeplätze
mit überregionalen
Ausstellungen
Hamburg
Bremen
Hannover
Berlin
Leipzig
Essen
Dortmund
Düsseldorf
Köln
Frankfurt/M.
Offenbach
Saar-
brücken
Sinsheim
Nürnberg
Pirmasens
Karlsruhe
Stuttgart
Augsburg
Offenburg
Freiburg
Friedrichs-
hafen
München
ZAHLENBILDER

440 501

8.
Werbetext der Messe Düsseldorf

a. Lesen Sie bitte den Werbetext der Messe Düsseldorf und ordnen Sie als Erstes die Überschriften in der rechten Spalte den jeweiligen Abschnitten zu.

Kursorisches Lesen

Messe Düsseldorf – Basis für Business

Es gibt viele Messeplätze, die gut sind, und alle haben in bestimmten Bereichen ihre Stärken. Doch die Gesamt-Qualität eines Messeplatzes hängt vom Zusammenspiel vieler Faktoren ab.

Marktorientierung
Internationalität
Düsseldorf
Geländequalität
Kooperation
Standort
Kommunikation
Logistik

_______________ (1)

Wir veranstalten Messen nicht für uns, sondern für Aussteller und ihre Besucher. Das heißt, wir bieten den Rahmen für eine direkte Kommunikation und für eine optimale Produktpräsentation. Das bezieht sich auf weit mehr als nur die Standqualität: Auf besucherfreundliche Infrastruktur. Auf Werbung und Marketing. Auf intensive Zusammenarbeit zwischen Ihnen und unseren Projekt-Teams, die Sie vor und während der Messe betreuen und unterstützen.
Denn Ihr Messe-Erfolg ist unser Anliegen.

_______________ (2)

Düsseldorfer Messen sind Messen im Dialog mit dem Markt. Hier präsentiert sich die Fachkompetenz einer Branche auf dem aktuellen Stand. Hier spiegelt sich das Weltmarktgeschehen. Das zeigen unter anderem die Steigerungsraten der Besucher- und Ausstellerzahlen aus dem In- und Ausland. Ein weiterer Indikator für die Branchenkompetenz der Düsseldorfer Messen: Über 20 der 40 Messen sind die Nr. 1 ihrer Branche.
Deshalb sind die Düsseldorfer Messen für Aussteller wie für Besucher die Mark(t)steine der Basis für Business.

_______________ (3)

Messen sind ein Ort des Transfers, der Information und Kommunikation. Das Congress Center Düsseldorf (CCD) führt pro Jahr mehr als 1 000 Veranstaltungen mit rund 200 000 Besuchern durch – als Begleitprogramm einer Messe oder unabhängig davon.
Die Messe Düsseldorf: Ihr Forum für den Dialog mit dem internationalen Markt.

_______________ (4)

15 Düsseldorfer Messen finden statt mit
einem Anteil von mindestens 20% ausländischen **Ausstellern**
und mindestens 20% ausländischer **Flächenbelegung**
und mindestens 20% ausländischen **Besuchern.**
Wenn Sie also ein Höchstmaß an Internationalität für Ihren Messe-Etat wollen, dann ist Düsseldorf die richtige Adresse für Sie.

_______________ (5)

Die rund 200 000 m² Hallenfläche genügen den höchsten Ansprüchen – und den unterschiedlichsten Anforderungen. Düsseldorf bietet für Investitionsgüter genauso wie für Mode oder Schmuck den richtigen Rahmen; für Ausstellungen, die alle Hallen belegen, und für Präsentationen, die nur wenig Raum benötigen; für internationale wie für regionale Veranstaltungen.
Architektur und Konstruktion sind so angelegt, dass es keine „schwierigen Fälle" gibt.

_______________ (6)

Alle logistischen Einrichtungen in Düsseldorf folgen dem Prinzip: Wir bieten für Aussteller und Besucher ein Optimum an Service und Komfort.
Damit Sie Zeit für die wichtigen Dinge gewinnen.

_______________ (7)

Gute Verbindungen sind das A und O einer erfolgreichen Messe.
Damit Ihre Kunden aus allen Kontinenten Sie gut erreichen können.
Damit Sie Ihre Zeit nicht mit langen Fahrzeiten verschwenden.
Damit Sie nicht unterwegs, sondern auf der Messe sind.

________________________ (8)

Messe und Stadt sind Partner, gehören zusammen, ergänzen einander. Düsseldorf ist eine Wirtschaftsmetropole mit überzeugender Leistungskraft – und dem Ambiente einer jungen und gleichzeitig traditionsreichen Kulturstadt.
Denn schließlich findet ein Messebesuch nicht nur in der Halle statt.

b. Die folgenden Wörter haben Sie im Text gelesen.
Es handelt sich dabei um Komposita. Versuchen Sie jetzt die Wörter zu erklären.

1. Standqualität
2. Branchenkompetenz
3. Begleitprogramm
4. Höchstmaß
5. Investitionsgüter
6. Wirtschaftsmetropole

c. Ihr Chef hat Sie gebeten aus der Broschüre „Messe Düsseldorf – Basis für Business" einige Informationen zu folgenden Punkten zusammenzustellen. Schreiben Sie bitte in Stichworten.

Selektives Lesen

1. Bedeutung der Messen:
   a) Wie viele?
   b) Wie wichtig sind sie?
2. Gibt es noch andere Veranstaltungen (außer Messen)?
3. Wie groß ist das Gelände?
4. Kann man auch kleine Messen abhalten?
5. Wie sind die Verkehrsverbindungen?
6. Würden Sie Düsseldorf empfehlen?

9.

Hören

Sie sind Mitarbeiterin der Firma *Schöller Software* und arbeiten dort als Sekretärin in der Verkaufsabteilung. Ihr Chef, Herr Habicht, bittet Sie, einen Brief an die Messe Hannover zu schreiben und einen Stand auf der bevorstehenden CeBIT zu reservieren. Ihr Chef hat den Stand bereits telefonisch bestellt und Ihr Brief ist eine Bestätigung des Telefongesprächs.

a. Sie hören zunächst das Telefongespräch. Ergänzen Sie die nachfolgenden Stichworte, die Sie dann für Ihren Brief brauchen.

Selektives Hören

Memo

1. Gesprächsteilnehmer:

   Herr ______________________________,

   Frau ______________________________

2. Anfrage wegen ______________________________

   auf der CeBIT.

3. Standgröße: ______________________________,

   in Halle: ______________________________

4. Kosten: ______________________________

5. Bitte ______________________________

   bestätigen.

Schreiben

b. Schreiben Sie nun den Brief an Frau Käutner, Messe Hannover, Hamburger Landstraße 152, 30785 Hannover.

   Beginnen Sie so:
   ... Bezug nehmend auf unser heutiges Telefongespräch möchte ich ...

Stichwortbrief

c. **Telefongespräch** (Rollenspiel):

Bitte reservieren Sie für Ihren Chef und für sich selbst zwei Zimmer im Hotel Landfried, Hannover.

Auf der Cassette und in der Arbeitshilfe finden Sie einen Modelldialog.

Memo

Namen:	Herr Habicht, Frau Gerber.
Zeit:	1.– 4. Oktober (Ankunft nach 22.00 Uhr)
Wunsch:	2 EZ, Nichtraucher, m. Bad, m. Frühstück
Rechnung an:	Schöller Software GmbH, Ismaning b. München

10.

Korrekturlesen

Im folgenden Brief haben sich einige Fehler eingeschlichen. Finden Sie sie?

Schreiben Sie das richtige Wort ans Ende der Zeile. (Achten Sie darauf: Pro Zeile gibt es höchstens einen Fehler, manchmal auch gar keinen!)

Sehr geehrter Frau Madsen,	1.	geehrte
auch bei der diesjährigen CeBIT	2.	______
stellen wir wieder aus.		
Als gut Kundin möchten wir Sie hiermit	3.	______
recht herzlich zu einen Empfang	4.	______
an unserem Stand einladen.		
Er findet am Montag, den	5.	______
20. Oktober, um 17.00 Uhr, statt.	6.	______
Sie finden uns		
in Halle B, Stand Nr. 3.	7.	______
Bitte lassen Sie uns wissen,		
ob wir Sie bei unser	8.	______
begrüßen durfen.	9.	______
Wir freuen uns aus Ihren Besuch.	10.	______
Mit freundlichen Grüßen		

Hören

II.

Messegespräch über Enka Viscose

Intensives Hören

Hören Sie das folgende Gespräch und entscheiden Sie, welche der nachfolgenden Aussagen richtig ist. Es können mehrere sein.

Hören Sie zunächst das ganze Gespräch ohne zu schreiben.

Sie hören dann das Gespräch in 5 Abschnitten noch einmal. Markieren Sie jetzt erst Ihre Antwort.

Gesprächsteilnehmer:

Herr Sanders,
Sachbearbeiter im Produktbereich Enka Viscose der Firma Ozelot

Frau Baumeister,
Einkaufsleiterin bei Per und Günther, einem großen Modefachgeschäft mit vielen Filialen in ganz Deutschland

1. Abschnitt

Frau Baumeister
a) hat schon von Enka Viscose gehört.
b) ist Spezialistin für Viscose.
c) findet Enka Viscose teuer.

2. Abschnitt

Herr Sanders
a) sagt, dass Viscose immer streng kontrolliert wird.
b) erklärt die Qualität von Enka Viscose.
c) fragt, woher Enka Viscose kommt.

3. Abschnitt

Das Goldetikett
a) ist ein Zeichen für höchste Qualität.
b) ist aus goldfarbenem Metall.
c) ist eine Norm.

4. Abschnitt

Kleidungsstücke aus Enka Viscose
a) brauchen kein besonderes Waschmittel.
b) lassen sich leicht bügeln.
c) sind garantiert farbecht.

5. Abschnitt

Die Gesprächspartner sprechen am Ende über
a) Preise.
b) Kataloge.
c) Modeschauen.

12.
Terminabsprache

a. Frau Baumeister hat von Herrn Sanders einen Katalog mit Preisliste zugeschickt bekommen. Sie bedankt sich telefonisch dafür und bittet Herrn Sanders um einen Besuch. Die beiden Geschäftspartner vereinbaren einen Besuchstermin.

Hören Sie das Telefongespräch und unterstreichen Sie die Redemittel, die für eine Terminabsprache wichtig sind.

– Schmidt & Söhne, Sanders, Verkauf.

– Ja, Baumeister hier, Per und Günther, guten Tag, Herr Sanders.

– Guten Tag, Frau Baumeister. Ich hoffe, Sie haben die Unterlagen erhalten?

– Ja, vielen Dank. Wir haben großes Interesse an Ihren Kollektionen und würden gerne persönlich mit Ihnen darüber sprechen. Könnten Sie uns mal besuchen?

– Ja, gerne. Moment, ich schaue mal in meinen Terminkalender. Passt Ihnen nächste Woche, sagen wir, Dienstag oder Mittwoch?

– Nächste Woche bin ich leider außer Haus. Wie sieht es bei Ihnen mit übernächster Woche aus?

– 38. Woche … , ja, Donnerstag wäre bei mir möglich.

– Vormittag oder Nachmittag? Mir wäre beides recht.

– Warum nicht gleich am Vormittag, wie wäre es mit zehn Uhr?

– Das passt mir gut. Also, das ist der 20. September. Sehr gut. Wir erwarten Sie also hier um zehn Uhr.

– In Ordnung. Vielen Dank für Ihren Anruf, Frau Baumeister. Auf Wiederhören.

– Auf Wiederhören, Herr Sanders.

Ergänzen Sie Ihre Redemittelliste Terminabsprache

13.

Möchten Sie gerne etwas mehr über Enka Viscose wissen?

a. Im folgenden Text finden Sie weitere Informationen.

Bitte ergänzen Sie die fehlenden Wortendungen (Adjektive und Artikelwörter).

Enka Viscose ist ihr__________ Ursprung nach ein Naturprodukt. Ganz am Anfang des kompliziert__________ Herstellungsprozesses steht ein natürlich__________ Rohstoff, das Holz der Südkiefer, die auf ausgedehnt__________ Plantagen in den USA kultiviert wird.

Unter ökologisch__________ wie klimatisch__________ ideal__________ Bedingungen wächst dort der Rohstoff Holz immer wieder nach – eine sich ständig von selbst regenerierend__________ Quelle. Das kontrolliert angebaut__________

Holz enthält besonders hochwertig__________ Zellulose – die Basis des später__________ Viscose-Garns.

Der Verarbeitungsweg zu dies__________überaus fein__________, seidenähnlich__________ Faden ist lang__________ und kompliziert__________.

Der seidig glänzend__________ Enka Viscose-Faden setzt bei sein__________ Weiterverarbeitung präzis__________ handwerklich__________ Können und modernst__________, technisch__________ Know-how voraus. Eine Aufgabe für die Best__________ – die Seidenweber mit ihrer in Jahrhunderten gewachsen__________ Erfahrung mit fein__________ Garnen.

Die Kunst der Drucker gibt dem fertig__________ Stoff dann seine modisch__________ Aktualität.

Ein schön__________ Gefühl in schön__________ Farben – der seidig__________ Charakter von Enka Viscose, der weich fließend__________ Fall, der angenehm__________ Tragekomfort und die Formstabilität und Farbechtheit nach jed__________ Waschen machen dies__________ Stoff zu einem der beliebtest__________ der Welt. Das gilt nicht nur für den sogenannt__________ „Oberstoff" – Kleider, Blusen, Röcke. Auch Futterstoff bietet diesen unvergleichlich__________, natürlich__________ Tragekomfort.

Enka Viscose ist geprüft__________ Markenqualität.

b. Der obige Text ist eine Beschreibung. In solchen beschreibenden Texten findet man im Allgemeinen viele Attribute. Besonders in Werbetexten sind sie gehäuft zu finden.

Bitte lesen Sie nun den Text noch einmal.

Unterstreichen Sie alle Attribute, d. h. alles, was zwischen Artikel / Präposition und Nomen steht.

Sie stellen fest, dass es verschiedene Arten von Attributen gibt: einfache Adjektive, Adverb + Adjektiv, Partizipien I und II, erweiterte Partizipien.
Sie finden alle diese Möglichkeiten im obigen Text.

c. Sehen wir uns die erweiterten Partizipien einmal genauer an.

Beispiel
mit Partizip II:
die Seidenweber mit ihrer *in Jahrhunderten gewachsenen* Erfahrung → Erfahrung, die in Jahrhunderten gewachsen ist.

mit Partizip I:
eine *sich ständig von selbst regenerierende* Quelle →
eine Quelle, die ...

Erklären Sie gemäß dem Beispiel die folgenden Partizipialattribute:

1. durch langjährige Forschung entwickelte Motoren

____

2. die in attraktiver Verpackung präsentierten Produkte

____

3. ein immer häufiger auftretendes Problem

____

4. eine aus vielen Einzelteilen bestehende Maschine

____

5. der von Fachleuten am meisten benutzte Computer

____

6. die jährlich in Leipzig stattfindende Messe

____

7. unser immer größer werdendes Warenangebot

____

8. ein mit Papieren überfüllter Schreibtisch

____

14.

Zur Wiederholung

Welche Verben passen zu den folgenden Nomen? (Sie finden viele in diesem Kapitel, aber vielleicht kennen Sie noch mehr.) Vergleichen Sie Ihre Lösung mit der von anderen Kursteilnehmern.

Messen	Messestand	Zeit	Waren

1.
Adjektive

a. Welche der folgenden Adjektive haben eine ähnliche Bedeutung? Bilden Sie Paare.

biologisch abbaubar   eindeutig   ersichtlich   langlebig
notwendig   recycelbar   umweltschonend   unverzichtbar
unzerbrechlich   wiederverarbeitbar

b. Bilden Sie Gegensatzpaare.

anwesend   FCKW-haltig   handwerklich   industriell
neuartig   traditionell   transparent   umweltfreundlich
undurchsichtig   unerreichbar

2.
Formen Sie die Partizipialkonstruktionen in Relativsätze um.

Beispiel:
Die von Ihnen gewünschten Prospekte liegen unserem Schreiben bei.
Die Prospekte, die von Ihnen gewünscht wurden, liegen unserem Schreiben bei.

1. Die von Ihrer Firma angebotenen Produkte können wir leider nicht verwenden.
2. Die vor 3 Jahren gelieferten Modelle sind schon veraltet.
3. Der immer stärker werdende Wettbewerb führt zu Preissenkungen.
4. Ihr auf der Messe vorgestelltes Warensortiment ist für uns von großem Interesse.
5. Die in unserem Betrieb durchgeführte Berufsausbildung dauert drei Jahre.
6. Die nächste Woche beginnende Werbeaktion soll unsere Verkaufserlöse deutlich steigern.
7. Die in Indien produzierten Textilien sind von besserer Qualität als wir dachten.
8. Bei unserer vor drei Monaten installierten Abfüllanlage sind schon Störungen aufgetreten.

3.

Sie leiten ein Mitarbeitergespräch.
Hier finden Sie einige Redemittel.
Was könnten Sie auch sagen?

1. Sind wir soweit?
   a) Wie weit sind wir denn?
   b) Können wir anfangen?
   c) Sind wir noch weit von unserem Ziel entfernt?

2. Darf ich folgendes Vorgehen vorschlagen?
   a) Würden Sie bitte vorgehen?
   b) Sollen wir Ihnen folgen?
   c) Können wir uns an folgendem Plan orientieren?

3. Können Sie die Sache in die Hand nehmen?
   a) Können Sie die Sache kurz halten?
   b) Können Sie das mit der Hand machen?
   c) Können Sie sich darum kümmern?

4. Wir sind ein gutes Stück weitergekommen.
   a) Wir haben gute Fortschritte gemacht.
   b) Wir sind sehr weit gegangen.
   c) Dieses Stück ist besonders gut.

5. Das hat nichts zu sagen.
   a) Das hat eine andere Bedeutung.
   b) Darüber darf man nicht sprechen.
   c) Das ist nicht wichtig.

6. Wir müssen zum Abschluss kommen.
   a) Wir müssen einen Abschluss machen.
   b) Wir müssen den Betrieb schließen.
   c) Wir müssen die Sitzung beenden.

4.

Welches Wort passt nicht?

1. Firma, Betrieb, Lager, Fabrik, Werk
2. Tischler, Maurer, Schlosser, Einkäufer, Mechaniker
3. Sachbearbeiter, Buchhalter, Werkzeugmacher, Programmierer, Verkaufsleiter
4. Ware, Preis, Nachfrage, Angebot, Diskussion
5. Verein, Verband, Gemeinschaft, Teilnehmer, Organisation

6. Bohrmaschine, Werkzeugmaschine, Geräteverleih, Schweißapparat, Teppichreiniger
7. Messe, Werbung, Marke, Logo, Aufmachung
8. Radio, Fernsehen, Fußballhemd, Telefon, Plakat

5.

Welche Nomen passen zu den Verben, welche nicht?

1.	abbrechen	ein Gespräch, Kontakte, Zusammenarbeit, Verhandlungen, Einverständnis
2.	erfüllen	einen Plan, Aufgaben, Aufträge, ein Risiko, Kundenwünsche
3.	entwickeln	Produkte, Firmenprofil, Methode, Tagesablauf, Geschäftskontakte
4.	führen	Interview, Geschäft, Bücher, Maschinen, Mitarbeiter
5.	fördern	Verkauf, Handel, Mitarbeiter, Wirtschaft, Geld
6.	feststellen	Fortschritt, Marktanteil, Umsatz, Schichtarbeit, Probleme
7.	gewähren	Rechnung, Bonus, Gehaltserhöhung, Rabatt, Kredit
8.	abschließen	Vertrag, Geschäft, Ladentür, Empfang, Sitzung

Verkauf

Auftragsabwicklung

I.
Schriftliche und mündliche Anfragen

a. Bitte ordnen Sie den unten stehenden Satzanfängen das jeweils richtige Satzende zu.
Es handelt sich hier um Sätze aus zwei Geschäftsbriefen.
Schreiben Sie die Sätze auf.
Setzen Sie jetzt die Sätze zu zwei Briefen zusammen.

1. Unser Unternehmen ist schon seit 25 Jahren
2. Bitte teilen Sie uns mit,
3. Wir suchen einen Lieferanten,
4. Wir danken Ihnen für Ihre Anfrage
5. Als mittelständisches Unternehmen
6. Beigelegt finden Sie wie gewünscht
7. Vom Britischen Konsulat in Hamburg haben wir erfahren,
8. Unser Sortiment umfasst sowohl Standardausführungen
9. Wir machen Ihnen gerne ein detailliertes Angebot,
10. Wir bitten auch

a. unsere aktuelle Exportpreisliste.
b. sind wir mit der Herstellung von eingelegtem Gemüse befasst.
c. wenn Sie uns genaue Daten über die von Ihnen gewünschten Behälter überlassen.
d. dass Sie Hersteller von Glasbehältern für die Lebensmittelindustrie sind.
e. ob Sie solche Spezialanfertigungen übernehmen.
f. um Zusendung Ihrer Exportpreisliste.
g. als auch Sonderanfertigungen nach Kundenspezifikation.
h. vom 25. März d. J.
i. auf die Herstellung von Spezial-Glasbehältern für Lebensmittel und pharmazeutische Produkte spezialisiert.
j. der für unser Spezialsortiment von eingelegten Gurken neuartige Gläser liefern kann.

b. Schreiben Sie die beiden Briefe richtig, einschließlich Absender, Empfänger, Datum, Anrede, Grußformel, Unterschrift!
Hier sind die Angaben, die Sie dazu brauchen:

Hallesche Konservenfabrik KG
z. Hd. Frau H. Schneider
Produktbereich Glaskonserven
Industriestraße 25–31
06128 Halle

D. A. Johnstone Ltd
Dean Clough Industrial Estate
Unit 9
Rotherham / England

Sehr geehrte Damen und Herren, …
Sehr geehrte Frau Schneider, …

c. Frau Schneider von der Halleschen Konservenfabrik KG ruft Herrn Spencer von D. A. Johnstone Ltd. direkt an, statt einen Brief zu schreiben.

Überlegen Sie zuerst (mit einem Partner), wie Sie die schriftlichen Äußerungen aus den Geschäftsbriefen in mündliche „umarbeiten“ können.

Einige Lösungsvorschläge finden Sie in der Arbeitshilfe.

Führen Sie dann *das* Telefongespräch.

2.
Die Auftragsabwicklung

a. Die Abwicklung eines Auftrags verläuft im Allgemeinen in einer bestimmten Reihenfolge. Dabei werden immer die gleichen Standarddokumente geschrieben, die als gesetzliche Grundlage für den Kaufvertrag dienen und die im Streitfall zur Klärung der Situation herangezogen werden.

Bei jedem der folgenden Begriffe handelt es sich um einen Standardvorgang der Auftragsabwicklung.

Wie ist die richtige Reihenfolge dieser Vorgänge? Schreiben Sie die Begriffe im folgenden Schema an die richtige Stelle.

Käufer	Verkäufer	
1. ____________	2. ____________	Angebot
3. ____________	4. ____________	Bezahlung
____________	5. ____________	Anfrage
____________	6. ____________	Lieferung
7. ____________		Auftragsbestätigung
		Auftrag
		Rechnung

b. Um welche Vorgänge handelt es sich im Geschäftsfall in Aufgabe 1? Formulieren Sie je einen *Betreff* für die beiden Briefe.

Sprechen

c. Überlegen Sie:
Wie könnte der Geschäftskontakt zwischen den beiden Firmen weitergehen? Verwenden Sie die folgenden Ideen.

bittet um Angebot
zu teuer für uns
zahlt
liefert
bittet um genauere Informationen
bestellt 500 Gläser
macht Probebestellung

3.
Bitte ergänzen Sie im folgenden Text die fehlenden Wörter (Strukturwörter). Eines der Wörter in Klammern ist richtig.

Der Kaufvertrag

(1) ___________ (als, bevor, wenn) man morgens am Zeitungskiosk den Namen seiner Lieblingszeitung murmelt, das Geld hinlegt, die Zeitung bekommt und mitnimmt, dann ist das ein unproblematischer Vorgang: Der Kunde hat ein Angebot auf den Abschluss eines Vertrages gemacht, der Zeitungshändler hat (2) ___________ (ihn, es, sie) angenommmen und der Vertrag wurde (3) ___________ (mit, wegen, durch) die Zahlung von Geld und die Übergabe der Ware auch gleich abgewickelt.

Wenn man allerdings eine größere Anschaffung macht, zum Beispiel Möbel-, Auto- oder Computerkauf, (4) ___________ (ist, wird, werden) meist ein schriftlicher Kaufvertrag geschlossen. Bei (5) ___________ (der, die, dem) Unterschrift unter die Bestellung sollte der Käufer (6) ___________ (unter, auf, in) das sogenannte Kleingedruckte, die Allgemeinen Geschäftsbedingungen, achten. Der Verkäufer hat die Pflicht, den Käufer auf diese Klauseln (7) ___________ (hinweisen, hinzuweisen, hingewiesen). Dies kann dadurch geschehen, (8) ___________ (dass, wenn, so) auf der Vorderseite des Vertrages ein Vermerk steht: „Bitte beachten Sie unsere Allgemeinen Geschäftsbedingungen auf der Rückseite.“ Ein Hinweis auf dem Lieferschein oder auf der Rechnung reicht nicht aus.

Diese Bedingungen sind ein Teil (9) ___________ (der, des, dem) Kaufvertrages und sollten daher in Ruhe durchgelesen werden, (10) ___________ (vor, bevor, nachdem) man den Kaufvertrag unterschreibt.

4.
Allgemeine Geschäftsbedingungen der Firma Bergmaier und Cie. Weingroßhandel (teilweise abgedruckt).

a. Lesen Sie die folgenden Sätze und entscheiden Sie, welche der Präpositionen rechts neben dem Text jeweils richtig ist.

Bei Auftragserteilung erkennt der Kunde die folgenden Bedingungen an. Sonderkonditionen müssen ___________ uns ausdrücklich schriftlich bestätigt werden. Unsere Vertreter dürfen keine Vereinbarungen treffen, die ___________ den vorliegenden Bedingungen abweichen.

von (3x)
ab
für (3x)
nach
auf (2x)

Unsere Preise gelten grundsätzlich ___________ Lager. ___________ Mehrwegverpackungen berechnen wir pro Lieferung ein Viertel unserer Selbstkosten. Glasflaschen sind grundsätzlich zurückzugeben (siehe Verpackungsordnung). Ein Pfand wird berechnet.
Die Transportversicherung ist vom Kunden zu tragen.

Unsere Zahlungsbedingungen lauten:
Sofort ___________ Rechnungserhalt netto (___________ unser Bank- oder Postgirokonto).

Die Lieferung erfolgt auf Rechnung und Gefahr des Bestellers.
Wir sind ___________ Transportschäden nicht haftbar.

Bei Waren, die wir ___________ Lager haben, beträgt die Lieferzeit normalerweise 2–3 Arbeitstage. Lieferzeiten ___________ Sonderbestellungen sind im Einzelfall zu regeln, da sie zumeist ___________ unseren Lieferanten abhängen.

b. etwas **ist zu tun** = etwas muss getan werden
jemand **hat** etwas **zu tun** = jemand muss etwas tun

Lesen Sie die obigen Geschäftsbedingungen noch einmal und stellen Sie fest:
Was muss der Kunde tun? Was muss die Firma Bergmaier und Cie. tun?

Formulieren Sie Aussagen im Text um:

Zum Beispiel
„Der Kunde muss die Transportversicherung selbst abschließen."
„Die Firma muss die Lieferzeit einhalten."
„Die Lieferzeit muss (von der Firma) eingehalten werden."

c. Hören Sie nun das Gespräch eines Außendienstmitarbeiters der Firma Bergmaier und Cie. mit einem Kunden. Bitte notieren Sie beim Hören, welche Fehler der Vertreter macht.

Intensives Hören

d. Im Folgenden finden Sie noch mehr Anweisungen für einen Außendienstmitarbeiter:
Was zu tun ist bzw. was der Außendienstmitarbeiter zu tun hat.

Bitte formulieren Sie die Anweisungen um:
Was getan werden muss, was der Außendienstmitarbeiter tun muss.

1. Der Vertreter hat einen Bericht zu schreiben.
2. Der Bericht ist sofort nach jedem Kundenbesuch zu schreiben.
3. Die Kunden sind bestens zu beraten.
4. Der Vertreter hat die Kunden nach bestem Wissen und Gewissen zu betreuen.
5. Unsere Vertreter haben immer korrekt gekleidet zu sein.
6. Zum Kundenbesuch ist immer ein Anzug zu tragen.

5.

Die Firma Hallesche Konservenfabrik (aus Aufgabe 1) hat von der Firma D. A. Johnstone Ltd gehört und sich beim Britischen Konsulat über sie informiert. Daraufhin hat sie sich direkt mit der englischen Firma in Verbindung gesetzt. Umgekehrt hätte natürlich auch die Firma D. A. Johnstone Ltd mit deutschen Firmen Kontakt aufnehmen können (zum Beispiel durch Adressenlisten der Außenhandelskammer (AHK) der Bundesrepublik Deutschland).

Im folgenden Beispiel hat die italienische Firma Bellini, Mailand, in Deutschland ein Büro eröffnet (eine Niederlassung, siehe Infoseite), um auf dem deutschen Markt präsent zu sein und vor allem um ein Vertreternetz aufzubauen.

Sie hören nun ein Telefongespräch mit einem potentiellen Handelsvertreter. Die Gesprächspartner sind:
Frau Küster, Leiterin des deutschen Verkaufsbüros der Firma Bellini, und Herr Bleich, ein potentieller Handelsvertreter.

a. Hören Sie zuerst das ganze Gespräch ohne Pause und entscheiden Sie, welche der folgenden Punkte angesprochen werden:

Kursorisches Hören

- Vertretergebiet (1)
- Produkte der Firma Bellini (2)
- Standort der Firma Bellini(3)
- Produktsortiment von Herrn Bleich (4)
- Qualität und Kundendienst (5)
- Vertretervertrag (6)
- Gesprächstermin (7)

b. Hören Sie nun das Gespräch in fünf Abschnitten noch einmal und wählen Sie die richtige Antwort aus den folgenden Möglichkeiten.

Intensives Hören

1. *Herr Bleich*
   a) kennt Frau Küster gut.
   b) hat Interesse eine Handelsvertretung zu übernehmen.
   c) wohnt in Nordrhein-Westfalen.

2. *Firma Bellini*
   a) beliefert seit drei Jahren den italienischen Markt.
   b) vertreibt in Deutschland noch keine Produkte.
   c) produziert ausschließlich Baby- und Kinderkleidung.

3. *Die Produkte*
   a) kommen zum Teil aus Osteuropa.
   b) haben italienisches Design.
   c) werden von der Konkurrenz in Billiglohnländern hergestellt.

4. *Frau Küster*
   a) fragt Herrn Bleich nach Einzelheiten über seine Tätigkeit.
   b) findet Qualität wichtiger als Kundendienst.
   c) interessiert sich nicht für den Großhandel.

5. *Herr Morini*
   a) hat Termine mit Vertretern in Norddeutschland.
   b) wird mit Herrn Bleich Kontakt aufnehmen.
   c) besucht nächste Woche Bremen und Hamburg.

6.
Franchising

a. Das Franchising ist eine Vertriebsform des Einzelhandels, die in Deutschland (und auch in anderen Ländern) immer mehr an Bedeutung gewinnt.

Was wissen Sie über Franchising?
Kennen Sie konkrete Beispiele von Franchise-Unternehmen in Ihrem Land? Oder weltweit?
(Auf der Infoseite finden Sie eine kurze Erklärung des Begriffs.) *siehe Seite 128 f.*

b. Im folgenden Text wird über die Vor- und Nachteile von Franchising gesprochen. Es werden auch ganz konkrete Beispiele mit Erfahrungsberichten gegeben.

Lesen Sie den Text erst einmal ganz durch.
Ergänzen Sie dann die Lücken mit den folgenden Begriffen.

Franchising
Franchisepartner
-geber
-nehmer
-zentrale

Franchising auf dem Vormarsch

___________ ist ein Wechselspiel, bei dem der ___________ sein Wissen und sein Konzept zur Verfügung stellt, das der ___________ mit eigenem unternehmerischen Elan vor Ort umsetzt. Im Idealfall kombiniert ___________ die Vorteile eines Großunternehmens mit den Vorteilen einer selbstständigen Existenz, das heißt vor allem Marktmacht mit Eigeninitiative und Know-how mit unternehmerischer Flexibilität. 22 000 Existenzgründer haben sich inzwischen in Deutschland mit Hilfe eines Franchise-Systems selbstständig gemacht, eine Entscheidung, die sich meist auszahlt. Besonders in der Startphase können Probleme mit Hilfe des ___________ gelöst werden.

Ein besonders gut funktionierendes Beispiel ist „Der Teeladen". Seit 1982 werden Einzelhandelsgeschäfte von ___________ betrieben und für die weitere Expansion werden selbstständige Unternehmer gesucht. Albert Gschwendner, der Gründer der Ladenkette, stellt sich den idealen ___________ so vor: Ein Mensch mit positiver Lebenseinstellung, der sich für das Produkt begeistert, der vor Konflikten keine Angst hat und kaufmännisches Verständnis mitbringt. Besondere formale Anforderungen an Ausbildung oder Werdegang stellt die Zentrale nicht – wichtiger ist eine überzeugende Persönlichkeit und starkes Interesse am Tee-Einzelhandel.

Um die passenden Lizenznehmer für das System zu finden, werden Gespräche und ein Persönlichkeitstest durchgeführt. Außerdem sollte der Einsteiger in der Lage sein für die Erstinvestition etwa 150 000 Euro Kapital mitzubringen. Darin enthalten sind 100 000 Euro für Ladeneinrichtung und Ware sowie 10 000 Euro an Zahlungen für Leistungen des ___________ vor und bei der Ladenöffnung. Im laufenden Geschäft fallen keine Gebühren mehr an, nur eine Abgabe von fünf Prozent der eingekauften Ware muss für die Ausgaben der hauseigenen Werbegemeinschaft bezahlt werden.

Brigitte Knopf ist eine neue Franchisenehmerin des Teeladens. Sie eröffnete ihr Geschäft sechs Wochen vor Weihnachten und hatte mit ihrem Unternehmen durch das Weihnachtsgeschäft einen Blitzstart. Sie machte ihre persönliche Tee-Ausbildung im nächstgelegenen Teeladen: Ein Dreivierteljahr lang war sie Mitarbeiterin eines anderen ___________. Dazu kamen Schulungen zum Kaufmännischen und zur Warenkunde in der ___________ in Meckenheim.

Das Startkapital bekam sie teils aus öffentlichen Gründermitteln, teils aus einem Bankkredit und teils auf privatem Weg. So wie die Geschäfte verlaufen, wird die Unternehmerin ihre Kredite planmäßig abbezahlen können – der Laden hat sich besser enwickelt, als vor der Eröffnung vorausberechnet wurde.

c. Lesen Sie den Text noch einmal.

Wie sieht der ideale Franchisenehmer aus?
Was für Voraussetzungen braucht er (persönlich, finanziell …)?

d. Schreiben Sie ein kurzes Porträt des „Teeladens“ als Unternehmen.

e. Im Text steht:
„Franchising kombiniert die Vorteile eines Großunternehmens mit den Vorteilen einer selbstständigen Existenz.“

Könnten Sie sich vorstellen selbst Franchisenehmer zu werden?
Warum / Warum nicht?

7.

Bericht aus der Presse

Bei dem folgenden Text handelt es sich um einen Bericht über den Winterschlussverkauf. Der Journalist gibt Aussagen und Hoffnungen des Einzelhandels wieder. Um deutlich zu machen, dass diese Aussagen nicht von ihm direkt sind, verwendet er die indirekte Rede, die durch den Konjunktiv I ausgedrückt wird. Der Konjunktiv I kommt vor allem in Pressetexten und natürlich in Nachrichtensendungen (Radio und Fernsehen) vor.

a. Lesen Sie den Text.

Unterstreichen Sie die indirekte Rede (Konjunktiv I) und die Personengruppen, die die Aussagen gemacht haben.

Handel zufrieden mit Auftakt von Schlussverkauf

Das kalte Winterwetter hat den diesjährigen Winterschlussverkauf (WSV) ruhig anlaufen lassen. Wegen eisiger Temperaturen und oft widrigen Straßenverhältnissen seien die Kunden erst nachmittags in die Innenstädte gekommen, sagten Sprecher der großen Warenhauskonzerne gestern. Dann seien die Häuser aber gut besucht gewesen. Vor allem Winterbekleidung habe das Interesse der Kunden gefunden. Die Warenhäuser und Boutiquen hätten in diesem Jahr die Preise für Pullover, Mäntel oder Schals um bis zu 70 Prozent heruntergesetzt, um die Lager für die Frühjahrsmode zu räumen.

Die Witterung der letzten Tage komme dem Einzelhandel sehr entgegen, erklärte auch der Hauptverband des Deutschen Einzelhandels (HDE). Bislang seien die Kunden bei der Winterware zurückhaltend gewesen. Das werde sich jetzt hoffentlich ändern. Der Winterschlussverkauf läuft bis zum 10. Februar.

b. Formulieren Sie nun die Aussagen im Konjunktiv I in die direkte Rede (Indikativ) um.

1. Sprecher der großen Warenhauskonzerne sagten gestern: „Wegen eisiger Temperaturen sind die Kunden …“

2. Der Hauptverband des Deutschen Einzelhandels erklärte: „____________“.

Das folgende Schaubild zeigt die verschiedenen Wege, die Hersteller benutzen können, um ihre Produkte zu vertreiben, das heißt zu verkaufen. Dabei gibt es im Prinzip zwei Möglichkeiten: den *direkten Absatz* und den *indirekten Absatz*. Letztendlich geht es darum, wie das Produkt den Verbraucher (das können Privathaushalte oder Unternehmen sein) am besten erreicht.

Absatzwege

Hersteller

Absatzstufen

Direkter Absatz

- durch Geschäftsleitung und Verkaufsabteilung
- durch Reisende, Vertreter und Kommissionäre
- durch eigene Verkaufsniederlassungen
- durch Marktveranstaltungen
- durch Franchising

Indirekter Absatz

- über Einzelhandel
- Binnengroßhandel
- Außengroßhandel
- über Groß- und Einzelhandel
- über Versandhandel

Verwender (Haushalte und Unternehmen)

Reisende, Handelsvertreter und Kommissionäre sind Zwischenstufen auf dem Weg zum Verbraucher. Sie gehören aber zum direkten Absatz. Ein *Reisender* ist beim Hersteller direkt angestellt und hat die Aufgabe, Geschäfte im Namen und auf Rechnung seines Arbeitgebers zu vermitteln. Der Reisende pflegt den Kontakt mit den Kunden, bietet Waren und Dienstleistungen an, nimmt Bestellungen und Reklamationen entgegen. Für diese Arbeit bekommt er ein Gehalt und Spesen (für Dienstreisen) sowie meistens eine Umsatzprovision.

Ein *Handelsvertreter* ist ein selbstständiger Kaufmann, der für einen oder mehrere Auftraggeber arbeiten kann. Seine wichtigste Aufgabe ist es, für den Hersteller Geschäfte zu vermitteln oder abzuschließen. Er tut dies im Namen und auf Rechnung des Herstellers. Für seine Tätigkeit bekommt er eine Provision. In Deutschland haben Handelsvertreter ziemlich weit gehende Rechte. Es würde hier zu weit führen sie alle zu erklären.

Ein *Kommissionär* ist ein selbstständiger Gewerbetreibender. Er arbeitet im Gegensatz zum Handelsvertreter im eigenen Namen, aber auf Rechnung des Herstellers. Für seine Tätigkeit erhält er eine Kommission (Provision), die vom Umsatz abhängig ist.

Franchising ist eine Vertriebsform des Einzelhandels. Trotzdem gehört es zum direkten Absatz, denn Franchisegeber (Hersteller) und Franchisenehmer (Verkäufer) schließen einen Vertrag ab, der den Franchisenehmer an den Franchisegeber bindet. Er muss bestimmte Waren oder Dienstleistungen des Herstellers vertreiben und dabei die gesamte Marketingkonzeption des Franchisegebers verwenden. Dazu gehört vor allem ein gemeinsamer Name, das Warenzeichen und die Ausgestaltung der Verkaufsräume. Er bekommt vom Franchisegeber auch technische und kaufmännische Unterstützung. Dafür bezahlt der Franchisenehmer eine Gebühr, die meistens ein Prozentsatz des Umsatzes ist. Nach außen sieht der Betrieb des Franchisenehmers wie eine Filiale des Franchisegebers aus. Der Franchisenehmer ist also nicht vollkommen selbstständig.

Sprechen

8.

Was gehört eigentlich zum Kundendienst?
Man unterscheidet zwischen kaufmännischem Kundendienst und technischem Kundendienst.

Bilden Sie aus den Nomengruppen ganze Sätze und finden Sie Beispiele für die verschiedenen Formen des Kundendienstes.

- Kundendienst
  - Kaufmännischer Kundendienst
    - Kreditgewährung
    - Garantiegewährung
    - Zustellung
    - Information und Beratung beim Kauf
    - Kauferleichterung
  - Technischer Kundendienst
    - Montage
    - Wartung
    - Reparatur
    - Inspektion
    - Inspektion Hilfe bei der Anwendung / Verwendung
    - Ersatzteilversorgung
    - Entsorgung alter Geräte, kaputter Geräteteile

9.
Kunden-Kommunikation

a. Bitte lesen Sie den folgenden Text und identifizieren Sie zunächst alle Imperative.

Was getan werden muss

Die wichtigsten Regeln
für ein erfolgreiches Informationsmanagement lauten:

- Führungskräfte sind Vorbilder. Manager, die sich keine Zeit für persönliche und telefonische Kundengespräche nehmen, dürfen von Mitarbeitern nicht erwarten, dass diese es tun.

- Kommunikation nach innen nicht vergessen. Alle Mitarbeiter mit direktem Kundenkontakt – auch in der Telefonzentrale – müssen über alle wichtigen Themen Bescheid wissen, bevor Kunden davon erfahren. Es wirkt beschämend, wenn der Mitarbeiter erst von Kunden darauf angesprochen wird.

- Nutzen Sie professionelles Informationsmanagement. Installieren Sie für alle Mitarbeiter computergestützte Systeme, die die richtige Information zum gewünschten Zeitpunkt zur Verfügung stellen.

- Bauen Sie ein aktives Reklamationsmanagement auf. Das fängt bei der Telefonzentrale an. Sie muss wissen, an wen Reklamationen weitergeleitet werden sollen. Es genügt nicht, wenn Beschwerden nur statistisch ausgewertet werden.

- Definieren Sie Servicestandards. Nach wievielmal Klingeln müssen eingehende Anrufe spätestens angenommen werden? Wie schnell muss ein Rückrufwunsch beantwortet werden?

- Messen und belohnen Sie das Einhalten dieser Standards. Richten Sie die Entlohnung der in Kundenkontakt stehenden Mitarbeiter auch daran aus und bieten Sie Zulagen für noch bessere Leistungen.

- Ermitteln Sie regelmäßig die Kundenzufriedenheit. So erhalten Sie offene, ungeschönte Informationen über den Erfolg Ihrer Maßnahmen.

b. Die wichtigsten Punkte aus dem Text sollen in einer Besprechung geklärt werden.

Formulieren Sie diese Punkte um, so dass sie als **Argumente** in einem Gespräch verwendet werden können.

Beginnen Sie:
Wir müssen …
Wir dürfen nicht vergessen, …
Wichtig ist auch, … zu …
Wir sollten …
Die Geschäftsleitung / Die Telefonzentrale / Alle Mitarbeiter müssen …

Ergänzen Sie Ihre Redemittelliste Ziel

c. Wie können Sie auf die obigen Argumente reagieren? Sagen Sie Ihre Meinung.

Begründen Sie Ihre Meinung.
Sammeln Sie zuerst Redemittel zu

- Zustimmung,
- Ablehnung,
- Einschränkung,
- Begründung.

Ergänzen Sie Ihre Redemittelliste Meinungsäußerung → Arbeitshilfe

d. Diskutieren Sie nun mit Ihrem Lernpartner 10 Minuten lang über dieses Thema.

Einigen Sie sich auf drei Punkte aus dem Text, über die Sie sprechen wollen. Verwenden Sie die Redemittel, die Sie unter Punkt c gesammelt haben.

Schreiben

e. Wie ist das in Ihrer Firma?
Was tun Sie für Ihre Kunden?
Welche der oben genannten Ideen und Vorschläge werden in Ihrer Firma praktiziert, welche nicht?

Schreiben Sie etwa 120 Wörter zu diesem Thema.

10.

Reklamationen am Telefon

a. Formulieren Sie das folgende Telefongespräch höflicher.

A: Hallo! Wer ist da?
B: Hallo! Was wollen Sie?
A: Haben Sie einen Kundendienst, ich will mit ihm sprechen.
B: Wenn's unbedingt sein muss.
A: Aber schnell!
C: Kundendienst.
A: Kommen Sie schnellstens. Meine Waschmaschine ist kaputt.
C: Geht nicht. Zu viel Arbeit, zu wenig Personal.
A: Es muss aber gehen.
C: Wenn's wirklich nicht anders geht. Heute Nachmittag.
A: Um wie viel Uhr?
C: Na, hören Sie mal, das können Sie aber nicht verlangen.
A: Also gut. Dann sitze ich halt den ganzen Nachmittag da und warte. (legt Hörer auf).
C: (legt auf).

b. Wie würden Sie auf die folgenden Reklamationen reagieren?
Was halten Sie für angemessen?
Warum?
Vielleicht möchten Sie darüber in Ihrer Lernergruppe diskutieren?

Formulieren Sie zu jeder Reaktion einen gesprochenen und einen geschriebenen Satz, z. B. *Es tut uns sehr Leid und wir möchten Sie bitten, uns die Ware auf unsere Kosten zurückzusenden.*

An die

Firma Brahn AG
Abt. Haushaltsgeräte

Sehr geehrte Damen und Herren,

leider muss ich Ihnen mitteilen, dass meine elektrische Zahnbürste kaputt gegangen ist. Ich habe sie zur Reparatur gebracht und dort wurde mir gesagt, dass die Reparatur sich nicht mehr lohnt, dass ich mir auch gleich eine neue Zahnbürste kaufen könnte.
Dies ärgert mich besonders, weil die Garantiezeit erst vor einer Woche abgelaufen ist …

An die Firma Meißner KG
Schraubenfabrik

Sehr geehrter Herr Meißner,

seit Jahren bestellen wir regelmäßig Ihre Messingschrauben und hatten nie Probleme mit ihnen. Diesmal bekommen wir laufend Beschwerden von unseren Kunden, dass die Schrauben leicht abbrechen bzw. das Gewinde bricht.
Unsere Kunden haben schon angedroht, dass sie zu einem anderen Lieferanten gehen werden …

An die
Firma Rotweiß GmbH
Weinhandel

Sehr geehrte Damen und Herren,

von den 10 Kisten Wein, die wir bei Ihnen bestellt hatten, sind leider nur 9 bei uns angekommen. Wir brauchen diesen Wein dringend ...

Reaktionsmöglichkeiten:
- *Sie entschuldigen sich*
- *Sie entschuldigen sich vielmals*
- *Sie drücken Ihr Erstaunen aus*
- *Sie lehnen die Reklamation ab*
- *Sie bitten um Rücksendung der Ware*
- *Sie übernehmen die Transportkosten*
- *Sie bieten Ersatz an*
- *Sie schicken den Ersatz sofort mit getrennter Post ab*
- *Sie tauschen den Artikel kostenlos um*
- *Sie bieten Reparatur auf Ihre Kosten an*
- *Sie gewähren einen Preisnachlass*
- *Sie bitten den Kunden, sich mit dem Spediteur in Verbindung zu setzen*
- *Sie bieten an, den Speditur selbst anzurufen*

c. Bringen Sie nun für jeden der folgenden Fälle selbst eine Reklamation am Telefon vor.

Fälle:
1. Neues Auto: Scheibenwischer funktioniert nicht immer.
2. Blauen Teppich geliefert, grünen bestellt.
3. Videorecorder nach 2 Monaten schon kaputt.

Redemittelliste Reklamation → Arbeitshilfe

II.

Ihre Abteilung hat die folgende schriftliche Reklamation erhalten.

Heinrich Mahler
Spezialgeschäft für Schirme und
Regenmäntel
D-01059 Dresden

Firma
Alberto Moravia
casella postale
I- Mailand . .200 /ml

Mängelrüge wegen schadhafter Damenschirme

Sehr geehrte Damen und Herren,

wir haben am 28. August d. J. 250 Damenschirme, 40 cm, Qualität FT1 von Ihnen bezogen.

Leider hatten wir mit 22 dieser Schirme Schwierigkeiten. Die Kunden brachten uns diese Schirme oft schon nach Tagen abgebrochen zurück. Wir haben die Schirme zurückgenommen und genau untersucht. Unserer Meinung nach ist der verwendete Stahl fehlerhaft.
Wir haben Ihnen die Schirme gestern per Luftfracht zugesandt, so dass Sie sie selbst überprüfen können.

Da wir mit den restlichen Schirmen kein Risiko eingehen möchten, wäre es uns am liebsten, wenn Sie uns die gesamte Lieferung ersetzen könnten.
Wir sehen Ihrer baldigen Antwort und Erledigung des Problems entgegen und verbleiben

mit freundlichen Grüßen

Heinrich Mahler

Ihr Chef hat Sie gebeten auf die Reklamation zu antworten.
Er bittet Sie folgende Punkte im Brief zu erwähnen.

Schreiben Sie den Antwortbrief an Heinrich Mahler.
Wählen Sie dazu aus den folgenden Textbausteinen die passenden aus. Achten Sie darauf, dass Sie an manchen Stellen genaue Angaben machen müssen und auch mal ein bisschen umformulieren müssen. Vergessen Sie nicht den Betreff, die Anrede, einen Anfangs- und einen Schlusssatz.

Brief nach Textbausteinen

Notizen Ihres Chefs:
- vielmals entschuldigen (guter Kunde)
- Untersuchung hat gezeigt: Stahl war falsch behandelt
- alle Schirme auf unsere Kosten zurückschicken (Bahnfracht)
- Ersatz sofort, kostenlos
- Hoffnung auf weitere gute Geschäftsbeziehungen

Antwort auf Mängelrüge

01 Wir bedauern diese Verzögerung außerordentlich.

02 Wir sind bereit Ihnen die Waren kostenlos zu ersetzen.

03 Unsere Untersuchungen haben gezeigt, dass ...

04 Zu unserem Erstaunen haben wir Ihre Lieferung noch nicht erhalten.

05 Leider können die bestellten Waren erst in 3 Wochen geliefert werden.

06 Es tut uns außerordentlich Leid, dass Sie mit unserer letzten Lieferung Schwierigkeiten hatten.

07 Wir bedauern diesen Vorfall sehr.

08 Wir hoffen die Angelegenheit zu Ihrer Zufriedenheit geregelt zu haben und verbleiben

09 Bitte schicken Sie uns die komplette Sendung auf unsere Kosten per Bahnfracht zurück.

10 Wir hoffen auf weiterhin gute Geschäftsbeziehungen.

12.
Diskutieren Sie die Karikatur.

Verkehr, Logistik

1.

„Alle Wege führen nach Sachsen“

Lesen Sie bitte den Text.
Lesen Sie dann noch einmal und ergänzen Sie.

In Sachsen wird gegenwärtig das größte Infrastrukturprogramm der europäischen Wirtschaftsgeschichte (1) __________. Mit Milliardenaufwand werden alle Verkehrs- und Kommunikationswege (2) __________. In wenigen Jahren wird Sachsen über die leistungsfähigste Infrastruktur der Erde verfügen. Schon jetzt werden für die Telekommunikation digitale Schaltungen und Glasfaserkabel (3) __________. Dresden und Leipzig sollen an das Hochgeschwindigkeits-Eisenbahnnetz (4) __________ und ihre Flughäfen (5) sollen __________ werden; die Elbhäfen in Dresden, Torgau und Riesa werden (6) __________. Neue Autobahnen werden Richtung Prag und Breslau (7) __________, die vorhandenen Autobahnen nach Frankfurt, München und Berlin sowie die Schnellstraßen werden (8) __________. Eigentlich schade, dass viele Trabis das nicht mehr erleben.

angeschlossen
gebaut
eingesetzt
erweitert
erneuert
revolutioniert
ausgebaut
durchgeführt

Auftragsabwicklung. Wie geht es weiter?

2.

Lieferweg / Lieferbedingungen (im Inland)

(zur Lieferung ins Ausland siehe Infoseite)

Im folgenden Beispiel wird eine Ware von Augsburg nach Köln geliefert.

a. Beschreiben Sie den Weg der Ware (mit allen Stationen) genau.

b. Wer bezahlt die Versandkosten?

Beschreiben Sie die vier Möglichkeiten.

Was ist „Rollgeld“ und was ist „Fracht“?
Ergänzen Sie dann die beiden fehlenden Wörter im Schaubild.

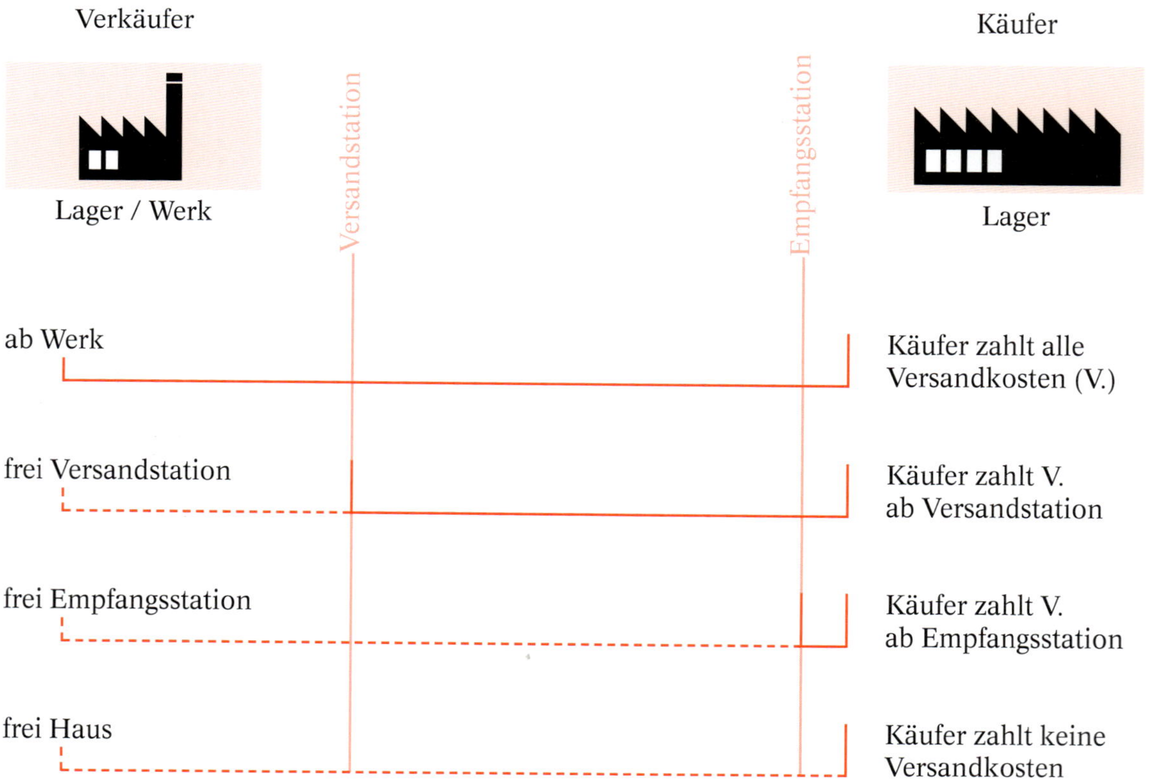

3.

Geschäftsfall: In einer Spedition

Die Spedition Reinsch und Sohn ist ein Familienbetrieb, der auf den Transport von Schüttgütern spezialisiert ist.

Schüttgut = verpacktes Gut, das durch Schütten umgeladen werden kann, z. B. Sand, Getreide, Kohlen …

Hören Sie ein Gespräch zwischen Chef und Sachbearbeiter, in dem ein konkreter Fall besprochen wird.

a. Sehen Sie sich beim ersten Anhören die folgende Skizze an und setzen Sie die fehlenden Mengen und Güter ein.

Siehe auch: schütten, das Schütten

Selektives Hören

Minten → __________ Tonnen __________ → Hoppenheim

← __________ Tonnen __________ für Privathaus

← __________ Tonnen __________ für Baustoffgroßhandel

Entstehen in diesem Fall Bahnfrachtkosten?

b. Sie hören jetzt das Gespräch in vier Abschnitten noch einmal.

Intensives Hören

Entscheiden Sie bei den Aufgaben zu den einzelnen Abschnitten: Welche Aussage ist richtig?

Abschnitt 1

1. Herr Müller
   a) hat einen Kunden angerufen.
   b) hat einen Auftrag bekommen.
   c) bespricht ein Problem mit seinem Chef.

2. Die Firma Hansmann
   a) braucht eine Lkw-Ladung Kies.
   b) braucht den Kies in Minten.
   c) muss eine Leerfahrt vermeiden.

Abschnitt 2

3. 17 Tonnen Putzsand
   a) sind eine Lkw-Ladung.
   b) sollen an einen Privatkunden geliefert werden.
   c) werden vom Baustoffgroßhändler gebraucht.

Abschnitt 3

4. Der neue Kunde
   a) möchte ein neues Angebot haben.
   b) möchte den Putzsand nächste Woche.
   c) möchte eine Auftragsbestätigung.

Abschnitt 4

5. Herr Reinsch und Herr Müller
   a) sprechen über Ladeprobleme.
   b) sind zufrieden.
   c) müssen noch abwarten.

4. Lieferung

a. Lesen Sie den Text über Lieferprobleme.

Unterstreichen Sie beim ersten Durchlesen alle Wörter, die „Liefer-" enthalten.
Der Text erklärt diese Wörter. Haben Sie alle verstanden?

In den meisten Kaufverträgen gibt es Vereinbarungen über den Zeitpunkt der Lieferung. Das Datum der Lieferung sollte präzise in den Vertrag aufgenommen werden. Also beispielsweise die 10. Kalenderwoche 1997 oder noch genauer der 10. 4. 1997. Das gibt dem Käufer die Möglichkeit schnell zu entscheiden, ob der Vertrag erfüllt wurde oder nicht. Das Gesetz unterscheidet zwischen der unverbindlichen Lieferfrist (in rund sechs Wochen) und dem Liefertermin, der den Verkäufer an das Datum bindet.

Wenn die Ware zum vereinbarten Zeitpunkt nicht geliefert wird, muss der Käufer den Verkäufer mahnen, das heißt einen Brief schreiben, in dem er eine neue Frist bis zur Lieferung setzt (etwa bis zum 26. 4.). Man spricht nun davon, dass der Verkäufer sich „im Lieferverzug befindet". Wenn der Verkäufer immer noch nicht reagiert, muss der Käufer eine letzte Aufforderung mit einer letzten Nachfrist (maximal zwei Wochen) schreiben und klar ankündigen, dass er nach Ablauf dieser Frist die Annahme der Waren ablehnen wird.

Wenn der Verkäufer dann immer noch nicht reagiert, kann der Kunde vom Vertrag zurücktreten, das heißt, er kauft seine Waren bei einem anderen Lieferanten. Er hat auch das Recht alle ihm entstandenen Kosten vom Verkäufer zurückzuverlangen. Oft wird hier ein Rechtsanwalt eingeschaltet.

b. Lesen Sie den Text noch einmal und füllen Sie das folgende Diagramm aus.

Was passiert wann?

Käufer	Verkäufer
	liefert nicht
schreibt ___________	
setzt ___________	
	reagiert nicht
schreibt ___________	
mit ___________	
kündigt ___________	
	?
kann ___________	
verlangt ___________	

c. Die Frist – ein Wort, das im Kontext der Lieferung, aber auch der Zahlung immer wieder auftaucht. Es bedeutet einen festgelegten Zeitraum oder Zeitpunkt. Es gibt verschiedene Arten von Fristen:

Liefer-
Zahlungs-
Nach-
Kündigungs-

Man kann sie:
- (fest)setzen oder festlegen
- geben
- gewähren
- einhalten oder versäumen

Sie kann:
- ablaufen oder verstreichen
- verlängert werden

Man kann:
- fristgemäß, fristgerecht liefern
- kurz-, mittel- oder langfristig planen
- einen Vertrag befristen
- jemanden fristlos entlassen

Logistik

ist das Streben, alle mit dem Transport und der Lagerhaltung von Produkten und Rohstoffen verbundenen Aufgaben optimal zu erfüllen, d. h. das richtige Produkt gelangt zum richtigen Zeitpunkt in der richtigen Qualität und richtiger Menge (bzw. Anzahl) an den richtigen Ort.

Dies alles muss natürlich kosteneffektiv geschehen.

Träger sind
- Reedereien (Binnenschifffahrt, Seeschifffahrt),
- Speditionen,
- Kurier- und Expressdienste,
- Fluggesellschaften,
- Bahn,
- Post.

Just-in-time

Das Prinzip des Just-in-time hat zum Ziel, Lagerhaltung zu vermeiden bzw. auf die Straße zu verlagern. Das geschieht folgendermaßen: Alle Stoffe, die in das Endprodukt einfließen, werden nicht mehr gelagert, sondern zu dem Zeitpunkt geliefert, an dem sie gebraucht werden. Selbstverständlich braucht man weiterhin eine gewisse Lagerhaltung für Hilfsmittel (wie Werkzeuge, Nägel, Schmierstoffe, Klebstoffe etc.), das Puffer- oder Sicherheitslager.

Es geht beim Just-in-time um Rohstoffe und Vorprodukte (wie z. B. Autoreifen, Sitze, Scheinwerfer zur Fahrzeugproduktion). Dadurch lassen sich Kosten sparen.

Genauso wichtig wie diese präzise Planung des Bedarfs ist die Zuverlässigkeit des Herstellers / Lieferanten der Vorprodukte und der beteiligten Transportträger. Sonst funktioniert dieses Prinzip nicht.

Die Incoterms (International Commercial Terms)

Für den internationalen Handel werden besondere Lieferbedingungen vereinbart, besonders deshalb, weil der Seeverkehr eine wichtige Rolle spielt. Die Incoterms regeln die Lieferbedingungen für Import und Export genau und international verbindlich.

fas =	free alongside ship	Der Verkäufer trägt die Kosten bis an die Längsseite des Schiffs.
fob =	free on board	Der Verkäufer trägt die Kosten einschließlich Verladung auf das Schiff.
cf =	cost, freight	Der Verkäufer übernimmt die Kosten einschließlich Fracht bis zum Bestimmungsbahnhof (der Empfangsstation).
cif =	cost, insurance, freight	wie cf, aber hier trägt der Verkäufer auch noch die Kosten für die Transportversicherung.
free on rail =	frei Waggon	Der Verkäufer übernimmt die Kosten bis zur Bahn und für die Beladung des Waggons.
frei Grenze =		Der Lieferer trägt die Kosten bis zur Grenze.
ex works =	ab Werk	Der Käufer trägt sämtliche Versandkosten ab dem Zeitpunkt, an dem er die Ware vertragsgemäß abnehmen muss.

Lesen

5.

Sie haben folgende Informationen der **Deutschen Bahn** vor sich liegen.

a. Bitte lesen Sie die Texte. Entscheiden Sie dann bei den folgenden Aussagen, ob sie richtig oder falsch sind.

Selektives Lesen

Sitzplatzreservierung.

Mit der Deutschen Bahn können Sie bequem und komfortabel reisen. Auf einem Sitzplatz, den wir extra für Sie reservieren. Und jetzt auch, wenn Sie sich erst kurzfristig zur Fahrt entschließen. Damit Sie und Ihr Platz im Zug auch noch in allerletzter Minute zusammenfinden, führen wir ab 1. Februar die erfolgreiche Expressreservierung des ICE 1. Klasse als Standardangebot für alle Fernverkehrszüge ein. In unseren InterCityExpress, EuroCity / InterCity, InterRegio und D-Zügen können Sie dann Ihren Platz in der 1. oder 2. Klasse bis kurz vor Abfahrt des Zuges buchen. Nur in einigen Zügen, die aus dem Ausland kommen, ist das zur Zeit noch nicht möglich. Bei diesen Zügen bitten wir Sie um Ihre Reservierung bis zum Vorabend der Reise.

Wenn Sie zusammen mit dem Fahrschein-Kauf den Platz buchen, kostet die Reservierung Euro 1,50. Im Entgelt enthalten ist eine Reservierung für alle zusammen reisenden Personen mit Fahrschein für dieselbe Verbindung. Für eine Reservierung ohne gleichzeitigen Fahrschein-Kauf zahlen Sie Euro 4,50 (für je 5 angefangene mitreisende Personen).

Die Reservierung gilt für die Hin- und Rückfahrt und alle gleichzeitig getätigten Anschlussreservierungen.

Kunden, deren Fahrschein über ein Großkundenabonnement ausgestellt wurde, bezahlen bei Vorlage des Fahrscheines Euro 1,50, ohne Vorlage des Fahrscheines Euro 4,50.

Wann buchen?

Sie können Ihren Sitzplatz bereits zwei Monate vor Antritt der Fahrt buchen. Wir empfehlen Ihnen bei nachfragestarken Zügen immer möglichst frühzeitig zu buchen.

Sollten Sie sich aber erst kurzfristig zur Fahrt entschließen, bedenken Sie bitte, dass Sie für die Buchung ein paar Minuten benötigen. Wir möchten nicht, dass Ihr Platz ohne Sie die Reise antritt.

Wo buchen?

Buchen Sie Ihren Sitzplatz einfach bei einer Fahrkartenausgabe im Bahnhof, einem DER-Büro oder einem Reisebüro mit DB-Lizenz.

Sie können Ihren Sitzplatz aber auch fernmündlich buchen. Die telefonische Reiseauskunft können Sie in den Ortsnetzen großer Städte unter der Telefonnummer **1 94 19** erreichen. Auf dem Land und in den Vororten wählen Sie bitte die Vorwahlnummer der nächstgrößeren Stadt.

Bei gleichzeitiger Bestellung eines Fahrscheins kostet die Buchung Euro 1,50. Wollen Sie nur eine Reservierung vornehmen, so ist dies nur möglich, wenn Sie uns die Nummer Ihrer Kreditkarte (Visa, American Express, Diners Club, Eurocard) mitteilen. Das Reservierungsentgelt beträgt dann Euro 4,50.

Alle unsere Kunden bitten wir, ihren reservierten Sitzplatz bis 15 Minuten nach der Abfahrt des Zuges einzunehmen. Sollte der Sitz nach dieser Zeit nicht belegt sein, können andere Kunden darauf Platz nehmen.

		Richtig	Falsch
1.	Expressreservierung ist nur für die 1. Klasse möglich.	☐	☐
2.	Die Reservierung kostet für jeden Reisenden Euro 1,50.	☐	☐
3.	Großkunden bezahlen Euro 1,50, wenn sie einen Fahrschein haben.	☐	☐
4.	Einige Züge sind immer besonders voll.	☐	☐
5.	Man kann auch in Reisebüros Plätze reservieren.	☐	☐
6.	Der reservierte Platz muss immer frei bleiben.	☐	☐

b. Sehen Sie sich die drei Sitzplatzreservierungen genau an und erklären Sie:

- Wie viele Leute fahren welche Strecke?
- Beschreiben Sie die Sitzplätze genau.
- Wie viel kosten die Reservierungen?

(Lesen Sie dazu im Text auf Seite 146 f. noch einmal nach.)

80 750748600
Besondere Angaben / Indications spéciales
EL
DER 8
MUENCHEN
704692 05
12.07.00 16.03
Ausgabestempel
Zahlungsart / Mode de paiement -01
800380139328 75074860
Wir haben für Sie reserviert / Nous vous avons réservé / We have reserved
6 Sitzplätze im ICE
MUENCHEN HBF --> HANNOVER HBF
Abfahrt / Départ / Departure 15.07. 05.48 884
Abteil / Compartiment / Compartment — Kl. / Cl. — Platznummern / Numéros des places / Place numbers
Abteilwagen — Fenster Mitte Gang / Fenetre Milieu Couloir
6 Raucher 2 2 106 105 104 103 102 101
Ermäß. / Réduct. D= 100% = % = % — Grund / Motif: Gratis 6 Pers. — VA/TA — Euro ****0,00

80 750748585
Besondere Angaben / Indications spéciales
EL
DER 8
MUENCHEN
704692 05
12.07.00 15.59
Ausgabestempel
Zahlungsart / Mode de paiement -05
800380034545 75074858
Wir haben für Sie reserviert / Nous vous avons réservé / We have reserved
3 Sitzplätze im ICE
MUENCHEN HBF --> HANNOVER HBF
Abfahrt / Départ / Departure 15.07 05.48 884
Abteil / Compartiment / Compartment — Kl. / Cl. — Platznummern / Numéros des places / Place numbers
Mit Tisch
3 Nichtraucher 2 5 35 36 37
Ermäß. / Réduct. = % = % — Grund / Motif: 3 Pers. — VA/TA — Euro ****3,00

60 750748596
Besondere Angaben / Indications spéciales
EL
DER 8
MUENCHEN
704692 05
12.07.00 16.00
Ausgabestempel
Zahlungsart / Mode de paiement -04
800380132936 75074859
Wir haben für Sie reserviert / Nous vous avons réservé / We have reserved
6 Sitzplätze im ICE
MUENCHEN HBF --> HANNOVER HBF
Abfahrt / Départ / Departure 15.07 05.48 884
Abteil / Compartiment / Compartment — Kl. / Cl. — Platznummern / Numéros des places / Place numbers
Abteilwagen
6 Nichtraucher 2 3 71- 76
Ermäß. / Réduct. = % = % — Grund / Motif — VA/TA — Euro ****0,00

6.
Was Autofahren kostet

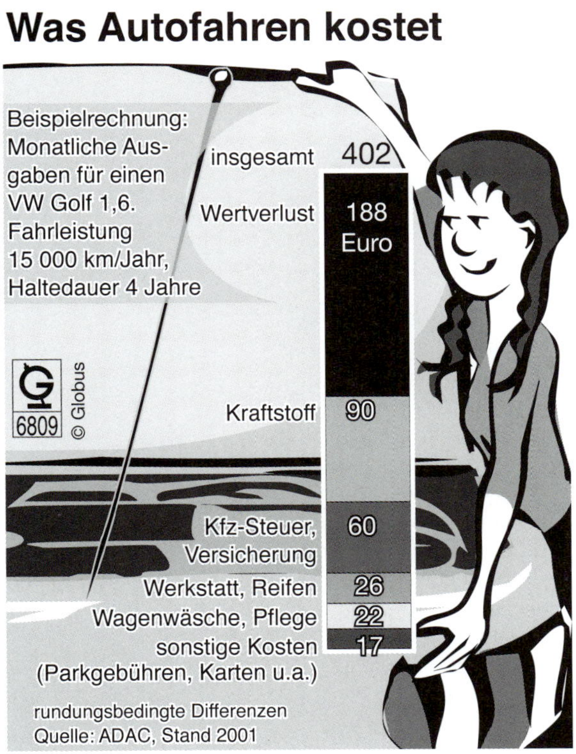

a. Fahren Sie selbst ein Auto?

Überlegen Sie einmal, wie viel Ihr Auto Sie monatlich kostet.
An welche Kosten müssen Sie dabei denken?

b. Sehen Sie sich das Schaubild an und beschreiben Sie genau, was für Informationen Sie über die Kosten eines Pkw bekommen. (Wenn Sie nicht mehr sicher sind, woran Sie bei einer Beschreibung denken müssen, schlagen Sie in Kapitel 1 nach.)

c. Vergleichen Sie die Informationen im Schaubild mit Ihren eigenen Schätzungen!

Ergänzen Sie Ihre Redemittelliste Vergleiche

Gibt es große Unterschiede?

Ist Autofahren in Ihrem eigenen Land genauso teuer?

7.

a. Lesen Sie zuerst die Informationen über den Porter-Service am Flughafen Hannover-Langenhagen.

Kursorisches Hören

Flughafen Hannover-Langenhagen

Porter Service

Für Euro 5,–
bringen wir Sie und Ihr Gepäck vom Taxi oder eigenen vorgefahrenen Pkw zum Abfertigungsschalter oder – wenn Sie in Hannover landen – von der Gepäckausgabe zum Taxi.

FürEuro 10,–
bringen wir Sie und Ihr Gepäck von den Bahnsteigen, dem Busbahnhof oder den nahe gelegenen Parkhäusern zu Ihrem Abfertigungsschalter oder – wenn Sie in München gelandet sind – von der Gepäckausgabe zu diesen Zielen.

Für Euro 15,–
bringen wir Sie und Ihr Gepäck innerhalb des Flughafens an jeden beliebigen Punkt.

Für zusätzliche Euro 5,–
nehmen wir – spätestens eine Stunde im Voraus – Reservierungen entgegen und erwarten Sie persönlich an einem vereinbarten Treffpunkt.

Unsere Tarife verstehen sich jeweils für bis zu 3 Gepäckstücke und maximal 65 kg Gewicht (inklusive gesetzliche Mehrwertsteuer).

Welcome Service

Wir begrüßen in Ihrem Namen Geschäftspartner, Familienangehörige oder Freunde und begleiten sie zum Taxi, zur Bahn, ins Hotel oder zu einem anderen Ziel. Unsere Mitarbeiter sprechen mehrere Sprachen und sorgen so für einen individuellen Empfang.

Gebühr:
Euro 30,– für die erste Stunde
und Euro 8,– für jede weitere Viertelstunde

Vorbestellung:
möglichst 3 Stunden im Voraus erbeten.

b. Hören Sie jetzt die beiden Telefongespräche und vergleichen Sie mit dem Text.

Selektives Hören

Um welchen Service handelt es sich jeweils in den zwei Gesprächen?

c. Hören Sie die Telefongespräche noch einmal und füllen Sie dann die Formulare 1 und 2 aus.

Formular 1:

Porter Service / Welcome Service
(Nichtzutreffendes bitte streichen)

Kunde: ______________________________

Wann: ______________________________

Wo: ______________________________

Wohin: ______________________________

Kosten: ______________________________

Formular 2:

Porter Service / Welcome Service
(Nichtzutreffendes bitte streichen)

Anrufer: ______________________________

Kunde: ______________________________

Treffpunkt: ______________________________

Uhrzeit: ______________________________

Wohin: ______________________________

8.
Im Folgenden finden Sie eine Mitteilung der Geschäftsleitung an alle Mitarbeiterinnen und Mitarbeiter der Firma Berger und Söhne. Der Text enthält einige schwierige Wörter, vor allem Nomen. Konzentrieren Sie sich beim Lesen auf diese Nomen und versuchen Sie ihre Bedeutung zu erschließen.

Arbeiten Sie mit den Nomen.
Das können Sie folgendermaßen tun:
Suchen Sie verwandte Verben, Adjektive … Bilden Sie Wortfelder.
Verwenden Sie dabei Ihr ganzes bisheriges Wissen zur Wortbildung.

Bei den Komposita sehen Sie sich die einzelnen Bestandteile an und versuchen Sie, die unbekannten Teile zu erschließen. Wenn Sie wollen, machen Sie sich eine Liste mit anderen ähnlichen Wörtern, die Sie schon kennen.

Es ist auch eine gute Idee, mit einem Lernpartner / einer Lernpartnerin zusammenzuarbeiten. Finden Sie gemeinsam so viele Wörter wie möglich, auch Assoziationen. Und geraten Sie nicht in Panik, wenn Sie nicht alles entschlüsseln können. Der Text ist wirklich schwierig!

Beispiel:

die Qualität	Was wissen Sie noch über Qualität aus Lektion 4?
die Wirtschaftlichkeit	die Wirtschaft, wirtschaftlich, wirtschaften, Marktwirtschaft, Betriebswirtschaft, Materialwirtschaft, Wirtschaftszweig
das Logistikmanagement	?
der Organisationsablauf	?
die Produkterstellung	das Produkt, die Produktion, die Erstellung – erstellen …

Unsere Firma befindet sich in einem immer härter werdenden, sich sehr schnell ändernden Wettbewerb. Die Anforderungen unserer Kunden steigen permanent in Bezug auf Qualität, Wirtschaftlichkeit und Zuverlässigkeit. Um diese Anforderungen auch in Zukunft immer optimal erfüllen zu können, brauchen wir in unserem internen Organisationsablauf, der Leistungs- und der Produkterstellung sowie in dem damit verbundenen logistischen Umfeld weitere Optimierungen und Umstrukturierungen.

1. Logistikmanagement
Im Bereich Materialwirtschaft richten wir diese Funktion neu ein mit dem Ziel einer ertragsoptimierten Planung und Steuerung sämtlicher Aufträge und Vorräte einschließlich Erzeugnisse:

Vorräte
– vom Lieferanten bis zum Kunden.

Aufträge
– von der Auftragsgewinnung bis zur Fakturierung.

In diesem Bereich werden folgende Hauptaufgaben durchgeführt:
– lang-, mittel- und kurzfristige Pläne für Absatz, Produktion, Beschaffung und Warenbestände erstellen,
– die Lieferzuverlässigkeit extern und intern erhöhen,
– die Auftragsdurchlaufzeiten verkürzen,
– die Warenbestände absenken.

2. Arbeitsvorbereitung
Im Bereich der Produktion schaffen wir eine neue Planstelle „Arbeitsvorbereitung" mit dem Ziel, durch methodische Arbeitsplanung und Arbeitssteuerung ein Minimum an Aufwand und ein Optimum an Arbeitsergebnis zu erreichen:

Die Hauptaufgaben sind
– Fertigung planen,
– Fertigung steuern,
– Material verwalten (Halbfertigware) für alle Produktionsbereiche.

Bitte unterstützen Sie durch aktive Mitarbeit sowohl unsere Entscheidung als auch die Mitarbeiter in ihren verantwortungsvollen neuen Tätigkeiten.

Die Geschäftsleitung

9.

a. Lesen Sie den folgenden Text und entscheiden Sie, welches Wort in die Lücken passt.

Gut verpackt ist halb verstaut

verstauen ≈ Dinge in einen Behälter, Schrank, Raum o. ä. stellen / legen

Schon immer haben die Menschen ihre empfindlichen Güter verpackt. Flaschen und Dosen, Säcke und Tüten, Schachteln, Kisten und Fässer schützen alles, ____ (1) _______ bei Lagerung und Transport leicht beschädigt werden könnte.

Wenn Güter ____ (2) _______ Luft gehen sollen, reicht einfaches Verpacken allerdings meist nicht aus. Zeit ist auch im Luftfrachtverkehr Geld und es wäre viel zu aufwendig, jedes Frachtpaket einzeln im Flugzeug zu verstauen. Deshalb ____ (3) _______ auch in der Luftfracht eingeführt, was sich im Speditionsverkehr auf der Straße oder zur See schon lange bewährt hat: Die einzelnen Frachtstücke werden in große, genormte Container gepackt. So kann die Fracht in den Luftfrachtzentralen ____ (4) _______ Flughäfen vorsortiert, in Container geladen und dann in den Laderäumen der Flugzeuge verstaut werden.

In der Luftfahrt zählt ____ (5) _______ Kilogramm. Die Luftfracht-Container sind deshalb aus Leichtmetall gebaut und nicht aus Stahl wie im Land- und Seetransport. Sie haben zudem andere Dimensionen, ____ (6) _______ sie maßgeschneidert in die Frachträume der Flugzeuge passen.

Für ganz besondere Transportanforderungen gibt es Spezial-Container. Verderbliche Güter zum Beispiel ____ (7) _______ problemlos per Luftfracht verschickt werden. Container mit eingebauten Kühlaggregaten sichern eine Temperatur zwischen plus 3 und minus 18 Grad Celsius, so dass Lebensmittel, Gemüse oder Gefriergut vom Erzeuger über das Kühlhaus bis ____ (8) _______ Kunden mit konstanter Temperatur befördert werden können.

Für Bekleidung gibt es spezielle Frachtboxen, zum Beispiel zum Hängen von Anzügen, ____ (9) _______ der Hersteller direkt im Werk beladen kann – das spart Zeit und vor allem Verpackungsmaterial und leistet so auch einen Beitrag zum Umweltschutz.

Höchste Anforderungen an die Logistik stellen die Verladevorgänge im ____ (10) _______ Luftfrachtverkehr. Alle Container müssen nach einem exakten Plan zum Flugzeug und in ihre vorher ____ (11) _______ Ladeposition gebracht werden. Denn

die Frachttore haben unterschiedliche Dimensionen und es muss sichergestellt sein, dass die verschiedenen Containertypen auch durch die richtigen Ladetüren passen. Beim Jumbo-Frachter beispielsweise gibt es das große, hochklappbare Bugtor, ein ____(12)________Tor hinten am Rumpf und kleinere Türen für die Unterflurräume.
Da die Container weltweit standardisierte Dimensionen haben, kann die Fracht ohne Zeit raubendes Umpacken von einem Flugzeug zum anderen oder auch zwischen verschiedenen Airlines umgeladen ____(13)________.

Als weltweit ____ (14)________ Luftfrachtgesellschaft im internationalen Linienverkehr verfügt der Lufthansa-Konzern in seiner Flotte über insgesamt 17 000 Kubikmeter Frachtraum. Das entspricht einer Kapazität von mehr ____(15)________ 2 300 Tonnen.
Schnelligkeit ist im Flugverkehr das wichtigste Argument. Sie kann aber ohne ein ausgeklügeltes logistisches System nicht erreicht werden. Und dies wäre ohne die maßgeschneiderten Container nicht möglich.

Welches Wort passt in die Lücke?

1.	das	was	welches
2.	in der	in die	innerhalb der
3.	war	würde	wurde
4.	den	der	des
5.	alles	jedes	manches
6.	damit	davon	dazu
7.	können	könnten	konnten
8.	gegen den	nach dem	zum
9.	an denen	die	mit denen
10.	modernem	modernen	moderner
11.	festgelegte	festlegende	legte fest
12.	seitliche	seitlichen	seitliches
13.	haben	sein	werden
14.	größere	größte	große
15.	als	denn	wie

Schreiben

b. Lesen Sie den Text noch einmal und beschreiben Sie die Luftfracht-Container!

10.

a. Kurier-, Express- und Paketdienste (KEP-Dienste).

Können Sie die drei Begriffe erklären?

b. Ihr Chef bittet Sie, aus dem folgenden Text einige Zahlen und Fakten zusammenzustellen. Lesen Sie dazu die Fragen und ergänzen Sie die Informationen in kurzen Antworten. (Folgen Sie dem Beispiel!)

Selektives Lesen

Kurierdienste

Viele Jahre konnten die KEP-Dienste zweistellige Zuwachsraten melden. Doch nun ist der Boom vorbei. Bis zum Jahr 2000 soll der KEP-Markt in Europa jährlich nur noch um 2,4 Prozent wachsen, ermittelte die Prognos AG in Basel.

Insgesamt werden in Europa jedes Jahr 5,6 Milliarden Sendungen verschickt. Größter europäischer Markt mit einem Anteil von 24 Prozent ist Deutschland vor Großbritannien (18) und Italien (16).

Das erklärt den heißen Kampf der KEP-Dienste in Deutschland: 5000 Unternehmen reißen sich um private Sendungen. Mehr als 85 000 Menschen leben in Deutschland vom Geschäft mit der schnellen Privatpost.

Die meisten Anbieter schreiben rote Zahlen. United Parcel Service (UPS), mit einem Umsatz von 19,6 Milliarden Dollar weltweit größter KEP-Dienstleister, machte 1994 Verluste im Auslandsgeschäft von 327 Millionen Dollar, davon die Hälfte in Europa.

Das Problem: Im europäischen KEP-Geschäft stimmen zwar die Stückzahlen, aber es gibt zu viele Städte, die bedient werden müssen. Ganz anders in den USA: Mit Flügen quer über den Atlantik und nach Übersee wird das meiste Geld verdient. Davon profitieren vor allem die internationalen Dienstleister.

Zum Beispiel DHL, der seinen Weltumsatz von 3,1 Milliarden Dollar fast ausschließlich mit grenzüberschreitenden Sendungen erwirtschaftet. Die deutsche Tochtergesellschaft meldete fürs erste Halbjahr 1995 ein Umsatzplus von 18,6 Prozent auf 155 Millionen. Fürs gesamte Jahr rechnet die Frankfurter DHL-Zentrale mit einem Umsatzanstieg von 17 Prozent auf rund 166 Millionen Euro – gegenüber 142 Millionen in 1994.

Wirtschaftliche Situation der KEP-Dienste?	0.	Boom ist vorbei
Anteil des deutschen Marktes in Europa?	1.	______________________
Wie viele Beschäftigte der KEP-Dienste in Deutschland?	2.	______________________
Verluste von UPS im Ausland (1994)?	3.	______________________
Problem in Europa?	4.	______________________
DHL: Weltumsatz	5.	______________________

Sprechen

II.
Verkehrsmittel

Ergänzen Sie die Redemittel *Vor- und Nachteile*

a. Welche Vor- und Nachteile haben die unten genannten Verkehrsmittel (für Personen- und Frachtverkehr)? Welche Art von Waren würden Sie wie transportieren? Warum?

Binnenschifffahrt
Seeschifffahrt
Flugzeug
Bahn
Straßentransport

Folgende Stichwörter können Ihnen helfen:

Schnelligkeit, Komfort, Kosten, Kanalnetz, Umweltbelastung, Verkehrsstau, Schüttgüter, verderbliche Güter, zerbrechliche Güter, besonders wertvolle Güter, Sicherheit, Straßennetz, Schiffbarkeit, Lärmbelastung, Bequemlichkeit

b. Schaubild

Kommentieren Sie das folgende Schaubild „Gefährliche Ladung“ und ergänzen Sie Ihre Überlegungen in a.

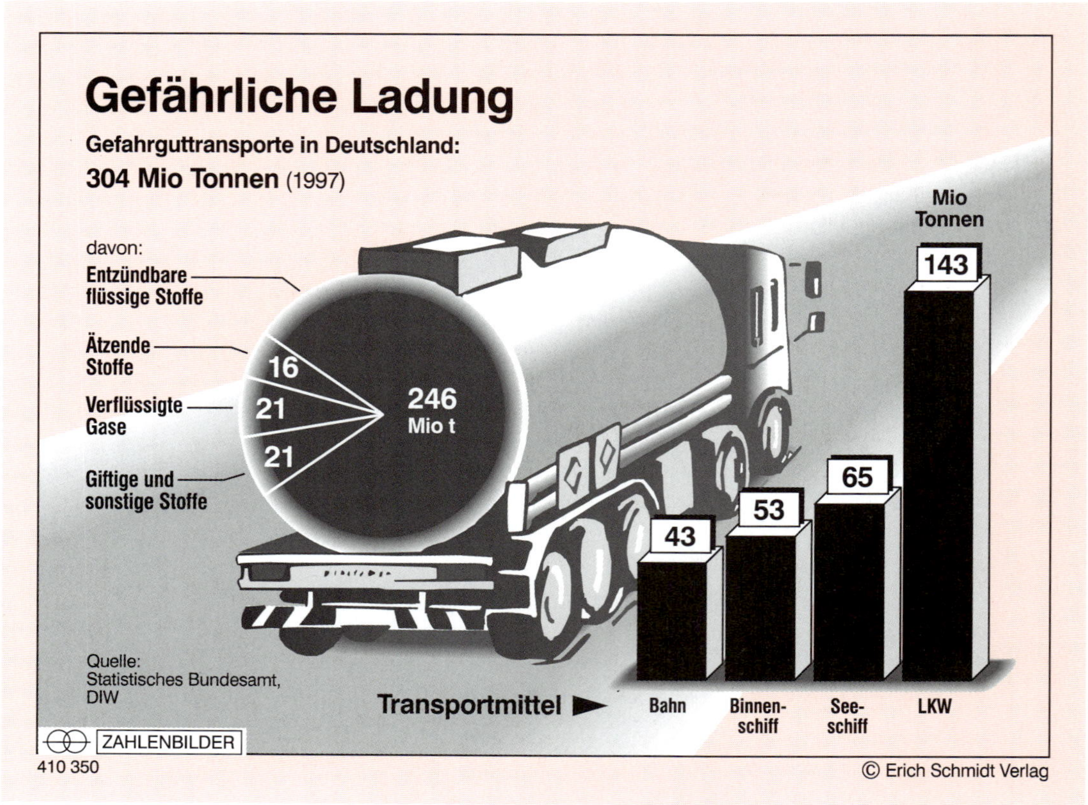

12.
Die EUROCARGO

a. Sehen Sie sich die Titelseite der Broschüre „Eurocargo 97“ an. Berichten Sie kurz, was Sie über die Messe erfahren. Was für Aussteller und Besucher erwarten Sie?

b. Lesen Sie nun die Liste der Aussteller. Haben Sie richtig vermutet?

Spediteure	Häfen	Speditionssoftware
Transporteure	Fährgesellschaften	Kommunikations-systeme
Expressdienste	Fahrzeuge	Unternehmens-beratungen
Flughäfen	Technik	Verlage
Fluggesellschaften	Equipment	Versicherungen
Eisenbahnen	Förder- und Lager-technik	Leasing
kombinierter Verkehr	Verpackungen	Kreditkarten
Reedereien	Lagersteuerung	
Schifffahrt	Tourenplanung	

Können Sie einige Firmen mit Namen nennen, die an dieser Messe teilnehmen können?

c. Die Eurocargo ist nicht nur eine Messe, sie ist ein Kongress. Dieser bietet verschiedene Workshops an.

Ergänzen Sie Ihre Redemittel

An welchen der Workshops möchten Sie teilnehmen?
Suchen Sie sich mindestens zwei aus.
Warum diese?
Was erwarten Sie von diesen Workshops?
Welche Inhalte / Informationen bekommen Sie wohl vermittelt?
Berichten Sie im Kurs über die von Ihnen gewählten Workshops.

A. Kurier-, Express- und Paketdienste
Was bringen die Milliardeninvestitionen dem Kunden?

B. Partner Osteuropa
Erfahrungen und Perspektiven im West-Ost-Verkehr

C. Entsorgungslogistik / Mehrwegverpackung
Vom richtigen Umgang mit Wertstoffen zwischen Ökologie und Wirtschaftlichkeit

D. Alternativen zum Outsourcing
Neue Formen der Kooperation

E. Binnenschifffahrt
Kurs auf mehr Tonnage?

F. Luftfracht
Zwischen Kapazität und Kollaps?

G. Lager- und Fördertechnik
Wirtschaftlich lagern – professionell managen

H. Fuhrparkmanagement
Gut geplant ist halb verdient

I. Ladungssicherung
Ursache und Verhütung von Transportschäden

J. Nachwuchsbörse
Für Studenten, Fachhochschüler und Berufsschüler
Start in die Logistik-Karriere – Wege, Tips
und Chancen

Finanzen

Wenn einer eine Reise tut …

1.
Sie wollen verreisen?

a. Ordnen Sie zu. Die Texte finden Sie auf der folgenden Seite.

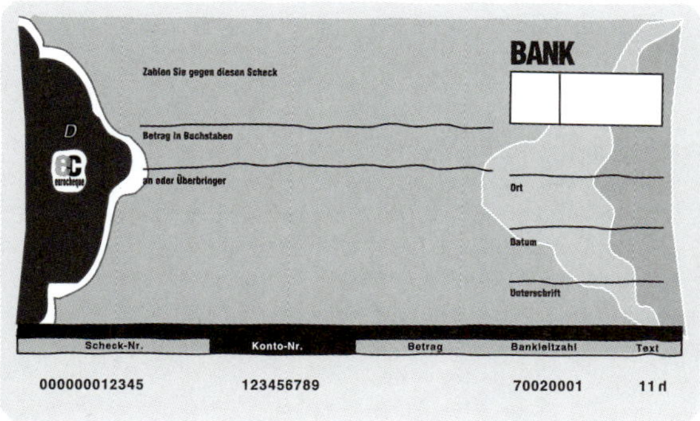

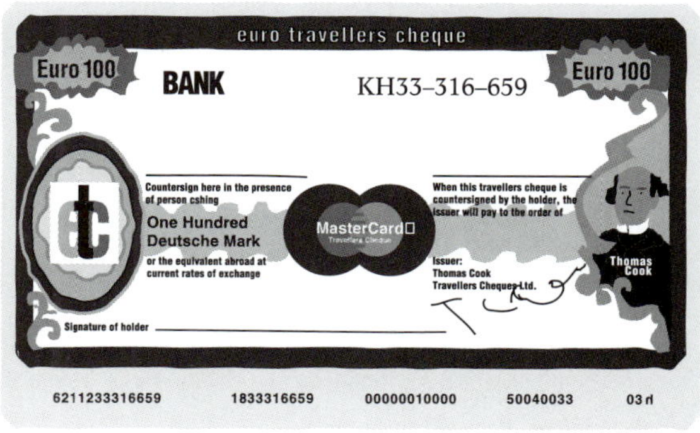

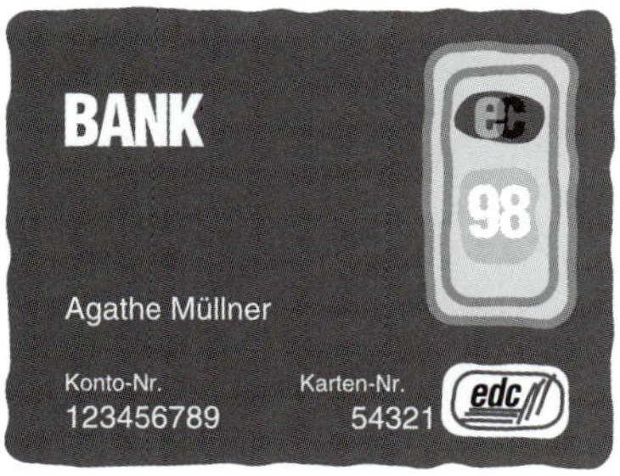

A Dieses Zahlungsmittel können Sie in allen Ländern der Welt – in vielen Hotels, Kaufhäusern, Reisebüros, bei Fluggesellschaften, zum Teil auch bei Kreditinstituten – einlösen. Sie müssen es zweimal – bei Empfang sowie bei Einlösung – unterschreiben.

B Damit können Sie bargeldlos bei allen Vertragsunternehmen (z. B. Hotels, Reisebüros, Tankstellen, Restaurants) bezahlen. Zu diesem Zweck unterschreiben Sie bei dem Vertragsunternehmen einen Beleg.

C Sie können mit dieser Karte Bargeld an Geldautomaten bekommen. Dazu müssen Sie Ihre persönliche Geheimnummer (PIN) eingeben.

D Sie können damit im Ausland einen Betrag im Gegenwert von maximal 200 Euro bekommen.

Sprechen

b. Ihr Chef plant eine Reise in die USA. Er möchte eine Geschäftsreise mit einem Urlaub verbinden. Er fliegt ab Frakfurt nach New York zu einer zweitägigen Konferenz. Seine Frau fährt mit. Nach der Konferenz bleiben sie noch zwei Tage in New York (Wochenende) und fliegen dann für eine Woche nach Florida.

Redemittel
Beraten → Arbeitshilfe

Beraten Sie Ihren Chef über die beste(n) Form(en) von Zahlungsmittel(n), die er mitnehmen soll.

Hören

c. **Telefonische Nachricht**

Hören Sie das folgende Gespräch und füllen Sie dann das Formular aus.

Selektives Hören

Notieren Sie alle wichtigen Punkte.

Vom: ____________________

Anruf für: ____________________

Anrufer: ____________________

Anruf wegen: Bestellung von ____________

Bitte um: ____________________

Notiz

d. Die Deutsche Verkehrs-Kredit-Bank bietet ihren Kunden diese Leistungen:

Ergänzen Sie die Wörter:
Reisescheck, Mehrwertsteuer, Euroscheck, Überweisungen, Barauszahlung, Währungen, money order.

1. Eine Vielzahl der weltweit wichtigsten __________ halten wir auf Vorrat. So können wir praktisch jeden „gängigen" Kundenwunsch am Schalter ohne Vorbestellung erfüllen.

2. Zur Zeit erhalten Sie bei uns __________ auf Access, AirPlus, American Express, Diners Club, Eurocard, MasterCard und VISA.

3. Die Abwicklung von __________ – egal wohin – erledigen wir gern für Sie.

4. Für Touristen mit Wohnsitz außerhalb der EG erstatten wir die in Deutschland gezahlte __________.

5. Wenn Sie eine __________, z. B. aus den USA, erhalten haben, kommen Sie zu uns. Wir zahlen Ihnen den Betrag sofort aus.

6. Ihren __________ lösen wir selbstverständlich an unseren Schaltern ein.

7. __________ in Euro, US-Dollar und anderen Währungen werden in aller Welt wie Bargeld akzeptiert. Nicht eingelöste __________ tauschen wir Ihnen in Euro zurück.

banking

Der Zahlungsverkehr

Wo Waren und Dienstleistungen gekauft und verkauft werden, müssen selbstverständlich auch Zahlungen geleistet werden. In einer komplizierten Wirtschaft nehmen diese entsprechend komplizierte Formen an. Unternehmen sowie Endverbrauchern stehen eine ganze Reihe von Möglichkeiten zur Zahlung für erhaltene Güter oder Dienstleistungen zur Verfügung.

Im Prinzip unterscheidet man zwei Arten von Geld: Bargeld und Buchgeld. Bargeld besteht aus Banknoten und Münzen und ist in Deutschland gesetzliches Zahlungsmittel. Buchgeld umfasst alle Zahlungsmittel, die über Konten der Banken und Postgiroämter laufen, das heißt alle Gelder und Geldersatzmittel, die nicht direkt als Banknoten und Münzen sichtbar sind, die aber zur Zahlung verwendet werden.

Geldersatzmittel sind Scheck und Wechsel.

Alle Zahlungsvorgänge spielen sich entweder über Bargeld oder Buchgeld ab. Die direkte Barzahlung findet heute eigentlich nur noch zwischen Privatverbrauchern und Einzelhandel o. ä. statt und auch da greift die bargeldlose Zahlung immer mehr um sich (siehe unten).

Wie oben schon erwähnt, muss zur Zahlung mit Buchgeld ein Bankgiro- oder Postgirokonto vorhanden sein. Bei der halbbaren Zahlung hat einer der Beteiligten (Gläubiger oder Schuldner) ein Konto, bei der bargeldlosen Zahlung müssen sowohl Zahler als auch Zahlungsempfänger über ein Konto verfügen. Eine Kontoverbindung zu haben ist heutzutage für jedes Unternehmen und für fast jede Privatperson eine Selbstverständlichkeit.

Wichtigste Formen der halbbaren Zahlung

1. Zahlschein (Bank oder Post): Das Geld wird bei Banken oder Postämtern bar eingezahlt und dem Empfänger auf seinem Girokonto gutgeschrieben.

2. Postnachnahme mit Zahlschein: Der Lieferant (oftmals ein Versandhaus) hat ein Postgirokonto. Er liefert per Post ein Nachnahmepaket an den Kunden (normalerweise eine Privatperson). Der Kunde zahlt bei der Auslieferung den Rechnungsbetrag bar. Dieser wird mittels eines Zahlscheins dem Postgirokonto des Lieferanten gutgeschrieben. Diese Form der Zahlung ist für den Lieferanten besonders vorteilhaft, weil er garantiert bei Auslieferung bezahlt wird.

Bargeldlose Zahlung

Bei diesem Zahlungsvorgang findet der Zahler auf seinem Konto eine Lastschrift und der Zahlungsempfänger entsprechend eine Gutschrift.

1. Die Überweisung: Der Zahler erteilt seiner Bank den Auftrag einen bestimmten Geldbetrag dem Konto des Zahlungsempfängers gutzuschreiben. Dies geschieht mittels eines Überweisungsformulars.

2. Dauerauftrag: Bei regelmäßig wiederkehrenden Zahlungen (der gleiche Betrag an denselben Empfänger zu bestimmten Zeitpunkten) erteilt der Schuldner seiner Bank einen Dauerauftrag. Dieser Auftrag wird dann von der Bank regelmäßig ausgeführt.

3. Einzugsermächtigung: Auch hier handelt es sich um wiederkehrende Zahlungen. Zumeist ist jedoch der zu zahlende Geldbetrag wechselnd (z. B. Telefonrechnungen, Fernsehgebühren, Gemeindeabgaben). Im Unterschied zum Dauerauftrag erteilt der Zahler hier dem Zahlungsempfänger direkt die Ermächtigung, von seinem Konto den entsprechenden Geldbetrag direkt abzubuchen.

4. Verrechnungsscheck: Der Schuldner stellt einen Scheck aus, der den Vermerk „Nur zur Verrechnung“ trägt. Auf diesem Scheck steht der Name des Zahlungsempfängers und der zu zahlende Geldbetrag. Der Scheckbetrag wird dem Konto des Scheckempfängers gutgeschrieben und dem Konto des Scheckausstellers belastet.

5. Bargeldlose Kassensysteme (Point of Sale-Systeme oder POS-Banking): Hierbei handelt es sich um Zahlungsvorgänge, die sich nicht mehr durch Formulare (wie Schecks) manifestieren. Die Zahlung erfolgt mittels einer speziell ausgerüsteten Scheckkarte. Das Einzelhandelsgeschäft hat einen Terminal, der mit dem Bank-Zentralrechner direkt datentechnisch verbunden ist. Der zu zahlende Betrag wird automatisch vom Konto des Kunden abgebucht und dem Konto des Verkäufers gutgeschrieben.

6. Kreditkarten: Es gibt verschiedene Kreditkarten-Systeme (wie Eurocard, Diners Club, American Express), die diese Karten an Kunden ausgeben, die finanziell abgesichert sind (z.B. durch regelmäßige Gehaltszahlungen). Vertragsunternehmen nehmen die Kreditkarten als bargeldloses Zahlungsmittel an.

Der internationale Zahlungsverkehr

Dazu gehören alle ein- und ausgehenden Zahlungen mit dem Ausland. Die Besonderheit dieser Art des Zahlungsverkehrs ist, dass die Geschäfte in verschiedenen Währungen (Devisen) abgewickelt werden. Wie im Inlandsverkehr finden auch hier Überweisungen und Schecks breite Anwendung.

Wegen der Risiken im Außenhandel gibt es jedoch zusätzlich noch verschiedene Möglichkeiten für den Importeur, seine Lieferung auch tatsächlich zu erhalten, und für den Exporteur, sein Geld zu bekommen. Bei all diesen Zahlungsmöglichkeiten spielen die Warendokumente (Frachtbrief, Konossement = Seefrachtbrief, Ladeschein, quittierte Rechnung, Versicherungszertifikat) eine besondere Rolle, weil der Besitzer der Dokumente das Recht auf die Ware hat. Also wird die Übergabe der Dokumente auf verschiedene Weise mit der Zahlung verknüpft. Man spricht von Zug-um-Zug-Geschäften. Die beiden wichtigsten Arten sind das Dokumenteninkasso und das Dokumentenakkreditiv.

Über Girokonten (Kontokorrentkonten) werden vor allem folgende Zahlungen abgewickelt:

Soll *(Lastschriften)*	Haben *(Gutschriften)*
Barauszahlungen	Bareinzahlungen
Überweisungsaufträge	Überweisungseingänge
Schecks an Lieferer	Schecks von Kunden

2.

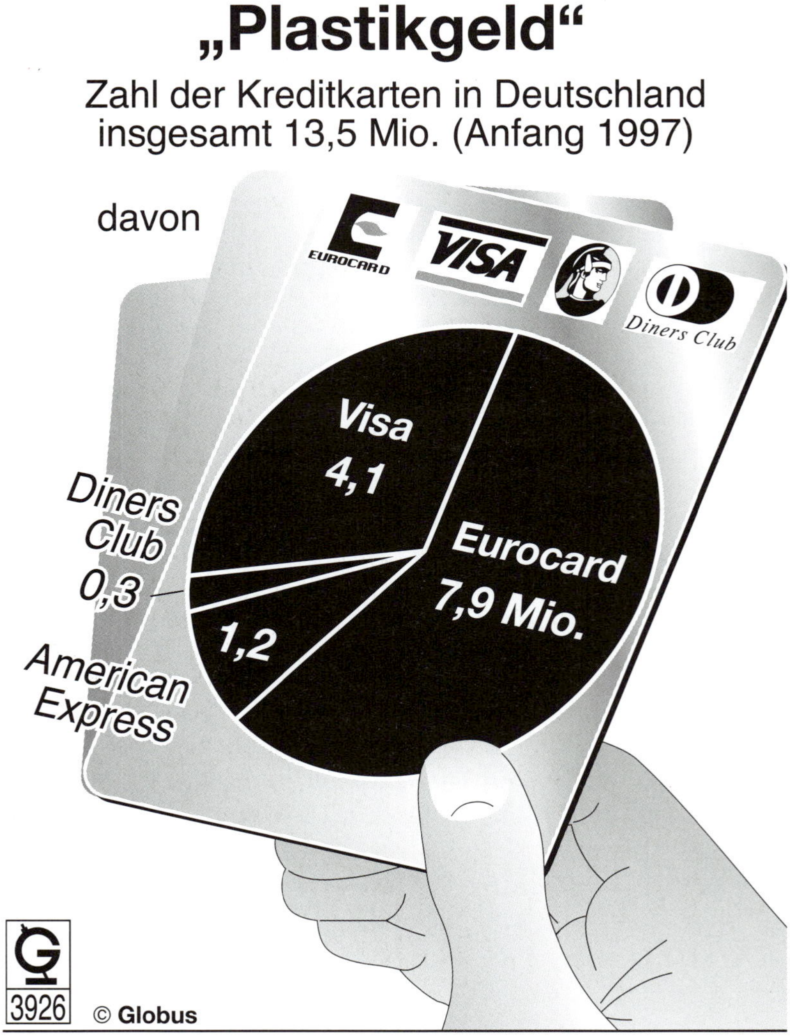

Welche Informationen können Sie dem Schaubild entnehmen?

Gibt es irgendetwas, worüber Sie sich wundern?

Wie ist das in Ihrem Heimatland?

Finden Sie persönlich eine Kreditkarte praktisch (Vorteile / Nachteile)?

3.
Interview zum Thema Kreditkarten
Lesen Sie den Text und markieren Sie bei den folgenden Aussagen, ob sie richtig oder falsch sind.

Kursorisches Lesen

Bei Devisen machen Kreditkartenfirmen stillschweigend Kasse

Frank Macke von der Verbraucherzentrale Hamburg sagt: Gebührenvergleiche können oft lohnend sein.

RZ: Herr Macke, Kreditkarten werden in Deutschland immer beliebter.

Macke: Ja, das ist richtig. Das ist ein Trend, der uns erst vergleichsweise spät eingeholt hat. In anderen europäischen Ländern ist die Bezahlung per Kreditkarte noch viel weiter fortgeschritten.

RZ: Die Vorteile von Kreditkarten liegen auf der Hand. Man muss nicht immer eine Menge Bargeld mit sich herumschleppen, man hat praktisch Kredit bis zu sechs Wochen …

Macke: Vergessen Sie aber auch die Nachteile nicht. Viele Leute können ihren Kreditrahmen und ihre Fähigkeit zurückzuzahlen, nicht richtig einschätzen und machen einen Haufen Schulden. Man kann eben doch leicht den Überblick verlieren.

RZ: Ja, trotz Kreditkarte muss man immer noch Haus halten …

Macke: Ein anderes Problem, das den meisten Leuten nicht bewusst ist, sind die Gebühren, die manche Kreditfirmen verlangen. Wir in den Verbraucherzentralen sind sehr besorgt darüber, dass bei weitem nicht immer transparent gemacht wird, was die Kunden zu zahlen haben.

RZ: Wie meinen Sie das? Ich dachte, man bezahlt eine Jahresgebühr von sagen wir 40 Euro und natürlich Überziehungszinsen, wenn man sein Kreditkonto nicht ausgleicht.

Macke: Diese Kosten verstehen sich von selbst. Und diese Kosten kennt ja auch jeder. Aber die Kartenanbieter verstecken andere Gebühren so gekonnt in ihren Allgemeinen Geschäftsbedingungen oder ganz klein gedruckt auf den monatlichen Abrechnungen, dass der Verbraucher unserer Ansicht nach irregeführt wird.

RZ: Können Sie uns mal ein Beispiel nennen?

Macke: Gerne. Ich denke da vor allem an die sogenannte „Umrechnungsgebühr" für Zahlungen im Ausland. Diese Gebühr kann um die 2 Prozent liegen. Wussten Sie das?

RZ: Nein, darüber war ich nicht informiert. Wie bekommt man denn Informationen über diese Gebühren?

Macke: Das ist ja das Problem. Es gibt Kreditkartenfirmen, die einfach nur auf ihr „zur Zeit gültiges Preisverzeichnis" hinweisen und dadurch den Kunden zwingen, sich selbst ständig zu informieren. Gegen diese Praxis arbeiten wir. Es gibt sogar schon ein Amtsgerichtsurteil, wonach diese Gebühren für unzulässig gehalten werden.

RZ: Das ist ja unglaublich.

Macke: Aber wahr. Ich möchte hier keine Namen nennen, aber die Praxis der Kartenanbieter mit niedrigen Einstandspreisen zu werben und dann ihre Gebühren später zu steigern ist weit verbreitet. In einem Fall wurden die „Umrechnungsgebühren" um das Doppelte erhöht. Und diese Erhöhung wurde den Kunden nur einfach auf ihrer Monatsabrechnung mitgeteilt. Der Leiter der Finanzdienstleistungen dieses Kreditanbieters erklärte, dass die drastische Erhöhung der Gebühren natürlich nicht im Werbematerial stehen könnte! Übrigens hat sich in dem Fall gezeigt, dass die Kunden wirklich nicht gut aufpassen: Nur 1 Prozent der Karten-Inhaber hat sich beschwert.

RZ: Wahrscheinlich ist durch den Kreditkartenboom der letzten Zeit die Situation noch schlimmer geworden.

Macke: Richtig. Die Konkurrenz unter den Plastikgeld-Unternehmen ist enorm groß. Das heißt, sie müssen sehr attraktiv werben, und das geht sehr oft auf Kosten der Transparenz. Die Einnahmen der Kreditkartenfirmen aus versteckten Fremdwährungsgebühren werden auf Hunderte von Millionen geschätzt.

RZ: Was raten Sie nun konkret den Verbrauchern?

Macke: Es lohnt sich in jedem Fall, auch für Kunden mit nur ein paar tausend Euro Auslandsumsatz auf ihren Kreditkarten, Preisvergleiche zwischen den einzelnen Anbietern anzustellen. Und informieren Sie sich auch über andere Leistungen, die zum Beispiel in der Jahresgebühr mit eingeschlossen sind. Ich denke da an bestimmte Versicherungen. Im Durchschnitt ist bei Zahlung im Ausland die Kreditkarte ein gutes Zahlungsmittel, weil der Umrechnungskurs relativ günstig ist. Und auch bei Euroschecks fallen Gebühren an. Aber: Sie kommen ums Rechnen und Vergleichen nicht herum.

	Richtig	Falsch
1. Überall in Europa gibt es immer mehr Kreditkarten.		
2. Der Kreditrahmen ist leicht einzuhalten.		
3. Die Kunden wissen nicht immer, wie viel Gebühren sie zahlen müssen.		
4. Die Allgemeinen Geschäftsbedingungen sind klein gedruckt.		
5. Das Preisverzeichnis ändert sich immer wieder.		
6. Ein Kartenanbieter hat seine Gebühren verdoppelt.		
7. Die Gebührenerhöhung wurde im Werbematerial angekündigt.		
8. Attraktive Werbung führt oft zu ungenügender Information.		
9. Kreditkartenfirmen bieten manchmal auch Versicherungsleistungen an.		
10. Es lohnt sich nicht, im Ausland mit Kreditkarte zu bezahlen.		

4.
Was tun Sie auf der Bank?
Ordnen Sie zu.

a. Auf der Bank kann man

	eröffnen
ein Konto	kaufen
einen Sparvertrag	wechseln
Wertpapiere	abheben
Wertpapiergeschäfte	auflösen
ein Darlehen	kündigen
einen Kredit	einzahlen
Geld	aufnehmen
Devisen	zurückzahlen
	abschließen

b. Man kann Geld

in	ein Konto	
auf	Euro	abheben
vom	Girokonto (laufendes Konto)	umtauschen
	Sparkonto	anlegen
	Schweizer Franken	einzahlen
	Aktien	

Einlagen ≈ Bargeld und Buchgeld

Sichteinlagen ≈ Einlagen bei Banken, über die der Kunde jederzeit verfügen kann

Termineinlagen ≈ Einlagen bei Banken, über die der Kunde nach einer bestimmten, vorher vereinbarten Frist verfügen kann

Spareinlagen ≈ hier dürfen nur Gelder eingezahlt werden, die nicht das laufende Geschäft finanzieren, sondern das Sparen zum Ziel haben. Über Spareinlagen wird ein Dokument (z. B. Sparbuch) ausgestellt

5.
Was tun Banken für uns?
(Lesen Sie dazu auch die Infoseite.)

Formulieren Sie die folgenden Nominalgruppen in kurze Sätze um.

- Entgegennahme von Einlagen (Sichteinlagen, Termineinlagen, Spareinlagen)
- Gewährung von Darlehen
- Abwicklung von Devisengeschäften
- Verwahrung und Verwaltung von Wertpapieren
- Abwicklung von Zahlungsverkehr

Hören

6.

Brigitte Knopf braucht ein Darlehen.
Erinnern Sie sich an Brigitte Knopf? Sie ist Franchisenehmerin des „Teeladens".

Bitte lesen Sie noch einmal die Informationen über das Franchise-System des Teeladens in Kapitel 6, Seite 125. Im folgenden Gespräch verhandelt Brigitte Knopf mit dem Filialleiter ihrer Bank über einen Kredit. (Wir möchten betonen, dass wir das Gespräch und seine Inhalte erfunden haben. Mögliche Übereinstimmungen mit Frau Knopf oder anderen Franchisenehmern sind rein zufällig.)

a. Bitte machen Sie sich beim Hören Notizen zu den folgenden Punkten:

Selektives Hören

Zum Franchise-Unternehmen:
- Name:
- Zusage des Franchisegebers?

Zum Ladengeschäft:
- Lage:
- Wann soll es eröffnet werden?

Zur finanziellen Situation:
- eigenes Kapital:
- öffentliches Darlehen:
- Bankdarlehen:
- Insgesamt:
- Sicherheiten?

Schreiben

b. Herr Schwaiger klärt Frau Knopfs Antrag mit der Kreditvergabestelle beim Hauptsitz der Süddeutschen Bank in Stuttgart. Der Kredit wird genehmigt und Herr Schwaiger bestätigt die Einzelheiten des Kredits schriftlich.

Stichwortbrief

Schreiben Sie den Brief an Frau Knopf! Verwenden Sie dazu die Informationen aus dem obigen Gespräch und aus dem Text, Kapitel 6. Fassen Sie sich kurz. Erwähnen Sie:

- Darlehen in gewünschter Höhe genehmigt
- notwendige Sicherheiten (schriftlich zu geben)
- beigelegtes Formular ausfüllen
- Bitte um neuen Termin (telefonisch).

Sprechen

7.

Rollenspiel

Sprechen Sie mit einem Kollegen darüber, ob Sie für eine Anschaffung wie z. B. ein Auto einen Kredit aufnehmen würden oder ob Sie lieber sparen, bis Sie das nötige Geld zusammenhaben. Sie sind dafür, einen Kredit aufzunehmen, Ihr Kollege ist dagegen.

Ergänzen Sie bitte Ihre Redemittelliste → Arbeitshilfe

Wortschatz und Strukturen

8.

Bitte unterstreichen Sie alle reflexiven Verben (mit den dazugehörenden Präpositionen).

Wenn Sie mit Ihrer Bank nicht zufrieden sind

Beschwerdewege

Wer mit der Leistung seiner Bank oder Versicherung nicht zufrieden ist, sollte sich vor einer Beschwerde nicht scheuen. Dabei gilt die Grundregel: Hartnäckigkeit und Höflichkeit zahlen sich aus. Der erste Ansprechpartner sollte der bekannte Kundenberater oder Außendienstmitarbeiter sein. Im persönlichen Gespräch lässt sich manches Problem ausräumen.

Ist kein Einlenken zu erkennen, sollte sich der Kunde schriftlich an den Vorstand wenden. Der Vorgang sollte exakt geschildert und wenn möglich sollen auch Belege beigefügt werden. Meist hilft der dezente Hinweis, dass ein Rechtsanwalt eingeschaltet wird oder alle mit dem Institut abgeschlossenen Verträge gekündigt werden.

Kunden der Großbanken können sich auch an die Beschwerdestellen der privaten Banken wenden. Diese leiten die Proteste an die Ombudsmänner Karl-Dietrich Bundschuh und Leo Parsch weiter, die für die Institute bindende Schiedssprüche bis zu 5 000 Euro Schadenhöhe fällen können.

Bei Sparkassen, Volks- und Raiffeisenbanken sowie Versicherungen fehlen solche Schlichter bisher. Geschädigte können sich hier, bevor die Gerichte angerufen werden, bei den zuständigen Verbänden und Aufsichtsämtern beschweren.

Zahlungsverkehr zwischen Unternehmen

9.

a. Zahlungsbedingungen. Ordnen Sie den Begriffen die entsprechenden Definitionen zu.

1. netto Kasse	a) Wenn der Käufer innerhalb einer bestimmten Frist bezahlt, kann er vom Rechnungsbetrag einen bestimmten Prozentsatz abziehen. Er zahlt also etwas weniger als Belohnung für schnelles Bezahlen.
2. innerhalb 14 Tagen 2 % Skonto	b) Zahlungsformen im Außenhandel, bei der die Bank des Käufers und die Bank des Verkäufers zusammenarbeiten. Die Banken verpflichten sich zur Auszahlung des Rechnungsbetrags bzw. zur Aushändigung der Warendokumente. Dadurch ist eine höchstmögliche Sicherheit für Käufer und Verkäufer gegeben.
3. gegen Vorauskasse	c) … ist im Außenhandel und im innerdeutschen Handel üblich. Der Käufer ist verpflichtet zu zahlen, sobald er die Warendokumente erhält. Der Besitz der Dokumente garantiert die Ware.

4.	gegen Nachnahme	d)	Zahlungsbedingungen, bei denen es keinen Abzug (z. B. Skonto) gibt.
5.	durch Akkreditiv	e)	Zahlungsbedingungen, bei denen die Post bei der Auslieferung den Rechnungsbetrag bar vom Kunden einzieht. Der Betrag wird auf das Postgirokonto des Verkäufers überwiesen.
6.	Kasse gegen Dokumente	f)	Der Käufer bezahlt die Rechnung, bevor er die Ware bekommt. Man kann diese Art der Zahlung auch mit anderen kombinieren.

Auslieferung für:

Hueber Verlag

Max Hueber-Straße 4	D-85737 Ismaning	
Telefon	(089) 9602 - 0	
Telefax	(089) 9602 - 358	
Telex	523613 hueb d	

Zahlungen nur an Max Hueber Verlag

Postbank München	(BLZ 700 100 80)	36238-803
HypoVereinsbank München	(BLZ 700 202 70)	36102500
Bankhaus Reuschel&Co München	(BLZ 700 303 00)	103114401

DUPLIKAT 10122006

Rechnung und Auftragsbestätigung
(Order Acknowledgement and **invoice**)

Rechnung an Kundennr. 20754

Lieferung an Kundennr. G

Max Hueber Verlagsauslieferung · Postfach 11 42 · D-85729 Ismaning

Buchvertrieb
ITV-Verlag GmbH
Industrie- u. Taschenbuchverl.

Postfach 1220

83226 Aschau

Brückner Maschinenbau

Königsberger Str.5-7

83313 Siegsdorf

Bitte bei Zahlung und Schriftwechsel angeben! (Please Quote) (101/J)

Kunden-Nr.	20754	Sachbearbeiter	MHV_AS
Rechnungs-Nr.	01091084	Auftrags-Nr.	10218203
Rechnungs-Datum	11.01.01		
Versandweg	DPD-Abrg.		

Wir liefern im Auftrag und auf Rechnung der unten aufgeführten Verlage nach deren Liefer- und Zahlungsbedingungen (veröffentlicht in den Katalogen)

Menge (Quantity)	ISBN (Art.-Nr) (Item No)	Verlag/Verfasser/Kurztitel (Publisher/Author/Title)	Bestell (Order) -Zeichen (Ref. No)	Bestell (Order) -Datum (Date of Order)	Preis DM (Price)	Rabattsatz (Discount Rate)	Nettopreis in DM (Net Value) einzeln (per Copy)	Nettopreis in DM (Net Value) gesamt (Total)	MwSt. Satz
	3-19-	**Max Hueber Verlag, USt-IdNr. DE130002447**							
------	006212-9	FREEMANN, TECHN. TASCHENWÖRTERB. DT.-ENGL.	B11S	10.01.01					
		bestellte Anzahl: 5							
		Titel wurde abglöst durch Neuerscheinung:							
5	006274-9	TASCHENWÖRTERBUCH TECHNIK DT.-ENGL.	B11S	10.01.01	29,90	30,00	20,93	104,65	7
------	006213-7	FREEMANN, TECHN. TASCHENWÖRTERB. ENGL.-DT.	B11S	10.01.01					
		bestellte Anzahl: 5							
		Titel wurde abglöst durch Neuerscheinung:							
5	006275-7	TASCHENWÖRTERBUCH TECHNIK ENGL.-DT.	B11S	10.01.01	29,90	30,00	20,93	104,65	7
1	019999-X	DIREKTLIEFERGEBÜHR	B11S	10.01.01	3,00		3,00	3,00	7
		Versandkosten	1 Packstück(e)					5,56	7
11	3	Rechnungsbetrag ist zahlbar bis 10.02.01							

Gesamt-Gewicht		Aufgliederung nach Mehrwertsteuersätzen	Teilbetr. ermäß. Satz in DM	Teilbetr. voller Satz in DM	Steuerl. Entgelt in DM	Betrag MwSt. in DM	Rechnungs-Betrag in DM (Total Amount)
1.466	* = "unverbindlicher empfohlener Preis"				203,61	14,25	**217,86**
	Umrechnungskurs DM/EURO (rate of exchange) 1,00 EURO = 1,95583 DM		Teilbetr. ermäß. Satz in EURO	Teilbetr. voller Satz in EURO	Steuerl. Entgelt in EURO 104,10	Betrag MwSt. in EURO 7,29	Rechnungs-Betrag in EURO (Total Amount) 111,39

b. Verbinden Sie.

Man kann …

die Rechnung	einzahlen
die Schulden	verrechnen
den Betrag	bezahlen
die Kosten	gutschreiben
die Zahlung	abzahlen
den Scheck	begleichen
das Bargeld	schreiben
die Gesamtsumme	

10.

Hören

Telefonische Nachrichten

a. Hören Sie die Nachricht vom Anrufbeantworter und ergänzen Sie die Gesprächsnotiz.

Selektives Hören

Notiz

Datum: ____________________

Anruf für: ____________________

Anrufer: ____________________

Nachricht: Rechnung fällig ____________________

Bitte um: ____________________

b. Hören Sie das folgende Telefongespräch zwischen Guinness plc, Irland, und Herrn Martin Vetter von Mikrotronic GmbH, Nürnberg. Stellen Sie sich vor, Sie sind Herr Vetter, und notieren Sie sich während des Gesprächs alle wichtigen Angaben.

II.
Wenn eine Rechnung nicht bezahlt wird …

Das Mahnwesen

Bei Lieferungsverzug mahnt der Kunde den Hersteller bzw. Lieferanten. Bei Zahlungsverzug mahnt umgekehrt der Lieferant den Kunden. Auch bei diesen Zahlungsaufforderungen gibt es mehrere Schritte. Im Allgemeinen werden zwei bis drei Mahnungen geschrieben, die auch so heißen: 1. Mahnung (Zahlungserinnerung), 2. Mahnung und 3. oder letzte Mahnung.

Ihr Unternehmen hat der Fa. Strelitz KG, Gartenbedarf, Gewerbegebiet Süd, 10437 Berlin, am 18. 5. dieses Jahres 50 Paar Gummistiefel geliefert (in diversen Größen). Gleichzeitig haben Sie eine Rechnung an Ihren Kunden geschickt. Der Kunde hat bis heute nicht reagiert. Bitte schreiben Sie eine 1. Mahnung an die Fa. Strelitz KG. Wählen Sie aus den folgenden Textbausteinen die passenden aus. Vergessen Sie Anrede, Anfangs- und Schlusssatz nicht.

1. Mahnung

Brief nach Textbausteinen.

01 Wir wären Ihnen dankbar, wenn Sie den Betrag baldmöglichst auf eines unserer Konten überweisen könnten.

02 In der Hoffnung, dass Sie uns dabei entgegenkommen, verbleiben wir

03 In der Anlage erhalten Sie unsere Rechnung, Nr. 0.548 über Euro 523,–.

04 Wir stellen fest, dass unsere Rechnung Nr. 0.548 über Euro 523,– noch nicht beglichen ist.

05 Wir sind sicher, dass es sich dabei um ein Versehen Ihrerseits handelt.

06 Auf unsere Zahlungserinnerung vom 20. Juli d. J. haben Sie bis heute nicht geantwortet.

07 Bitte geben Sie bei Zahlung immer unsere Rechnungs-Nummer an.

08 Bitte überweisen Sie den ausstehenden Betrag umgehend auf eines unserer Konten.

09 Wenn Ihre Überweisung bis zum 31. Juli nicht bei uns eingegangen ist, müssen wir gerichtliche Schritte einleiten.

10 Beiliegend übersenden wir Ihnen eine Kopie unserer Rechnung Nr. 0.548 vom 18.5. über Euro 523,–.

11 Bei Zahlungsschwierigkeiten setzen Sie sich bitte mit uns in Verbindung.

12 Wir bitten Sie nochmals höflich unsere Rechnung sofort zu begleichen.

12.

Bei einem neuen Kunden (in Inland oder Ausland) ist die Unsicherheit besonders groß, ob er seine Rechnungen bezahlen wird oder nicht. Deshalb wird der Lieferer versuchen Informationen über den Kunden einzuholen, bevor er mit ihm Geschäfte tätigt. Solche Auskünfte kann er bekommen von

- Auskunfteien, die sich auf Auskünfte über Firmen spezialisiert haben,
- Geschäftspartnern, die den Kunden kennen,
- Kreditinstituten, die über ihre Kunden allerdings nur Auskunft geben dürfen, wenn sie die Erlaubnis dieser Kunden haben,
- im Auslandsgeschäft Industrie- und Handelskammern und Konsulaten.

Im folgenden Auskunftsschreiben sind insgesamt 10 Fehler.
Pro Zeile gibt es maximal einen Fehler. Manche Zeilen sind fehlerfrei.
Bitte lesen Sie den Text und korrigieren Sie die falschen Wörter.

VERTRAULICH

Sehr geehrte Dame und Herren,	1. ______________
das anfragte Unternehmen besteht seit 1925 und	2. ______________
ist immer noch im Familienbesitz. Es befasst sich	3. ______________
mit der Herstellung von Elektrogeräte.	4. ______________

Das Unternehmen ist eines der führenden in seiner Branche. 5. ______________

Das Unternehmen war bisher immer vertrauens und kreditwürdig. 6. ______________

Leztes Jahr hat nach dem Tod eines Direktors sein Sohn 7. ______________

die kaufmännisch Leitung übernommen. Noch ist nicht 8. ______________

abzusehen, wie sich dieser Wechsel auf den 9. ______________

Geschäftsführung auswirken wird. 10. ______________

Wir wurden empfehlen zunächst mit Kreditgewährung 11. ______________

etwas vorsichtig zu sein. Jedoch sehen wir keine 12. ______________

weitreichenden negatifen Veränderungen. 13. ______________

Unsre Auskunft ist wie immer ohne Gewähr. 14. ______________

13.

Lesen

a. Lesen Sie zuerst nur die Überschrift und den ersten Satz des Textes.

Um welches Problem handelt es sich in dem Artikel?

„Außenstände kosten Geld"

Am Anfang steht der hohe Zeitaufwand für Mahnungen, am Ende nicht selten der Verlust hoher Geldbeträge ..."

b. Lesen Sie nun weiter.

Dieser Text enthält wichtige Begriffe des Zahlungs- und Mahnwesens.

Finden Sie bitte im Text Wörter mit gleicher Bedeutung:

1. unbezahlte Rechnungen = ______________________________
2. jemand, der Geld schuldet = ____________________________

3. Zahlungserinnerung = ______________________________

4. jemand, der Geld bekommt = ________________________

5. Sie muss über alle finanziellen Transaktionen gemacht werden = ______________________________

6. Das Finanzamt verlangt sie einmal jährlich = ______________________________

7. was der Kunde schuldet = __________________________

8. ein Unternehmen, das Informationen über Geschäftsleute gibt = ____________________________

9. was der Gläubiger über den Schuldner wissen muss = ______________________________

10. Dienstleistung, die Schulden eintreibt = ______________________________

… Offene Rechnungen sind weit mehr als ein Ärgernis, von denen beinahe jedes Unternehmen, unabhängig von seiner Größe oder der Branche, in der man tätig ist, mehr oder weniger stark betroffen ist.

Außenstände kosten Geld und sie kosten Nerven, denn oft ist nicht klar, warum der Schuldner nicht zahlt. Ist er einfach nachlässig? Zahlt er prinzipiell zu spät? Oder steht er vor der Zahlungsunfähigkeit? Besonders für kleine und mittelständische Betriebe ist es problematisch, diese Unsicherheiten im Auge zu behalten und sie richtig einzuschätzen. Im Normalfall begegnet der Unternehmer offenen Rechnungen in eigener Regie mit Standard-Mahnungen. Dabei muss der Gläubiger allzu oft feststellen, dass solche Schritte nicht zum Ziel führen, da sie in der Regel unflexibel sind und dem konkreten Einzelfall nicht gerecht werden.

Die Erfahrung hat gezeigt, dass die Ausgliederung bestimmter kaufmännischer Aufgaben sehr effizient sein kann. Immer häufiger wird die Buchführung außer Haus gegeben und kein Selbstständiger käme noch auf den Gedanken die Steuererklärung selbst zu schreiben. Vermehrt werden auch Inkassounternehmen damit beauftragt, Forderungen einzuziehen, das heißt, der Gläubiger schreibt seine Mahnungen nicht mehr selbst, sondern lagert sein Mahnwesen aus. Die Erfolgsquote ist höher, Mahnungen und Einziehungen sind kostengünstiger und effektiver.

Die Erfahrung zeigt, dass der Schuldner gegenüber einer Wirtschaftsauskunftei, die auch das Inkasso durchführt, sensibler reagiert. Um seine Kreditwürdigkeit zu erhalten, wird er einer Zahlungsaufforderung eines solchen Unternehmens folgen. Denn auch der Schuldner weiß, dass das gegen ihn laufende

Mahnverfahren in seiner künftigen Bonitätsauskunft berücksichtigt wird, wenn er nicht zahlt.

Als sensible Dienstleistung verlangt das Inkasso eine individuelle Beratung. Der Gläubiger selbst bestimmt, wie der Schuldner gemahnt wird: sanft oder hart. Die konkrete Inkasso-Strategie ist immer das Ergebnis der individuellen Beratung zwischen Inkasso-Fachleuten und dem Gläubiger. Das Kostenrisiko ist für den Gläubiger relativ gering, denn die Bezahlung der Inkasspezialisten wird nach ihrem Erfolg berechnet.

c. Lesen Sie nun den Text noch einmal und entscheiden Sie, welche der drei Aussagen jeweils richtig ist.

Intensives Lesen

Zeile 1–6
a) Mahnungen kosten viel Zeit.
b) Jedes Unternehmen hat Probleme mit unbezahlten Rechnungen.
c) Besonders stark betroffen sind große Branchen.

Zeile 7–25
a) Schuldner haben immer finanzielle Probleme.
b) Kleine und mittelständische Firmen zahlen oft nicht.
c) Wenn ein Unternehmen selbst mahnt, ist es oft erfolglos.

Zeile 26–42
a) Selbstständige schreiben ihre Steuererklärung lieber selbst.
b) Gläubiger lagern immer öfter ihr Mahnwesen aus.
c) Inkassounternehmen können auch nicht kostengünstig arbeiten.

Zeile 43–54
a) Schuldner haben viel Erfahrung mit Inkassounternehmen.
b) Das Inkassounternehmen fordert den Schuldner zur Zahlung auf.
c) Das Inkassounternehmen gibt Auskunft über das Mahnverfahren.

Zeile 55–67
a) Der Schuldner wird sensibel gemahnt.
b) Der Schuldner wird individuell beraten.
c) Die Inkassospezialisten werden ihrem Erfolg gemäß bezahlt.

14.

a. Bitte lesen Sie den folgenden Text einmal ganz durch.
Entscheiden Sie dann, welches Wort in die Lücke passt.

Hier ist ein Beispiel:
bewerben – erwerben – umwerben
Wie Banken und Sparkassen mit Elektronik Kinder und Jugendliche *umwerben*

Mister Money

Wie Banken und Sparkassen mit Elektronik Kinder und Jugendliche umwerben.

Im Monitor des Informationsterminals ist eine kleine Videokamera integriert, mit deren Hilfe Jugendliche in einer ____ 1 ___________ der Ulmer Volksbank eG elektronische Kontaktanzeigen loswerden können. Über eine berührungsempfindliche ____ 2 ___________ im Bildschirm geben sie Name, Adresse, Telefonnummer und ihre Wünsche in den Computer ein.

Die Kids sind begeistert. Sie können über das Terminal ihr Mountainbike ____ 3 ___________ oder Mitfahrgelegenheiten zu Rockkonzerten suchen – Eintrittskarten dafür verkauft die Bank gleich am ____ 4 ___________ nebenan.

Die Ulmer sind nicht die Einzigen, die Jugendliche mit elektronischem Service anlocken und frühzeitig an sich ____ 5 ___________ wollen. Der Marketingleiter der Bank: „Wir wollen uns für spätere Geldgeschäfte empfehlen." Mit den ____ 6 ___________ in die Computergeneration haben die Kreditinstitute auch die 5,9 Milliarden Euro Taschengeld im Auge, die Sieben- bis Fünfzehnjährige jährlich bekommen. Von diesem Geld wandert einiges aufs ____ 7 ___________.

Schon bei rund 40 Sparkassen können die Teens in einen elektronischen Sparautomaten ____ 8 ___________. Der schluckt nach Eingabe einer Geheimnummer die ____ 9 ___________ und schreibt sie dem Konto gut.

Ein weiteres Beispiel für das neue Marketing sind Disketten und CD-ROMs mit Beratungsangeboten, die die Jugendlichen gegen eine geringe ____ 10 ___________ erhalten können. Auf einer Scheibe der Deutschen Bank finden sie ____ 11 ___________ Bewerbungsschreiben und Bewerbungstests.

Der Deutsche Sparkassen- und Giroverband bietet Schulklassen für den Informatikunterricht ein EDV-Paket mit Mailboxen an, über die Lehrer und Schüler Nachrichten ____ 12 ___________ können.

Auch die Kleinsten werden dabei nicht vergessen: Während ihre Eltern mit dem ____ 13 ___________ der Stadtsparkasse Leipzig einen Kredit aushandeln, können sie auf einem Kinder-Mal-PC Flugzeuge und Blumen ausmalen. Durch dieses Marketing für die ganze Familie werden Zielgruppen aller Altersstufen ____ 14 ___________.

Die Verbraucherschützer sind von dieser Art Kundenwerbung weniger begeistert. Die Verbraucher-Zentrale Nordrhein-Westfalen kritisiert, dass mit diesen ____ 15 ___________ der kindliche Spieltrieb für kommerzielle Interessen ausgenutzt werde.

Setzen Sie das richtige Wort ein.

1.	a)	Niederlassung	b)	Tochterfirma	c)	Zweigstelle
2.	a)	Tafel	b)	Tastatur	c)	Telefonnummer
3.	a)	anbieten	b)	anfordern	c)	anliefern
4.	a)	Schalter	b)	Service	c)	System
5.	a)	bilden	b)	binden	c)	buchen
6.	a)	Innovationen	b)	Interessen	c)	Investitionen
7.	a)	Gehaltskonto	b)	Girokonto	c)	Sparkonto
8.	a)	einbringen	b)	einspeisen	c)	einzahlen
9.	a)	Devisen	b)	Geldstücke	c)	Papiere
10.	a)	Bezahlung	b)	Gebühr	c)	Zahl
11.	a)	vorformulierte	b)	vorläufige	c)	vorrätige
12.	a)	austauschen	b)	vertauschen	c)	umtauschen
13.	a)	Beamten	b)	Berater	c)	Besitzer
14.	a)	angesprochen	b)	ausgesprochen	c)	versprochen
15.	a)	Maßgaben	b)	Maßnahmen	c)	Maßstäbe

Technologie im Betrieb

Bürokommunikation

Schon mal was von Datenschutz gehört?

Sprechen

1.

Wie denken Sie darüber?

In Deutschland gibt es ein Computerprogramm zu kaufen. Es heißt „D-Info" und in ihm sind die Telefonbucheinträge sämtlicher Telefonbücher von ganz Deutschland gespeichert, also Telefonnummer, Name und Adresse aller Teilnehmer. Mit diesem Computerprogramm kann man alle einzelnen Bestandteile abfragen. Wenn man also z. B. nur den Namen oder nur die Telefonnummer eines Teilnehmers hat, gibt man diese in den Computer ein und man bekommt alle restlichen Informationen. Wie finden Sie das?

2.

a. Haben Sie einen Computer zu Hause?
Brauchen Sie bei Ihrer Arbeit einen Computer?
Wozu verwenden Sie ihn?

b. Was glauben Sie, wie viele Computer es in den wichtigsten Industrieländern gibt?

Sehen Sie sich das folgende Schaubild an und ergänzen Sie die fehlenden Länder aus der Spalte rechts.

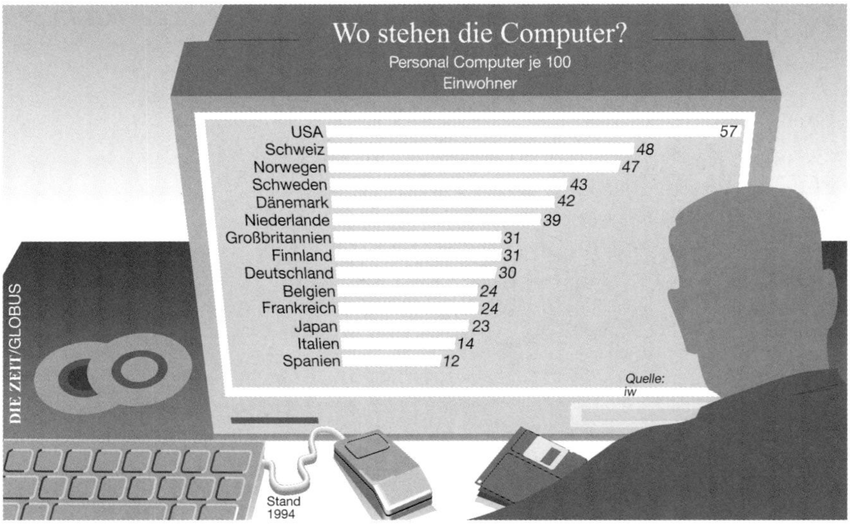

Japan
USA
Deutschland
Schweiz

c. Beschreiben Sie jetzt das Schaubild genau und vergleichen Sie die einzelnen Länder miteinander.

Was finden Sie überraschend?
Können Sie die Unterschiede erklären? (Denken Sie dabei an Computer zu Hause und auch in Unternehmen.)

d. Wie ist das in Ihrem eigenen Land?
Wie viele Computer gibt es bei Ihnen (zu Hause, an Ihrem Arbeitsplatz ...)?
Wo stehen sie?
Wozu braucht man sie?

3.

Ein Faxgerät gehört heutzutage in jedes Büro (und auch schon in viele Privathaushalte).

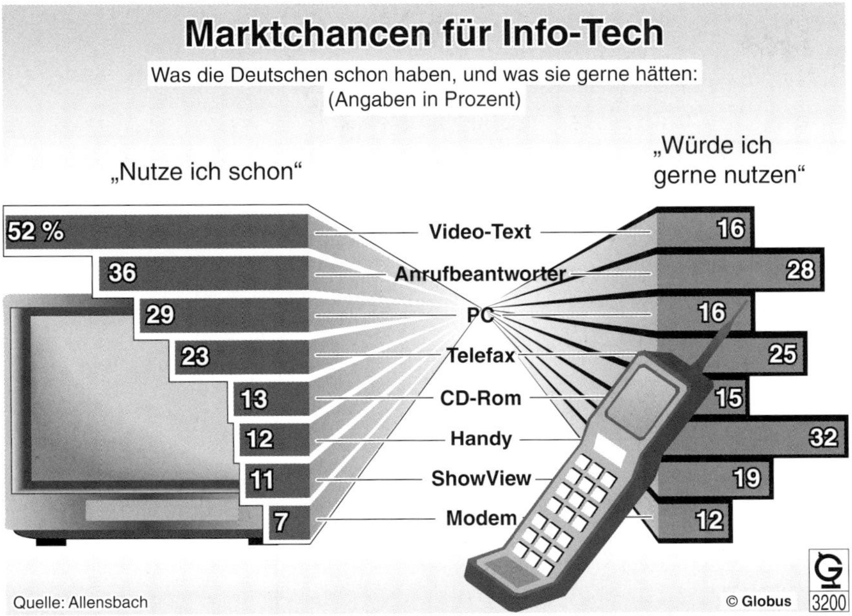

a. Beschreiben Sie einmal, wie ein Faxgerät funktioniert.

Was für Vorteile haben Faxgeräte?
Sehen Sie auch Nachteile?

Redemittel

mit dem Faxgerät kann man faxen und kopieren

Vorlage (mit Schriftseite nach unten) einlegen

Ruf- / Faxnummer (über Tastatur) eingeben

Startknopf betätigen

Hören

b. Im Folgenden hören Sie eine kurze Sendung im Radio. Der Moderator interviewt zwei Personen.

Hören Sie zuerst die ganze Sendung.
Lesen Sie jetzt die Aufgaben.

Sie hören dann die Sendung in fünf Abschnitten noch einmal. Dabei stellen Sie bitte fest: Stimmen die Sätze mit den Aussagen der Personen überein?

Kursorisches Hören

	Ja	Nein
1. Abschnitt		
1. Das Faxgerät ist falsch installiert.		
2. Frau Flohr bekommt oft wichtige Faxe von Banken.		
2. Abschnitt		
3. Die Bank schickt Kreditauskünfte per Fax.		
4. Die Bankkunden wissen nichts von diesen Fehlern.		
3. Abschnitt		
5. Die Commerzbank hat ihre Zentrale in Berlin.		
6. Bankangestellte vergessen oft die Null der Vorwahl zu wählen.		
4. Abschnitt		
7. Frau Flohr hat sich per Fax beschwert.		
8. Die Bank war sehr erstaunt über diese Ereignisse.		
5. Abschnitt		
9. Frau Flohr schickt immer alles zurück.		
10. Das gelieferte Faxpapier war nicht zu gebrauchen.		

Schreiben

4.

Angebot über Orlando-Faxgerät.

Ihre Firma hat auf der Messe „CeBIT 96" ein neues Faxgerät vorgestellt. Sie hatten am Stand viele Anfragen, die jetzt beantwortet werden müssen.

Bitte schreiben Sie ein Angebot an die Firma *Porsta, Bürofachhandel, Kopenhagen, Dänemark.* Sie haben folgende Notizen Ihres Verkaufsleiters vor sich liegen. Suchen Sie unter den folgenden Textbausteinen die passenden aus. An zwei Stellen müssen Sie selbst formulieren. Vergessen Sie nicht einen angemessenen Anfangs- und Schlusssatz. Ihre Ansprechpartnerin ist Frau Karcher.

- auf Besuch am Messestand beziehen (selbst formulieren)
- Angebot (befristet)
- Messeneuheit: Faxgerät ...
- Rabatt: 15 %
- Preis bei 10 Geräten 639,– Euro pro Stück
- Lieferung ab Werk, Transportversicherung Kunde
- Zahlung Kasse gegen Dokumente (weil erster Auftrag)
- bei guter Geschäftsentwicklung später Banküberweisung (selbst formulieren)

Brief nach Textbausteinen

Textbausteine:
Angebot

1. Wir freuen uns, dass Sie mit uns in Geschäftsverbindung treten wollen.

2. Ihrem Auftrag sehen wir gerne entgegen.

3. Wir danken Ihnen bestens für Ihr Schreiben vom ...

4. Wir bieten Ihnen wie folgt an:
   ____

5. Bei Bestellung von __________ Geräten beträgt der Preis __________ Euro pro Stück.

6. Bitte haben Sie Verständnis dafür.

7. Unsere Zahlungsbedingung bei Erstaufträgen lautet Kasse gegen Dokumente.

8. Unsere Lieferung versteht sich frei Grenze.

9. Die Lieferung erfolgt ab Werk.

10. Bitte denken Sie daran, dass die Transportversicherung von Ihnen gedeckt werden muss.

11. Wir sind in der Lage, Ihnen einen Messerabatt von 15 % anzubieten.

12. Wir freuen uns Ihnen einen Mengenrabatt von 15 % anbieten zu können.

13. __________ Stück Faxgeräte der Serie SP 215.

14. Dieses Gerät wurde auf der __________ zum ersten Mal vorgestellt.

15. Beiliegend finden Sie unsere derzeit gültige Exportpreisliste mit unseren Geschäftsbedingungen.

16. Wir beziehen uns auf Ihre Anzeige in __________.

17. Dieses Angebot ist auf acht Wochen befristet.

Hören

5.

Selektives Hören

Sie haben auf obiges Angebot bisher keine Antwort bekommen. Ihr Chef, Herr Dobermann, ruft deshalb Frau Karcher bei der Firma Porsta an. Frau Karcher ist nicht im Haus. Hören Sie das Telefongespräch. Die Gesprächspartnerin von Herrn Dobermann macht Notizen für Frau Karcher. Füllen Sie die Gesprächsnotiz aus.

Notiz

Anruf für: ______________________________

Anrufer: Herr ______________________________

Firma: ______________________________

Adresse / Tel.-Nr. ______________________________

Grund des Anrufs: ______________________________

____

____

Bitte um: ______________________________

____

____

6.
Bedienungsanleitung

a. Hören Sie zuerst ein kurzes Gespräch zwischen zwei Mitarbeitern. Sie sprechen über ein neues Gerät. — *Orientierendes Hören*

Um was für ein Gerät geht es?

b. Lesen Sie jetzt die Bedienungsanleitung (s. u.) bis *** — *Kursorisches Hören*

Hören Sie dann das Gespräch noch einmal.
Unterstreichen Sie dabei in der Bedienungsanleitung die Punkte, über die die beiden sprechen.

c. Lesen Sie dann weiter ab *** und ergänzen Sie die fehlenden Verben. Am besten arbeiten Sie mit einem Lernpartner zusammen. — *Intensives Lesen*

Dictaphone
Voice & Data Management

Bedienungsanleitung
D-1253 DeLuxe für Mini-Kassetten
(leicht gekürzt)

In Betrieb setzen
Stromversorgung: Das Gerät kann wahlweise mit zwei Batterien Typ AAA 1I1, mit aufladbaren Akkus 121 oder über ein Netzgerät 131 betrieben werden.

Band löschen: Für blitzschnelles Löschen ganzer Kassetten ist ein Löschblock 141 als Zubehör erhältlich.

Kassette einlegen: Kassettendeck durch Zurückschieben der Abdeckung bis zum Einrasten öffnen. Kassette mit der nach hinten gerichteten Bandseite einlegen und Kassettendeck schließen. Beim Start des Gerätes ohne Kassette oder wenn das Band abgelaufen ist, ertönt ein Warnton.

Einschalten: Mit dem Hauptschalter die Sicherheits-Verriegelung lösen.

Diktieren, Aufnehmen

Diktat vorbereiten: Band mit Schalter 2 in Stellung „Rew" ganz zurückspulen.

Diktieren: Steuertaste 2 in die Stellung „Rec" schieben. Mikrofon dicht neben die Lippen halten und sprechen. Die LED bestätigt den Aufnahmemodus, solange der Ladezustand der Batterien einwandrei ist. Soll das Diktat beendet werden, Schalter 2 in die Position „Stop" zurückziehen.

Zurückspulen: Taste 2 in Position „Rew" ____________ (1) und festhalten. Beim Loslassen ____________ (2) das Gerät auf Wiedergabe, bis der Steuerschalter in die Position „Stop" ____________ (3) wird.

Wiedergabe: Taste 2 in die Position „Play" ____________ (4). Die Wiedergabe-Lautstärke kann am Regler 7 ____________ (5) werden.

Schnelle Wiedergabe: Wenn der Steuerschalter in Position „Play" ____________ (6), bewirkt die Taste 13 das Abspielen mit doppelter Geschwindigkeit (Suchlauf).

Stop: Steuerschalter 2 in Position „Stop" ____________ (7).

Lautstärke: Die Lautstärke für die Wiedergabe wird mit dem Regler 7 ____________ (8).
Die Aufnahme-Empfindlichkeit wird automatisch ____________ (9).

Externes Mikrofon: Um größere Gesprächsrunden bequem ____________ (10) zu können, wird ein externes Mikrofon an die Steckbuchse 5 ____________ (11). Bei Bedarf wird der Schalter 3 für Aufnahme-Empfindlichkeit in die Position „Conf" ____________ (12).

anschließen
aufnehmen
bringen (3x)
einstellen (2x)
regeln
schalten
schieben (2x)
stehen

Sprechen

7.
Wofür wirbt die Anzeige?

8.

a. Was charakterisiert ein gutes / ein schlechtes Mobiltelefon? Finden Sie möglichst viele Plus- und Minuspunkte.

Siehe auch Arbeitshilfe

Lesen

b. Lesen Sie den Text „Unauffälliges Vibrieren".

Wie wird hier ein gutes Mobiltelefon charakterisiert? Vergleichen Sie Aussagen im Text mit Ihren eigenen Aussagen.

Kursorisches Lesen

Mobiltelefone – Unauffälliges Vibrieren

Die Empfangsqualität ist schlecht, der dicke Akku ist schwer und braucht zu viel Platz und vor dem Telefonieren muss erst stundenlang die Bedienungsanleitung gelesen werden. Wer sein Handy nur nach den aktuellen Sonderangeboten auswählt, macht einen Fehler. „Handys für nur einen Euro geben ein ganz falsches Signal", warnt Achim Muth vom Netzbetreiber Detemobil, „Mobilfunk gibt es nicht zum Nulltarif."

Um ein gutes Handy zu bekommen, muss der Käufer viel tiefer in die Tasche greifen. Für die Spitzenmodelle von Sony, Siemens oder Motorola kann er möglicherweise bis zu 500 Euro bezahlen. Zusammen mit einem Telefonkartenvertrag verkaufen viele Händler sie aber auch schon für weniger als die Hälfte.

Ein gutes Mobiltelefon sollte ein übersichtliches Display haben, das dem Benutzer mit einer einfachen

Menüführung die wichtigsten Funktionen erklärt. Wichtig ist außerdem die Betriebszeit des Akkus, damit das Mobiltelefon unterwegs nicht im falschen Moment leer ist. In diesem Punkt sind das S4 von Siemens und das CM-DX 1000 von Sony besonders gut. Ihr Lithiumionen-Akku hält sie im Standby-Betrieb mehr als zwei Tage am Stück unter Strom.

Eine lange Betriebszeit hat auch das Micro Tac 8200 von Motorola. Daneben ist es mit knapp über 200 Gramm auch eins der leichtesten Handys. Als einziges Mobiltelefon hat das Micro Tac 8200 ein Extra, das besonders für den Tischnachbarn im Restaurant sehr angenehm ist: Auf Wunsch ersetzt ein unauffälliges Vibrieren das nervende Klingelgeräusch.

c. Lesen Sie den Text noch einmal. Ihr Chef plant, die Mitarbeiter mit Mobiltelefonen auszustatten. Aus diesem Grund bittet er Sie einige Informationen aus dem Text für ihn zusammenzustellen. Er bittet um folgende Angaben:

Selektives Lesen

Gibt es gute Sonderangebote? ______________________

Was kostet ein wirklich gutes Mobiltelefon? ______________

Worauf muss man beim Kauf achten? __________________

1. ____

2. ____

Welche Handys werden empfohlen? ____________________

1. ____

2. ____

3. Extras? __________________________________

   a) besonders leicht ____________________________

   b) ____

d. In Ihrer Firma sollen alle Mitarbeiter mit einem Mobiltelefon ausgestattet werden. Sie sind gegen diese Idee.

Führen Sie ein Gespräch mit einem Kollegen / einer Kollegin. Ihr Lernpartner übernimmt die Rolle des Kollegen / der Kollegin und ist für die Einführung von Mobiltelefonen für alle.

Bevor Sie beginnen, sammeln Sie zuerst Argumente für und gegen Mobiltelefone. Wenn Sie noch mehr Ideen brauchen, schlagen Sie im Anhang nach.

Siehe Arbeitshilfe

Beginnen Sie das Gespräch etwa so: *Weißt du schon, dass wir alle Mobiltelefone bekommen sollen? Also, ich finde das nicht gut, denn…*

9.
Miet-Büros

a. Finden Sie im Text alle Wörter (Nomen), die mit Bürotechnik zu tun haben.

Rund um die Uhr im Angebot

Die Terminänderung kam in letzter Minute. Jeff Stadler fühlte sich in seinem Hotel in Palo Alto / Kalifornien wie ein Gestrandeter. Wie sollte er es zu der Konferenz in der Firmenzentrale am nächsten Morgen in Chicago schaffen? Die Nachtflüge waren wegen des schlechten Wetters annulliert worden.

Die Lösung des Problems: Kinko's, ein Kopiergeschäft in der California Street mit Videokonferenzeinrichtung, die stundenweise gemietet werden kann. Da auch die Firmenzentrale in Chicago seit zwei Jahren über einen Videokonferenzraum verfügt, arrangierte Stadler bei Kinko's für den nächsten Morgen ein einstündiges Bildschirmmeeting.

Für Kinko's ist dieser Konferenzservice neu. Die 1970 im südkalifornischen Santa Barbara gegründete Unternehmenskette hat wie viele Büroserviceeinrichtungen als einfacher Kopierladen begonnen. Auch heute noch kann jeder Kunde dort selbst Kopien ziehen oder größere Aufträge dem Personal, meist Studenten von nahe gelegenen Universitäten anvertrauen, die Tag und Nacht die Geräte laufen lassen.

Inzwischen unterscheidet sich der Filialist aber gründlich von anderen Shops dieser Art. Kinko's ist zu einem Hightechzentrum für Computer- und Telekommunikationsdienste rund um das Büro und rund um die Uhr geworden. So wurden neben den längst zum Standard aller Filialen zählenden Faxgeräten auch stundenweise zu mietende Computerstationen eingerichtet, die mit allen Finessen des Desktop Publishing ausgerüstet sind. Von der besonderen Geburtstagskarte über

stranden ≈ (ein Schiff) / etwas / eine Person wird mit der Strömung / dem Wind / … an ein Ufer gebracht / getrieben und kann von dort nicht mehr weg!

ein Gestrandeter ist eine solche Person

das bebilderte Anschreiben einer Faxsendung bis zum seriösen Deckblatt einer Doktorarbeit können die Kunden alles selbst gestalten. Das Material gibt es natürlich auch zu kaufen.

Wie konsequent Kinko's die Idee vom 24-Stunden-Büro für den vielreisenden Geschäftsmann verfolgt, zeigt die Zahl der neu eingerichteten Konferenzzimmer. In etwa 100 der 710 amerikanischen Kinko's-Läden steht bereits eine Videokamera auf Abruf zur Verfügung. Mietpreis: 150 Dollar pro Stunde. Von dem Angebot, bestätigt auch die Zentrale im kalifornischen Ventura, machen immer mehr Kunden Gebrauch.

Jetzt will das Unternehmen seine Geschäftsidee exportieren. Die ersten Läden außerhalb der USA wurden bereits eröffnet. In Kanada gibt es schon zehn Filialen, in Japan zwei. Mit dem ersten Mietbüro im holländischen Rotterdam wagt Kinko's den Schritt nach Europa.

b. Sie sind ein Mitarbeiter der Firma Kinko's.

Erklären Sie einem Interessenten am Telefon, welchen Service Ihre Firma bietet. Verwenden Sie dazu möglichst viele Zeitangaben (die Sie auch im Text finden). Wenn Sie Ideen brauchen, schlagen Sie im Anhang nach.

Technologie im Arbeitsablauf

10.

„Beschreibung eines Prozesses" – Wie entsteht ein Lehrbuch?

a. Sie hören ein Gespräch zwischen einer Lektorin des Verlags für Deutsch und einer neuen Mitarbeiterin. Die Lektorin erklärt den Entstehungsprozess eines Lehrbuches.

Lesen Sie zuerst die folgenden Arbeitsschritte. Nummerieren Sie diese Schritte in der Reihenfolge, in der Sie sie hören. Der Anfang ist schon für Sie gemacht.

Die Entstehung eines Lehrbuches

Kursorisches Hören

1. Besprechung zwischen Autor und Lektor / Redakteur über Buchkonzeption

2. Beratung der beiden durch Marketingabteilung und Vertrieb

3. Schreiben / Erfassen des Textes durch den Autor, zu Hause am PC

- Beauftragung eines Künstlers / Fotografen oder eines Verlagsmitarbeiters zur Beschaffung der Bilder

- Koordinierung der Produktion durch Hersteller

- Speicherung des Textes auf Diskette und Schicken an den Verlag oder Schicken der Datei(en) über Modem an Verlag

- Direktes Drucken des Buches (Computer-to-press)

- Fotograf / Zeichner macht Abbildungen

- Dateien (Text und Bild) über Modem (oder auf Datenträgern) zur Druckerei

- Entwurf eines Layouts durch Hersteller (mit Hilfe eines Grafikers)

- Scannen der Bilder und Schicken der Datei mit Bilddaten über Modem an Verlag

- Je ein Papierausdruck an Autor und Lektor

- Abbildungen vom Fotografen / Zeichner an Repro-Firma

b. Formulieren Sie die einzelnen Nomengruppen zu ganzen Sätzen um.

Schreiben Sie dann einen zusammenhängenden Text, in dem Sie erklären, wie ein Lehrbuch mit Hilfe von moderner Technologie entsteht.

Die folgenden Konnektoren helfen Ihnen dabei.

zuerst dann gleichzeitig dabei damit dadurch so wenn während ...

11. Mobiles Büro

a. Beschreiben Sie das Foto. (Wo, was, wer ...?)

b. Überlegen Sie, was der Mann auf dem Foto gerade macht, was seine Berufstätigkeit sein könnte, wozu er den Laptop-Computer möglicherweise braucht usw. Sammeln Sie Ihre Ideen.

12.
Marketing über Datenbanken – Wie funktioniert das?

a. Bringen Sie die folgenden Texte in die richtige Reihenfolge. (Die rechte Spalte hilft Ihnen dabei.)

Kursorisches Lesen

A Dann kann es sehr schnell gehen, dass man zum Datenbankkunden wird. Ein ausgefüllter Coupon, eine Garantiekarte oder die Teilnahme an einer Lotterie reichen schon aus um als potentieller Konsument auf einer elektronischen Datenbank Platz zu nehmen.

B Die gewonnenen Daten kombiniert der Computer mit Hilfe modernster statistischer Verfahren und sortiert sie nach bestimmten Käufermerkmalen. Vertriebsleiter können so den typischen Verbraucher für bestimmte Markenartikel genau analysieren.

C Meist beginnt der Datenkreislauf mit dem Kauf einer Ware.

D Mit den erfassten Daten können zum Beispiel sowohl der Wert einer Couponaktion beurteilt als auch künftige Werbeaktivitäten geplant werden. Die Informationen dienen auch zur Entwicklung neuer Produkte, inspirieren Anzeigentexter und helfen dem Marketing dabei, geeignete Zielgruppen anzusprechen.

E Computer modellieren aufgrund der eingespeicherten Daten einen sogenannten Modellkunden. Danach können potentielle Käufer, deren Merkmale wie etwa Einkommen, Markentreue übereinstimmen, als Zielgruppen für Marketingaktivitäten genau definiert werden.

F Um den engen Kontakt zur Zielgruppe nicht zu verlieren, werden die Datenbanken regelmäßig mit neuen Informationen gefüttert. Das geschieht unter anderem über Couponwerbung oder durch Korrespondenz mit Kunden über sogenannte Kundenclubs. Auch externe Quellen wie professionelle Adressenvermittler dienen zur Auffrischung des Datenmaterials.

1. Das Produkt
2. Elektronische Erfassung
3. Verarbeitung der Daten
4. Der ideale Verbraucher
5. Verwendung der Informationen
6. Aktualisierung der Datenbank

Sprechen

b. Beschreiben Sie Datenbank-Marketing mit Ihren eigenen Worten.

c. Was glauben Sie, in welchen Datenbanken sind Sie gespeichert?

d. Was ist Ihre Meinung zum Datenbank-Marketing?

- aus der Sicht des Unternehmens,
- aus der Sicht des Konsumenten.

Sammeln Sie Argumente.

Wortschatz und Strukturen

13.
Logistik und EDI

a. In dem folgenden Brief haben sich einige Fehler eingeschlichen. In jeder Zeile ist maximal ein Fehler, manchmal auch keiner.

Korrigieren Sie die Fehler rechts neben der Zeile.

Einladung zum Seminar: Logistik und EDI

Sehr geehrte Damen und Herren,

es ist so weit: Sie können weltwiet papierlos kommunizieren.	0. weltweit
EDI – Electronic Data Interchange – ist ein Komunikationssystem,	1. ______
das den papierloser Austausch von Daten zwischen Geschäftspartnern	2. ______
ermöglichen: von Computer zu Computer. EDI senkt Kosten,	3. ______
macht Kommunikation schneller und absolut zuverlassig.	4. ______

Im Bereich der Logistik funktioniert EDI als vollcomputerisiertes	5. ______________________
Bestellsystem. Immer mehr Einzelhändler wickeln ihre Bestellungen	6. ______________________
ausschlieslich über EDI ab. Sie wollen ihre Lagerbestände immer mehr	7. ______________________
herabsetzen, das Just-in-Time-Liefersystem bekommt immer mehr Bedeutung.	8. ______________________
Sie als Lieferant muss darauf reagieren. Aber sind Sie wirklich gut informiert?	9. ______________________
Wir sind eine Unternehmensberatung, der sich auf EDI spezialisiert hat.	10. ______________________
Wir veranstalten zu diesem Thema ein drei-tägiges Seminar, zu dem wir	11. ______________________
Sie herzlich einladen wollen. Unsere Spezialisten haben ein Program	12. ______________________
zusammengestellt, das sie mit EDI vertraut macht und alle Ihre Fragen	13. ______________________
geantwortet. Wir haben das Seminar-Programm diesem Schreiben beigelegt.	14. ______________________
Für weitere Fragen stellen wir gerne zur Verfügung.	15. ______________________

Die Zukunft hat schon begonnen …

Explosion der Dienste

Das Angebot wächst. Statt einfacher Sprachvermittlung sorgen Dienste wie ISDN, Multimedia, Bildtelefon, Mobilfunk, Newspaper und Video on Demand für bislang ungekannte Vielfalt. Jeder der neuen Dienste eröffnet bislang ungeahnte Umsatzquellen. Es wird geschätzt, dass die Umsätze auf dem deutschen Multimedia-Markt für rein geschäftliche Anwendungen bis zum Jahr 2000 um bis zu 1300 Prozent steigen.

Schreibt man die Entwicklung der Teilnehmerzahlen im Bildschirmtext, der von der Telekom in T-Online umbenannt wurde, fort, so verspricht dieser Dienst ein enormes Umsatzpotential. Zwischen 1992 und 1994 hat sich die Btx-Gemeinde von 340 000 Teilnehmern auf über 690 000 mehr als verdoppelt. Alleine im Geschäftsjahr 1994 stieg die Teilnehmerzahl um knapp 43 Prozent.

Hinter der Zauberformel ISDN (Integrated Services Digital Network) verbirgt sich ein bemerkenswerter Dienst, der es ermöglicht, unterschiedliche Informationsformen (Sprache, Text, Bilder und Daten) in einem Netz zu integrieren. Vorteil für den Nutzer: Er kann alle Formen gleichzeitig anwenden. Erläuterungen zu Konstruktionszeichnungen über viele hundert Kilometer hinweg sind nur dann sinnvoll, wenn mit den Sprach- oder Textinformationen gleichzeitig Bildinformationen einhergehen. Die Beliebtheit dieses Dienstes dokumentiert sich in der Entwicklung der Anzahl von ISDN-Anschlüssen. Zwischen 1994 und 1996 hat sich nach Aussage der Deutschen Telekom ihre Zahl erheblich erhöht. Gerechnet wird bis Ende 1996 mit 94%.

Für die Mobilfunk-Branche wird sogar mit einem Wachstum der Teilnehmerzahlen um 328 Prozent bis zur Jahrtausendwende gerechnet.

Die Datenautobahn – eine beschauliche Landstraße

Die elektronische Kommunikation wird langfristig traditionelle Märkte und Vertriebswege verdrängen. Vorteile haben solche Unternehmen, die sich schon heute ihre Auffahrt auf die Datenautobahn asphaltiert haben, den Führerschein aller Klassen besitzen und den direkten Weg zu ihren Kunden kennen.

Die Datenautobahn ist zur Zeit immer noch eine Traumstraße der Informatiker. Allerdings gibt es schon heute eine beschauliche Landstraße der Datenfernübertragung: das Internet. Dort gibt es für Unternehmen bereits sinnvolle Anwendungen, vor allem für die folgenden Abteilungen:

Produktion: Mitarbeiter einzelner Produktionsstätten koordinieren ihre Planungen über E-Mail. Technische Probleme werden über Usenet-Gruppen oder E-Mail mit den Spezialisten der Herstellerfirma oder mit anderen Anwendern gelöst.

Marketing / Public Relations: Neue Produkte werden bebildert und mit aktuellen Informationen versehen in den öffentlichen World Wide Web (WWW)-Server des Unternehmens gestellt. Pressedienste und Journalisten werden über Mailing-Listen mit zusätzlichen Hintergrundinformationen versorgt.

Vertrieb / Kundenbetreuung: Die aktuellen Preisinformationen stehen dem Handel online zur Verfügung. Die Kunden können Probleme mit dem Produkt direkt per E-Mail zurückmelden oder sogar im WWW an einer Zeichnung anklicken und direkt mit dem Entwicklungsingenieur lösen. Versandhandelsunternehmen können ihren ganzen Katalog online im WWW anbieten. Bestellungen werden entgegengenommen, mit aktuellen Lagerbeständen abgeglichen und Liefertermine verbindlich bestätigt.

Verwaltung / Organisation: Die einzelnen Mitarbeiter können über die firmeninternen Internet-Dienste schnell Informationen austauschen (Terminvereinbarungen, Expertenwissen). Konferenzschaltungen per E-Mail / NetNews ermöglichen eine schnelle Koordination weltweit.

Personal: An elektronischen Job-Börsen lassen sich kurzfristige Engpässe ausgleichen. Durch Telearbeit können weltweit Experten kurzfristig und kostengünstig in ein Projekt eingebunden werden. Schulungen der Mitarbeiter werden über ein Lernprogramm im WWW zur Verfügung gestellt, so dass sich jeder an seinem Arbeitsplatz nach Bedarf fortbilden kann.

14.
Vergleichen Sie das folgende Interview mit den Aussagen 1–10.

Kursorisches Lesen

Stimmen die Aussagen mit dem Text überein?
Markieren Sie *ja* oder *nein*.

Das kritische Interview

Der US-Prognostiker Paul Saffo über die ökonomischen Auswirkungen der Informationstechnik

Frage: Herr Saffo, wie sehen die Unternehmen im Jahr 2010 aus?

Saffo: Die Struktur der Unternehmen ähnelte immer sehr stark den jeweils verfügbaren Informationssystemen. Wenn sich die Informationswerkzeuge weiterentwickeln, verändert sich auch die Unternehmensstruktur.

Frage: Und wie wird das nun in der Zukunft aussehen? Sprechen wir hauptsächlich von neuen Organisationsstrukturen im Büro oder gilt dies auch für die Fabrikhalle?

Saffo: Zur Zeit findet die Informationsrevolution vor allem im Büro statt. Wir sehen heute zwar auch einige Veränderungen im Produktionsbereich, aber noch fehlt dort eine klare Zielrichtung. Ich glaube, es wird noch zehn Jahre dauern, ehe wir bahnbrechende Veränderungen in der Produktion sehen.

Frage: Warum dauert das so lange?

Saffo: Weil sich die technologischen Innovationsschübe erfahrungsgemäß im Zehnjahresrhythmus abspielen. Die achtziger Jahre waren das Jahrzehnt des Mikroprozessors, der Prozessorrevolution. Alles wurde digitalisiert – Worte, Zahlen, Grafiken, Ton, Video – und auf Chips, Disketten, Festplatten oder anderen Medien gespeichert. Jetzt haben wir die Grenze der Effizienz erreicht.

Frage: Das heißt, die Prozessorrevolution ist am Ende?

Saffo: So ist es. Die nächste Technologierevolution ist schon im Gange. Jetzt stehen weniger die Prozessoren im Zentrum als vielmehr die Technologien, die uns mit der Information verbinden. Wir brauchen das technische Rückgrat der optischen Speichermedien und der lasergestützten Glasfaseroptik – sonst kann die Multimedia- und Internet-Revolution nicht stattfinden.

Frage: Und welche Revolution erwartet uns im nächsten Jahrzehnt?

Saffo: Das nächste Jahrzehnt wird billige Sensortechnologien bringen. Wir werden winzig kleine Sensoren in allen Varianten haben. Diese Sensoren werden die Produktionstechniken in den Fabriken auf den Kopf stellen.

Frage: Bedeutet dies, dass die Beschäftigten in den Fabriken der Zukunft überflüssig werden?

Saffo: Wenn wir es wirklich wollen, könnten wir theoretisch fast ohne Menschen in der Produktion auskommen. Aber das würde zu Massenarbeitslosigkeit führen. Insofern ist die Zukunft nicht ganz so einfach. Ich persönlich glaube, dass die Arbeitsplätze in der Produktion aufgewertet werden.

Frage: Wie?

Saffo: Ähnlich wie bei den Banken: Dort hat die Informationsrevolution die Arbeitsplätze schon nachhaltig verändert. Traditionelle Bankzweigstellen sterben in Amerika langsam aus. Statt dessen kommen die Banken mit neuen Servicekonzepten auf den Markt – z. B. Minifilialen mit zwei Angestellten in Supermärkten. Und das Interessante an diesem Konzept: Die Leute in diesen Minifilialen sind heute so gut ausgebildet wie früher der Filialleiter in einer großen Zweigstelle. Insgesamt gibt es also zwar etwas weniger Mitarbeiter als vorher, aber die verbleibenden sind weitaus besser ausgebildet als vorher. So wird es auch bei der Fabrikautomatisierung laufen.

Frage: Wie wirkt sich diese neue technische Revolution auf den Menschen aus?

Saffo: Globalisierung und Zeitzonen überschreitende Teamarbeit resultieren in immer längeren Arbeitstagen. Wer da keine Disziplin hat, kann also permanent Überstunden und Nachtschichten machen. Wir müssen also besser als bisher mit unserer technischen Infrastruktur umgehen, wenn wir nicht an Überarbeitung sterben wollen. Die beste technische Einrichtung in der ganzen Informationsmaschinerie ist oft der Ein-/Ausschaltknopf.

Frage: Wie sehen Sie die Zukunft der Informationsgesellschaft für die Gesellschaft?

Saffo: Die Informationsrevolution hat mindestens ebenso viel negatives wie positives Potential. Sie kann im gesellschaftlichen Nirwana oder in der sozialen Hölle enden. Wahrscheinlich werden wir uns durchwursteln, wie schon immer in der Geschichte, und die Realität wird irgendwo zwischen den beiden Extremen liegen.

	Ja	Nein
1. Früher haben die Unternehmen sich nicht so schnell verändert.	☐	☐
2. Im Büro sind die neuen Organisationsstrukturen viel weiter entwickelt als in der Fabrik.	☐	☐
3. Etwa alle zehn Jahre gibt es eine ganz neue Technologie.	☐	☐
4. Zur Zeit steht die Weiterentwicklung der Prozessoren an erster Stelle.	☐	☐
5. Sensoren werden einen großen Einfluss auf die Produktionstechnik haben.	☐	☐
6. In der Zukunft braucht die Produktion kaum weniger Menschen.	☐	☐

	Ja	Nein
7. Amerikanische Banken haben neue Arten von Filialen entwickelt.		
8. In den neuen Filialen arbeiten besser ausgebildete Menschen.		
9. Überstunden und Nachtschichten sind eine Folge der Globalisierung.		
10. Die Informationsgesellschaft hat extrem negative Folgen.		

15.

Mehrgliedrige Konjunktionen

Kein Thema ist so kontrovers wie Technologie, weil sie so starke Veränderungen mit sich bringt. Sie haben in diesem Kapitel Informationen und Meinungen dazu gehört, gelesen, diskutiert.

Bei komplexen Diskussionen spielen bestimmte Redemittel eine große Rolle, darunter vor allem die mehrgliedrigen Konjunktionen wie *je – desto / umso, entweder – oder, sowohl – als auch, nicht nur – sondern auch, weder – noch, einerseits – andererseits, teils – teils.*

a. Finden Sie in diesem Kapitel Beispiele für einige dieser Konjunktionen?

b. Hier sind noch einige Übungen zu den mehrgliedrigen Konjunktionen:
Zu jeder Übung bekommen Sie zuerst ein Beispiel.

1. *je – desto / umso*
Verbinden Sie zwei Sätze miteinander.

Beispiel:
Die Sekretärin spricht viele Fremdsprachen. Sie bekommt schneller eine Stelle.
→ Je mehr Fremdsprachen die Sekretärin spricht, desto schneller bekommt sie eine Stelle.

a) Die Werbung erscheint oft im Fernsehen.
   Die Wirkung ist groß.
b) Die Gewinnsituation der Firma ist gut.
   Die Dividende ist hoch.
c) Die Waren werden früh geliefert.
   Die Bezahlung erfolgt schneller.
d) Die Ausländer bleiben lange in Deutschland.
   Sie sprechen gut Deutsch.
e) Mehr Computer werden eingesetzt.
   Weniger Menschen werden gebraucht.

2. *entweder – oder*
(drückt eine Alternative aus, d.h. es gibt keine 3. Möglichkeit.)
Verbinden Sie die Sätze miteinander.

Beispiel:
Wir bekommen einen Kredit.
Wir müssen den Betrieb schließen.
Entweder bekommen wir (wir bekommen) einen Kredit, oder wir müssen den Betrieb schließen.

a) Die Buchhaltung hat die Rechnung falsch ausgestellt.
   Der Kunde hat einen Fehler gemacht.
b) Sie schließen eine Versicherung ab.
   Sie müssen jeden Schaden selbst bezahlen.
c) Wir investieren in neue Technologie.
   Wir sind nicht konkurrenzfähig.

3. *sowohl – als auch*
(stärkere Betonung als bei Verbindung mit „und“)
Verstärken Sie die Aussage.

Beispiel:
Die Anordnung betrifft die Angestellten und die Arbeiter.
Die Anordnung betrifft sowohl die Angestellten als auch die Arbeiter.

a) Sie haben den Auftrag telefonisch und schriftlich erteilt.
b) In der Fabrik wird samstags und sonntags gearbeitet.
c) Sie können uns über Fax und E-Mail erreichen.
d) Unsere Firma ist in Europa und Übersee vertreten.
e) Er ist mit EDI und JIT vertraut.

4. *nicht nur – sondern auch*
(Erweiterung und Verstärkung)
Bilden Sie Sätze nach folgendem Muster.

Beispiel:
Die Firma vertreibt italienische Keramik
und schwedische Möbel.
Die Firma vertreibt nicht nur italienische Keramik, sondern
auch schwedische Möbel.

a) Die Geschäftsfrau lernt Deutsch und Portugiesisch.
b) Er hat viel Erfahrung mit CAD und er hilft
jungen Kollegen bei der Arbeit damit.
c) Die Firma hat finanzielle Probleme und es fehlt an
geschultem Personal.
d) Sie müssen mit Ihrem Vorgesetzten darüber sprechen
und die Kollegen informieren.

5. *weder – noch*
Verbinden Sie die Sätze.

Beispiel:
Er ist nicht in seinem Büro.
Er ist nicht über Mobilfunk zu erreichen.
Er ist weder in seinem Büro noch (ist er)
über Mobilfunk zu erreichen.

a) Er hat das Projekt nicht beendet.
Er hat uns nicht darüber berichtet.
b) Der Stellenbewerber hat nicht die richtige Qualifikation.
Er ist nicht bereit den Wohnort zu wechseln.

6. *einerseits – andererseits*
(eine Sache von zwei Seiten betrachten)
Verbinden Sie die Sätze.

(Beachten Sie die Satzstellung.)

Beispiel:
Die Zeitung gefällt mir. Die Artikel sind zu lang.
Einerseits gefällt mir die Zeitung, andererseits sind die
Artikel zu lang.

a) Die Schweiz ist ein kleines Land.
Das Industriepotential ist groß.
b) Der Plan ist leicht zu erarbeiten.
Er ist schwer zu verwirklichen.

c) Die Technologie bringt viele Erleichterungen.
Sie verlangt viele Investitionen.

d) Wir müssen immer mehr Überstunden machen.
Immer mehr Computer werden angeschafft.

7. *teils – teils*
Die Firma konnte teils wegen Terminschwierigkeiten teils aus finanziellen Gründen nicht an der Messe teilnehmen.

16.

Sprechen

Nehmen uns Computer Arbeitsplätze weg?
Welche anderen Folgen hat der Einsatz von Computern für uns, die Umwelt, die Gesellschaft ...?

a. Ordnen Sie die folgenden Argumente (pro und contra)

Schont die Umwelt; viele Arbeitsplätze überflüssig; qualifizierte Arbeitnehmer notwendig; Papierverschwendung; schwierig für ältere Mitarbeiter; Arbeitsgänge werden schneller, effizienter, genauer; nicht alles, was neu ist, ist automatisch gut; ... – finden Sie selbst noch Argumente?

Wenn Sie durch dieses Buch blättern, werden Sie noch weitere Argumente finden.
Denken Sie besonders an die verschiedenen Bereiche / Abteilungen eines Unternehmens und an die Dienstleistungen.

b. Führen Sie nun ein Gespräch über dieses Thema in Ihren Kleingruppen. Verwenden Sie dabei möglichst oft mehrgliedrige Konjunktionen.

Verwenden Sie möglichst viele der folgenden Redemittel.

Beginn / Ende eines Gesprächs:
Können wir anfangen?
Ich glaube, wir sollten jetzt anfangen.
Unser Gesprächsthema ist ...
Ich habe Sie hierher gebeten, um ...
Ich bin zu Ihnen gekommen, weil ... / um ... zu ...
Ich glaube, wir sind zum Ende gekommen.
wir haben alles besprochen.
Ich möchte noch einmal zusammenfassen: ...

Während des Gesprächs:
Ich möchte gerne noch Folgendes sagen: ...
Darf ich Sie kurz unterbrechen?
Dabei fällt mir noch ein, ...

Rückfragen / Erklären / Entschuldigen /
Missverständnisse klären:
Habe ich Sie richtig verstanden?
Vielleicht habe ich Sie falsch verstanden?
Könnten Sie das bitte wiederholen?
Meinen Sie (vielleicht) ...?
Ich weiß nicht genau, wie das auf Deutsch heißt.
Bitte entschuldigen Sie, mein Deutsch ist nicht so gut.
Wie meinen Sie?
Was meinen Sie mit ...?

Der Arbeitnehmer im Kontext

1. Schlagzeilen aus der Zeitung

Sprechen

a. Um welche Themen geht es in diesen Schlagzeilen (rechts)?
Wählen Sie eine Schlagzeile.
Was könnte in dem dazugehörigen Artikel stehen?

b. Alle Schlagzeilen haben etwas mit Arbeit zu tun.
Erklären Sie die Bedeutung der Wörter, die „-arbeit“ enthalten.

DGB: Zahl der Arbeitslosen im Juli erneut gestiegen

Schwarzarbeitern auf der Spur

Lieber Teilzeitarbeit als gar keine

Flexible Arbeitszeit: Modewort oder Ausweg aus der Krise?

Wenn der Job in Gefahr ist

IW: Männer gehen immer früher in den Ruhestand

DGB begrüßt Teilzeitoffensive

Staat und Gewerkschaften sollen sozialen Schutz verbessern

Jeder Mitarbeiter trägt im Werk Verantwortung

2. Flexible Arbeitszeitformen

a. Sehen Sie sich das folgende Schaubild an. In welchen Branchen gibt es mehr Teilzeitarbeitsplätze?

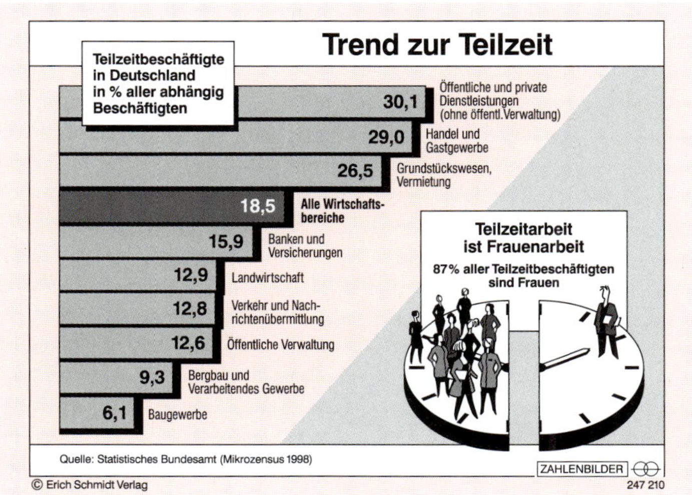

b. Was versteht man unter „Normalarbeitszeit“, „Teilzeit“ und „flexibler Arbeitszeit“?

c. Was für Vorteile haben Ihrer Meinung nach Teilzeitarbeit und flexible Arbeitszeit?

d. In der Arbeitswelt hat sich weltweit in den letzten Jahren viel verändert.

Wie ist das in Ihrem Heimatland?
Was für Gründe gibt es für diese Veränderungen?
(Tipp: Sie finden einige in Kapitel 9)

Hören

3.
Gespräch in einem Zeitarbeitsunternehmen

a. Was versteht man unter „Zeitarbeit“?

b. Hören Sie das folgende Gespräch erst einmal ganz ohne zu schreiben.

Lesen Sie dann die Stichworte zu den einzelnen Inhalten des Gesprächs.

Markieren Sie beim zweiten Anhören die Stichworte, die im Gespräch genannt werden.

1. *Haupttätigkeiten von Zeitarbeitsunternehmen:*
Arbeitskräfte vermitteln
Industriearbeiter ausbilden
Mitarbeiter weiterbilden

2. *Das Unternehmen:*
Gründung:
1974
1964
1935

Wo:

Stuttgart	Regensburg	Ludwigshafen
Mainz	Mannheim	München
Frankfurt	Nürnberg	

Wie viele Mitarbeiter in Nürnberg:
25
35
55

3. *Befristung einer Stelle auf*
   2 Monate
   3 Monate
   6 Monate

4. *Warum braucht man Zeitarbeiter?*
   früher / heute: kurzfristige Mehrarbeit
   Mutterschaftsvertretung
   Urlaubsvertretung
   Überbrückung

5. *Arbeitsbedingungen:*
   unbefristeter Vertrag
   Monatsgehalt
   Teilzeitmöglichkeit
   unbezahlter Urlaub
   bezahlter Urlaub

6. *Wichtige Eigenschaften von Zeitarbeitern:*
   flexibel
   hoch qualifiziert
   intelligent
   schnell
   Fremdsprachen

b. Würden Sie selbst gerne Zeitarbeit machen?
   Worin sehen Sie die Vorteile / Nachteile von Zeitarbeit?

c. Gibt es in Ihrem Heimatland Zeitarbeit?
   Wenn ja, gibt es Unterschiede?

Auf dieser Seite erfahren Sie, wie in Deutschland die Arbeitsbedingungen und die Bezahlung von Arbeitnehmern festgelegt und überwacht werden. Dies geschieht auf zwei Ebenen, einmal für alle Unternehmen einer Branche in einer bestimmten Region und zum Zweiten für alle Arbeitnehmer innerhalb eines einzelnen Unternehmens. In beiden Fällen verhandeln Arbeitgeber mit Vertretern der Arbeitnehmer. Die nebenstehende Grafik verdeutlicht dieses Prinzip.

Auf der regionalen Ebene stehen sich die Gewerkschaften und die Arbeitgeberverbände gegenüber. Diese beiden Gruppen werden Tarifpartner genannt. Die haben das Recht, ohne Einmischung des Staates Tarifverträge abzuschließen, haben also Tarifautonomie. Die Tarifverträge regeln die Bedingungen des Arbeitslebens. Es gibt grundsätzlich zwei verschiedene Arten von Tarifverträgen. Der Lohn- und Gehaltstarif regelt die Bezahlung von Arbeitern und Angestellten. Er hat normalerweise eine Laufzeit von einem Jahr. Der Manteltarif läuft über mehrere Jahre und regelt allgemeine Arbeitsbedingungen wie z. B. Arbeitszeit, Überstunden, Urlaub, Kündigungsfristen.

In den einzelnen Unternehmen muss darauf geachtet werden, dass die Tarifverträge eingehalten werden. Dafür gibt es innerhalb des Unternehmens eine Vertretung der Arbeitnehmer, den Betriebsrat. Das Recht auf einen Betriebsrat ist im Betriebsverfassungsgesetz verankert und gilt für Unternehmen mit mehr als 5 Beschäftigten über 18 Jahre. (Jugendliche unter 18 wählen ihre Jugendvertretung.) Der Betriebsrat hat die Aufgabe zu überwachen, dass Gesetze, Verordnungen, Vorschriften und Tarifverträge zugunsten der Arbeitnehmer eingehalten werden. Er schließt mit der Unternehmensleitung Betriebsvereinbarungen ab, die sich konkret auf Bedingungen in diesem Unternehmen beziehen.

In Kapitalgesellschaften sind die Arbeitnehmer zusätzlich noch im Aufsichtsrat vertreten. Bei kleineren Kapitalgesellschaften (bis 2000 Beschäftigte) bilden sie ein Drittel des Aufsichtsrats, bei großen Kapitalgesellschaften die Hälfte. Dies gibt ihnen ein weiteres wichtiges Mitsprache- und Informationsrecht.

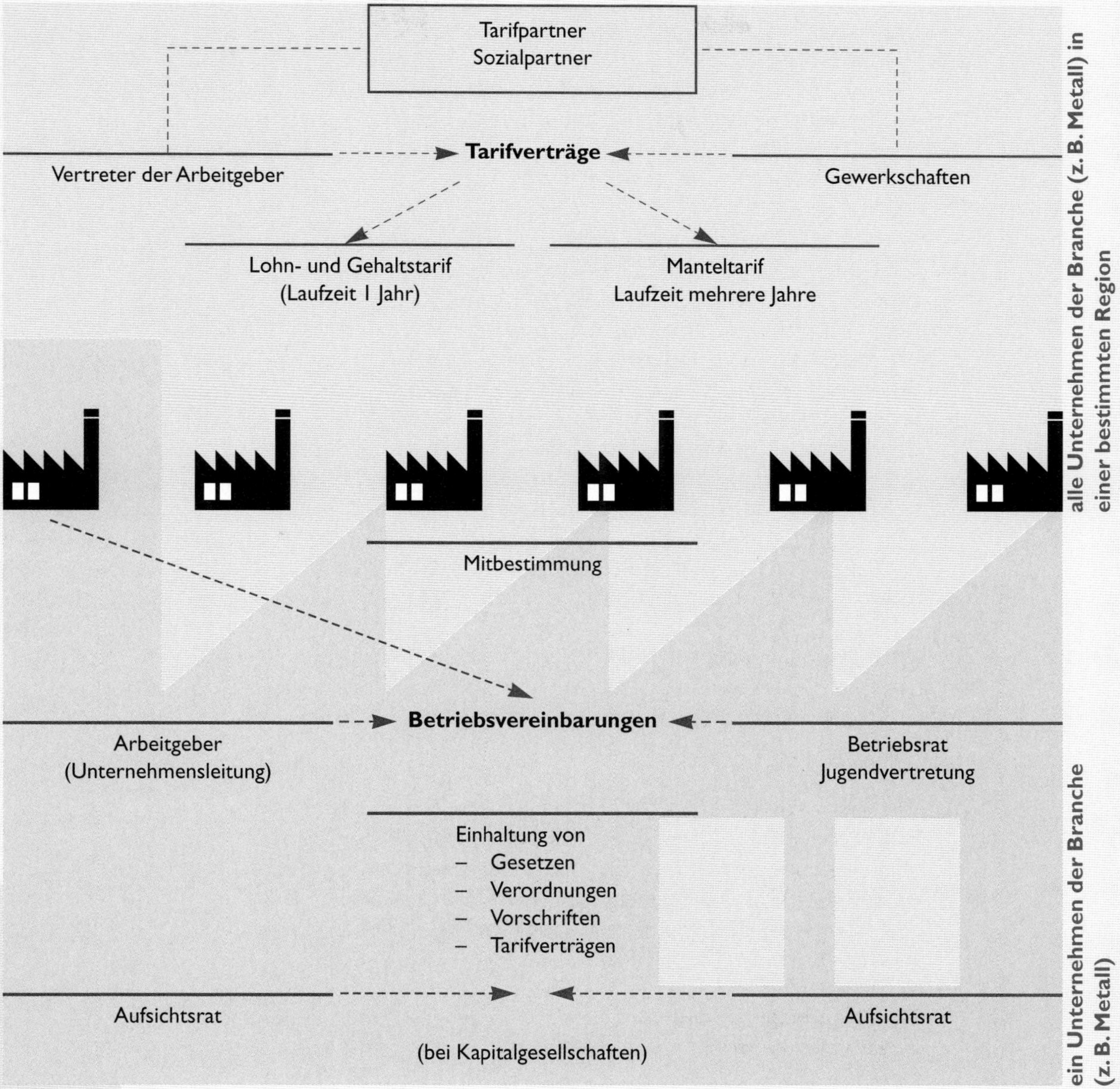
Tarifpartner
Sozialpartner
Tarifverträge
Vertreter der Arbeitgeber
Gewerkschaften
Lohn- und Gehaltstarif
(Laufzeit 1 Jahr)
Manteltarif
Laufzeit mehrere Jahre
Mitbestimmung
Betriebsvereinbarungen
Arbeitgeber
(Unternehmensleitung)
Betriebsrat
Jugendvertretung
Einhaltung von
– Gesetzen
– Verordnungen
– Vorschriften
– Tarifverträgen
Aufsichtsrat
Aufsichtsrat
(bei Kapitalgesellschaften)
alle Unternehmen der Branche (z. B. Metall) in einer bestimmten Region
ein Unternehmen der Branche (z. B. Metall)

4.
Auszug aus der Arbeitsordnung eines großen Unternehmens
(leicht gekürzt)

a. Lesen Sie zunächst die einzelnen Überschriften innerhalb des Textes und stellen Sie Vermutungen darüber an, was die einzelnen Abschnitte beinhalten könnten. Dann lesen Sie den Text kursorisch.

Waren Ihre Vermutungen richtig?

Das Arbeitsverhältnis

1. Die Einstellung begründet im Allgemeinen ein Arbeitsverhältnis von unbestimmter Dauer.
   Das Arbeitsverhältnis endet spätestens mit Ablauf des 6. Monats nach Vollendung des 65. Lebensjahres.
2. In besonderen Fällen (z. B. bei Aushilfen) kann auch ein befristeter Arbeitsvertrag vereinbart werden.
3. Bei der Einstellung wird ein schriftlicher Arbeitsvertrag geschlossen. Dem Mitarbeiter werden Höhe und Zusammensetzung des Verdienstes, die Abteilung und die Tätigkeitsart sofort schriftlich mitgeteilt.

Die Arbeitszeit

1. Die regelmäßige wöchentliche Arbeitszeit richtet sich nach den tariflichen Bestimmungen. Beginn und Ende der täglichen Arbeitszeit sowie die Pausen werden den betriebsüblichen Stellen bekannt gegeben.

2. Wenn mit dem Betriebsrat Mehrarbeit, Schicht-, Nacht-, Sonn- oder Feiertagsarbeit im Rahmen der gesetzlichen und tariflichen Bestimmung vereinbart worden ist, kann diese nur abgelehnt werden, wenn ein wichtiger Grund geltend gemacht wird. Dabei sind die berechtigten Interessen der Mitarbeiter zu berücksichtigen. Die begründete Ablehnung darf für den Betroffenen zu keinem Nachteil führen.

3. Jeder Mitarbeiter ist verpflichtet, die für ihn geltende Arbeitszeit und die entsprechenden Pausen einzuhalten.

Lohn- und Gehaltszahlung

Löhne und Gehälter werden bargeldlos gezahlt, Zahlungszeitraum ist der Kalendermonat. Die Überweisungen werden so rechtzeitig vorgenommen, dass die Löhne spätestens am 15. des folgenden Monats, die Gehälter spätestens am letzten Arbeitstag des laufenden Monats auf dem angegebenen Konto zur Verfügung stehen.

Urlaub

1. Der Urlaub richtet sich nach den gesetzlichen und tariflichen Bestimmungen.

2. Die zeitliche Lage des Urlaubs wird unter Berücksichtigung der Wünsche des Mitarbeiters und der Bedürfnisse des Betriebes festgelegt. Bei Meinungsverschiedenheiten ist eine Regelung zusammen mit dem Betriebsrat zu finden.

Allgemeine Ordnungsbestimmungen

1. Jeder Mitarbeiter erhält nach seiner Einstellung einen mit Lichtbild versehenen Ausweis. Der Ausweis darf Dritten nicht überlassen werden und ist beim Ausscheiden zurückzugeben. Beim Betreten des Betriebes ist der Ausweis unaufgefordert vorzuzeigen.

2. Wer bei der Firma nicht beschäftigt ist, darf den Betrieb nur mit besonderer Erlaubnis der Geschäftsleitung betreten.

3. Akten, Zeichnungen, Schriftstücke, Pausen usw. dürfen ohne Erlaubnis der Geschäftsleitung nicht aus den Betriebs- und Geschäftsräumen mitgenommen werden.

4. Geschäftliche Verbindungen mit Lieferanten, Kunden und sonstigen Geschäftsfreunden dürfen nicht zum persönlichen Vorteil ausgenutzt werden.

5. Die Mitarbeiter sind verpflichtet, über alle Betriebs- und Geschäftsgeheimnisse sowohl während der Dauer ihrer Tätigkeit als auch nach deren Beendigung Stillschweigen zu bewahren.

Allgemeine Sicherheitsbestimmungen

1. Die Unfallverhütungsvorschriften, Warnungstafeln, Vorschriften über Arbeitsschutzkleidung und Vorrichtungen müssen genau beachtet werden.

2. Der Genuss von Alkohol stellt eine Unfallgefahr dar; deshalb ist es verboten, insbesondere Spirituosen mitzubringen und während der Arbeitszeit einschließlich der Pausen zu trinken.

3. Bei Betriebsunfällen ist der Werksarzt zu besuchen oder zu benachrichtigen. Jeder ist dazu berechtigt und verpflichtet.

4. Bei Ausbruch von Feuer und sonstiger Gefahr müssen alle Mitarbeiter den Anordnungen des Schutz- und Sicherheitsdienstes gehorchen.

5. In feuergefährdeten Betriebsteilen ist das Rauchen verboten.

6. Die Firma muss in Abstimmung mit dem Betriebsrat für umfassende Information aller Beschäftigten sorgen.

Beendigung des Arbeitsverhältnisses

1. Eine Kündigung des Arbeitsverhältnisses kann von beiden Seiten nur unter Einhaltung der im Arbeitsvertrag, Tarifvertrag oder durch gesetzliche Vorschriften festgelegten Fristen ausgesprochen werden. Vor einer Kündigung ist dem Betriebsrat Gelegenheit zur Stellungnahme zu geben.

2. Außerordentliche Kündigungen (fristlose Entlassungen) erfolgen aus wichtigen Gründen, z. B.
   a) bei mehrfachem unentschuldigtem Fernbleiben von der Arbeit
   b) bei Rauchen in feuergefährdeten Betriebsteilen
   c) bei wiederholten Fällen von Alkoholmissbrauch

b. Dieser Text ist typisch für schriftlich formulierte Regeln und Vorschriften in einem Betrieb. Er enthält einige grammatische Besonderheiten, die sich in solchen Texten immer wieder finden.

Diese sind vor allem:
- Nominalausdrücke (z. B. bei der Einstellung)
- Passivkonstruktionen
- Modalverb und Passiv (z. B. muss beachtet werden)

- Zustandspassiv (z. B. *die Arbeitnehmer sind verpflichtet*)
- Vorgangspassiv (z. B. *Löhne werden gezahlt)*
- Passiversatz (z. B. … *ist … zu tun*)

Bitte lesen Sie jetzt den Text genau und unterstreichen Sie diese Besonderheiten.

c. Erklären Sie bitte die Bedeutung der folgenden Begriffe:

- tarifliche Bestimmungen
- Lohn und Gehalt
- befristeter Arbeitsvertrag
- der Betrieb
- fristlose Kündigung

d. Erklären Sie nun einem neuen Kollegen die Arbeitsordnung in Ihren eigenen Worten mündlich, also vermeiden Sie obige „schriftsprachliche“ Ausdrücke, verkürzen Sie die Sätze, sprechen Sie den Kollegen direkt an etc.

5.
Das haben Arbeitgeber und Betriebsrat vereinbart

a. Bilden Sie Sätze im Passiv mit dem Modalverb „müssen“.

Beispiel:
Die Warnungstafeln sind zu beachten.
Die Warnungstafeln müssen beachtet werden.

a. Beim Betreten der Firma ist der Ausweis vorzuzeigen.
b. Die Arbeitszeiten sind einzuhalten.
c. Jeder Betriebsunfall ist sofort zu melden.
d. Betriebsräte und Jugendvertreter sind zu wählen.
e. Die Interessen der Arbeiter sind zu berücksichtigen.
f. Die Löhne und Gehälter sind pünktlich auszuzahlen.
g. Neue Betriebsvereinbarungen sind bekannt zu machen.
h. Die gleitende Arbeitszeit ist jetzt einzuführen.

b. Vorschriften und Regeln in einem Betrieb

Formulieren Sie um, was auf den Schildern steht.
Verwenden Sie die angegebenen Konjunktionen.

Beispiel:
Bei Feuergefahr bitte nicht rauchen (wenn): Wenn Feuergefahr besteht, bitte nicht rauchen.

a. Bei verschlossener Türe klingeln. (wenn)
b. Nach beendeter Arbeit schalten Sie bitte das Licht aus. (nachdem)
c. Vor der Kündigung eines Mitarbeiters wird der Betriebsrat informiert. (bevor)
d. Vor Verlassen der Werkstatt bitte darauf achten, dass die Maschinen abgeschaltet sind. (bevor)
e. Vor dem Ausschalten der Maschinen bitte den Ölstand prüfen. (bevor)
f. Nach Telefongesprächen bitte sofort die Sprechzeit und den Gesprächspartner notieren. (nachdem)
g. Bei der Arbeit in der Montagehalle muss jeder Mitarbeiter eine Schutzbrille tragen. (während)
h. Bei Feueralarm bitte sofort das Gebäude verlassen. (wenn)

6.

a. Bitte bilden Sie aus folgenden Wörtern Wortpaare und erklären Sie den Grund für Ihre Wahl.

Vollbeschäftigung	Arbeitgeberverband
Einstellung	Betriebsrat
Tarifvertrag	Kündigung
Mitbestimmung	Gehalt
Gewerkschaft	Arbeitslosigkeit
Lohn	Betriebsvereinbarung

b. Erklären Sie die folgenden Begriffe in Ihrer Muttersprache.

Bedürfnisse (s Bedürfnis)
e / r Betroffene
e Verfassung
e Neufassung
e begründete Ablehnung

sich richten nach
verpflichtet sein
zustande kommen
zur Verfügung stehen
betriebsüblich

7.

a. Lesen Sie den folgenden Text und entscheiden Sie, welche der nachfolgenden Aussagen richtig ist.

Intensives Lesen

Sicherheit und Gesundheit bei General Motors Austria

General Motors Austria ist ein Komponentenwerk von General Motors Europe. In Aspern in Wien werden für Opel Astra und Opel Corsa 75 Stück 1,2 - l - Motoren und 1,4 - l - Motoren und dazu 100 Getriebe in der Stunde hergestellt.

Die ständige Verbesserung der Arbeitsbedingungen ist eines der klar definierten Ziele der Unternehmensleitung, von dem sie sich gute Betriebserfolge und zugleich zufriedene Mitarbeiter erwartet. Gute Sicherheits- und Gesundheitsvorschriften, ein aufmerksamer, ideenreicher Sicherheitstechnischer Dienst, ärztliche Versorgung, die weit über das übliche Maß hinausgeht, und eine gute Verständigung aller Beteiligten untereinander zeigen, dass hier erfolgreiche Wege beschritten werden.

Seit der Eröffnung des Werkes im Jahr 1982 hat es hier keinen tödlichen Unfall gegeben. „Wir vergleichen das Unfallgeschehen in erster Linie anhand der Unfallhäufigkeit. Das ist die Zahl der meldepflichtigen Arbeitsunfälle, bezogen auf 1 Million geleistete Arbeitsstunden. In dieser Ziffer sind alle Arbeitsunfälle ab drei Kalendertagen Arbeitsausfall und auch alle Überstunden eingeschlossen. In der österreichischen Metallindustrie liegt die Unfallhäufigkeit durchschnittlich bei 70. In unserem Werk hatten wir den Wert 34, wobei wir uns um eine kontinuierliche Senkung bemühen", sagt Ing. Friedrich Beck, der Leiter des Sicherheitstechnischen Dienstes.

Die einzelnen Sektoren der Werkshalle werden von Mitarbeitern in der Funktion von Sicherheitsvertrauenspersonen betreut. Viermal im Jahr finden gut vorbereitete Begehungen statt. Gemeinsame Besprechungen der Vertrauenspersonen mit dem Sicherheitstechnischen Dienst, dem Werksarzt und dem Betriebsrat finden monatlich statt. Problemlösungen werden immer gemeinsam mit den Vorgesetzten und dem Betriebsrat gesucht. Dafür wird auch der Ursachenbaum, ein Instrument zur Unfallanalyse, eingesetzt.

Ein weiteres wichtiges Thema ist auch die Ergonomie der Arbeitsplätze. Nur wenn ergonomisch richtige Bewegungsabläufe möglich sind, können Durchlaufzeiten auf längere Sicht verkürzt bzw. der Standard gehalten werden. Dasselbe trifft auf andere Gesundheitsthemen zu. Lärm beispielsweise stellt bei GM keine Gefährdung dar, da der Lärmpegel unter 85 db gehalten wird. Zur Beleuchtung wurden bewusst Fenster und Lichtbänder eingebaut. Die Maschinen sind farblich hell gestaltet. Hingegen sind Schutzgitter, durch die hindurchgesehen wird, schwarz, um Reflexionen zu vermeiden.

Dr. Friedrich Ring ist Leiter des betriebsärztlichen Dienstes, den er gemeinsam mit zwei Schwestern und einem Pfleger im hausinternen Gesundheitszentrum betreut. Er sieht seine Tätigkeit hier im Werk vorwiegend präventiv, das heißt, er setzt arbeitsmedizinische Erkenntnisse so um, dass die Mitarbeiter bei ihrer Tätigkeit keinen Schaden nehmen. Dabei befasst er sich mit Fragen der Hygiene, der Luftqualität, der Ergonomie, des Lärmschutzes oder der Beleuchtung genauso wie mit der Motivation zur Anwendung von Schutzmitteln wie etwa Hautcremes.

Markieren Sie die richtige Lösung a, b oder c.

Zeilen 1–22

1. a) General Motors Austria ist ein Zuliefererbetrieb für österreichische Autohersteller.
   b) Die Ziele des Unternehmens werden von den Mitarbeitern gut verstanden.
   c) Die ärztliche Versorgung ist besser als in anderen Fabriken.

Zeilen 23–42

2. a) Seit 1982 wurden 1 Million Arbeitsstunden geleistet.
   b) Andere Betriebe der österreichischen Metallindustrie haben mehr Unfälle als GM.
   c) Arbeitsunfälle, durch die ein Arbeiter mehr als drei Tage krank ist, müssen gemeldet werden.

Zeilen 42–57

3. a) Mit dem „Ursachenbaum“ kann man Unfälle analysieren.
   b) Die Sicherheitsvertrauenspersonen treffen sich einmal im Monat.
   c) Wenn Probleme nicht gelöst werden können, muss der Betriebsrat gefragt werden.

Zeilen 58–74

4. a) Es wird darauf geachtet, dass die Arbeiter sich möglichst viel bewegen.
   b) Die Gesundheitsvorschriften werden ernst genommen.
   c) Bei hellen Schutzgittern gibt es weniger Reflexionen.

Zeilen 75–91

5. a) Der Werksarzt will vor allem Schäden und Unfälle vermeiden.
   b) Die Mitarbeiter verwenden keine Hautschutzmittel.
   c) Der Werksarzt arbeitet zu Hause.

Sprechen

b. **Rollenspiel**

Situation
In Ihrem Unternehmen gibt es einen Werksarzt. Dieser soll nun aus Kostengründen durch einen Mitarbeiter ersetzt werden, der in erster Hilfe ausgebildet ist. Sie sprechen mit einem Kollegen / einer Kollegin über diese Situation. Sie selbst sind gegen den Plan. Überlegen Sie, mit welchen Argumenten Sie ihn / sie von Ihrer Meinung überzeugen können. (Zum Beispiel Unfälle im Betrieb, Werksarzt viel besser ausgebildet, viel Erfahrung, zu viel Verantwortung für Mitarbeiter, Arzt / Krankenhaus zu weit weg, Risiko, Werksarzt immer für uns da.)

Beginnen Sie das Gespräch etwa so:
Hast du schon gehört, dass unser Werksarzt abgeschafft werden soll?
Also ich finde die Idee gar nicht gut, weil ...
Gegenargumente für Ihren Lernpartner finden Sie im Anhang.

Wortschatz und Strukturen

8.

a. Lesen Sie die folgende Überschrift und überlegen Sie: Worum geht es in dem Text: „Arbeitsplatz der Zukunft: Die eigene Wohnung"?

Arbeitsplatz der Zukunft: Die eigene Wohnung?

Zu Hause am PC für die Firma arbeiten – einen solchen

Telejob möchten viele. Um die Zeit für ___________ (1)

___________ und die Familie selbst planen zu können, um

nicht so oft auf überfüllten Straßen ins Büro zu müssen.

Wie stehen die Chancen?

Frau Glaser hat Familie und einen anspruchsvollen Vollzeitjob. Dass sie trotzdem kaum Probleme hat, Familie und Beruf zu __________ (2) __________, verdankt sie der Techik und ihrem __________ (3) __________ IBM. Dieser __________ (4) __________ seiner Angestellten nach der Geburt ihres Sohnes ein Büro der Zukunft – den Telearbeitsplatz in den eigenen vier Wänden. Am Computer entwirft die frühere Abteilungsleiterin jetzt Reden für die Geschäftsleitung. Niemand kontrolliert, wann sie den nächsten Vortrag __________ (5) __________. Sie muss nur ihre __________ (6) __________ einhalten.

Vorbei sind die Pionierzeiten, in denen hauptsächlich __________ (7) __________ Schreibarbeiten nach Hause vergeben wurden. Mobile Außendienstler mit Handy, Laptop und Auto-Fax, Teilzeit-Telearbeiterinnen, die nur die Hälfte der Woche __________ (8) __________ verbringen, oder ständige Telearbeiter zu Hause – die neuen PC-Jobs sind erste Anzeichen für eine Revolution, die unser gesamtes Arbeitsleben __________ (9) __________ könnte. Bei den Unternehmen, die solche Arbeitsreisen auf den High-Tech-Datenautobahnen organisieren, __________ (10) __________ es sich besonders um Computer-Unternehmen oder kleine Software-Firmen. Aber auch Versicherungen, Banken, Designerbüros, Unternehmens-beratungen u. a. sind dabei. Weltweit __________ (11) __________ sich immer mehr „virtuelle Unternehmen“ ohne Büroräume ins Handelsregister ein – fester __________ (12) __________ ist das Datennetz.

Die meisten Telearbeiter sind mit sich und der neuen Arbeitswelt zufrieden. Aber nicht jeder Betrieb und nicht alle __________ (13) __________ eignen sich tatsächlich dafür. Viel __________ (14) __________ Autonomie wird verlangt und diese braucht Mitarbeiter, die auch ohne ständigen Kollegenkontakt selbstbewusst und diszipliniert ihren Arbeitstag organisieren können. Sie dürfen nicht permanent Überstunden machen, sie müssen Arbeits- und Privatleben __________ (15) __________ und aufpassen, dass sie nicht beruflichen Stress sofort auf ihr Familie __________ (16) __________.

Das Problem des Kommunikationsdefizits muss __________ (17) werden. Wenn man immer allein vor dem Computer sitzt, besteht die __________ (18) __________, dass man sich auf Dauer einsam fühlt. Vor der totalen Isolation sind Telearbeiter allerdings zum großen Teil geschützt: Zeitweise Präsenzpflicht im Betrieb ist Bestandteil der meisten __________ (19) __________ – für Planungskonferenzen mit dem Chef, aber auch für Kollegengespräche, damit ein Team nicht nur per PC oder Telefon __________ (20) __________ hält.

Welches Wort passt?

1. Ausbildung	Beruf	Stelle
2. verdienen	vereinbaren	verhandeln
3. Arbeitgeber	Arbeitsbereich	Arbeitsplatz
4. initiierte	installierte	investierte
5. ausarbeitet	ausliefert	ausstellt
6. Tage	Termine	Texte
7. eigene	eilige	einfache
8. im Büro	in der Fabrik	im Geschäft
9. abändern	umändern	verändern
10. dreht	geht	handelt
11. richten	schreiben	tragen
12. Firmengründer	Firmensitz	Firmenwagen
13. Anforderungen	Angestellten	Anweisungen
14. persönliche	praktische	produktive
15. tauschen	teilen	trennen
16. überholen	übernehmen	übertragen
17. gemacht	genommen	gesehen
18. die Gefahr	das Gefühl	der Grund
19. Verbände	Verträge	Vertreter
20. Kontakt	Kontrolle	Korrespondenz

1.
Was wird in einer Firma gemacht?

a. Bitte setzen Sie die folgenden Infinitivausdrücke ins Passiv Präsens.

a) die Arbeit beenden
b) Telefongespräche weiterleiten
c) den Betrieb schließen
d) die Arbeitsbedingungen beschließen
e) Rechnungen ausstellen
f) die Kündigung aussprechen
g) Tarifgespräche vereinbaren
h) den Werksarzt benachrichtigen

b. Setzen Sie jetzt dieselben Ausdrücke ins Passiv Perfekt.

2.
Die Auftragsabwicklung – von der Anfrage bis zur Zahlung.

Bitte bestimmen Sie bei den folgenden Sätzen, in welchen Vorgang sie gehören (Auftragsbestätigung, Lieferung, Rechnung, Mahnung wegen Lieferverzug, Mängelrüge, Mahnung wegen Zahlungsverzug).

Die Lieferung erfolgt verzollt, verpackt und frachtfrei mit unserem eigenen LKW.

Wir bedauern, Ihnen mitteilen zu müssen, dass Sie mit Ihrer Lieferung in Verzug geraten sind.

Leider ist der von Ihnen genannte Liefertermin schon eine Woche überschritten.

Zahlbar netto Kasse.

Wir danken Ihnen für Ihren Auftrag vom …

Wir bestätigen den Eingang Ihrer Bestellung vom …

Leider haben wir bei der Durchsicht unserer Unterlagen festgestellt, dass Sie unsere Rechnung vom … noch nicht bezahlt haben.

Sicherlich haben Sie den Zahlungstermin übersehen.

Trotz der von Ihnen vorgenommenen Reparatur müssen wir feststellen, dass der Verkaufsautomat nicht reibungslos funktioniert.

Leider muss ich Ihnen heute mitteilen, dass ich mit … nicht zufrieden bin, weil …

In der Hoffnung auf weitere gute Zusammenarbeit verbleiben wir …

Beim Öffnen der von Ihnen gelieferten Sendung mussten wir leider feststellen, dass drei der 15 Vasen zerbrochen waren.

Unsere Rechnung Nr. … ist schon seit drei Wochen fällig.

Die von Ihnen gelieferten Stoffe weisen folgende Fehler auf: …

3.

Formen Sie die Nominalgruppen in Nebensätze um.

Beispiel:
Nach Beendigung der Verhandlungen fanden Mitarbeitergespräche statt.
Nachdem die Verhandlungen beendet waren, fanden Mitarbeitergespräche statt.

1. Nach Abschluss der Werbekampagne wurde die Marktentwicklung analysiert.
2. Vor Eröffnung der Messe gab die Messeleitung einen Presseempfang.
3. Durch die Erhöhung der Kosten sind die Verkaufszahlen gesunken.
4. Bei Vorliegen der Ausfuhrbewilligung kann der Versand in die Wege geleitet werden.
5. Wegen Wegfall der Zollbeschränkungen lassen sich die Transporte schneller durchführen.
6. Zur Herstellung guter Geschäftskontakte braucht die Firma fähige Außendienstmitarbeiter.

4.

Ergänzen Sie die Lücken mit den folgenden Adverbien:

fristlos, befristet, fristgemäß, kurz- oder langfristig

1. Die Firma bemüht sich, stets ___________ zu liefern.
2. Viele Verträge sind zeitlich ___________
3. Drei Arbeiter wurden ___________ entlassen.
4. Brauchen Sie den Kredit ___________?

5.

Ergänzen Sie die Lücken mit den folgenden Verben:

ablaufen, verlängern, einhalten, gewähren

1. Die Kündigungsfrist muss unbedingt ___________ werden.
2. Der Lieferant schickte eine Mahnung, weil die Zahlungsfrist längst ___________ war.
3. Der Kunde bat den Lieferanten, eine längere Zahlungsfrist zu ___________.
4. Wegen Produktionsausfall musste die Lieferfrist ___________ werden.

6.

Rätsel

Die Anfangsbuchstaben der Lösungswörter ergeben, von oben nach unten gelesen, ein Wort für Bargeld, Kreditkarten, Schecks, usw.

1. Wenn man spart oder Kapital investiert, bekommt man sie.
2. Form der Bezahlung im internationalen Zahlungsverkehr.
3. ein anderes Wort für Produktion
4. die Zeit, über die z. B. ein Kredit abgeschlossen wird
5. das gesamte Einkommen, das ein Unternehmen durch Verkäufe hat (z. B. in einem Monat oder einem Jahr)

6. Zweiggeschäft eines Unternehmens, besonders im Ausland
7. Bankkonto, mit dem man nicht spart
8. das Gegenteil von Gläubiger
9. Zahlungserinnerung
10. Häuser, Wohnungen, Grundstücke
11. Festgelegter Zeitpunkt für eine Besprechung
12. Was die Gewerkschaften und Arbeitgeber aushandeln
13. Verdienst, z. B. Lohn, Gehalt
14. Man braucht ihn bei einer Stellenbewerbung

Kapitel 1

1.
Welche?

a. Im Folgenden ordnen wir einige Berufe den Tätigkeiten zu:

1. Bäcker, (Optiker), (Maurer), (Mechaniker), Schneider, Schlosser, Koch, Tischler
2. Laborfacharbeiter, Optiker, Drucker, Dreher, Mechaniker
3. Industriekaufmann, Optiker, Bürokauffrau, Versicherungsangestellter
4. Polizeibeamter, Versicherungsangestellter
5. Tierpfleger, Krankenpfleger, Krankenschwester, Erzieherin, Kindergärtner, Lehrer
6. Bürokauffrau, Versicherungsangestellter, Spediteur, Rechtsanwältin
7. Laborfacharbeiter, Optiker, Krankenpfleger, Installateur, (Drucker)
8. (Bäcker, Tierpfleger, Laborfachbarbeiter, Kellner, Industriekaufmann, Optiker, Maurer, Gärtner, Friseur, Installateurin, Drucker, Dreher, Mechaniker, Schneider, Schlosser, Koch, Tischler; mit Ausbildungszulassung, siehe Infoseite) Lehrer, Erzieherin, Rechtsanwalt
9. Ingenieur
10. Verkäufer, Kellner, Spediteur

3.
b. *arbeiten vorwiegend mit Menschen:*
Polizeibeamter / -beamtin, Verkäufer / in, Kellner / in, Krankenpfleger / in, Friseur / Friseuse, Krankenschwester / Krankenpfleger, Erzieher / in, Kindergärnter / in, Rechtsanwalt / -wältin, Lehrer / in

mit Maschinen:
Laborfacharbeiter / in, Drucker / in, Dreher / in, Mechaniker / in, Schneider / in, Schlosser / in, Tischler / in

mit beidem:
Verkäufer / in, Optiker / in, Bürokaufmann / -frau, Industriekaufmann / -kauffrau, Schneider / in, Versicherungsangestellter / -angestellte

Anmerkung:
Diese Angaben gelten nur im Allgemeinen.

4.
b. Auf Ihre o.g. Anzeige bewerbe ich mich um die Stelle einer Fremdsprachensekretärin in Ihrer Exportabteilung. Ich komme aus Spanien, lebe aber seit 10 Jahren in Deutschland und bin mit einem Deutschen verheiratet. Wir haben zwei Kinder. ...
Seither arbeite ich in meiner Lehrfirma in der Exportabteilung als Sekretärin. Beiliegend finden Sie meinen Lebenslauf und Kopien meiner Zeugnisse, ...
... Leider kann ich meine Fremdsprachenkenntnisse an meiner jetzigen Stelle nicht oft einsetzen. Die von Ihnen angebotene Stelle interessiert mich ganz besonders, weil Ihre Firma vor allem auf dem lateinamerikanischen Markt tätig ist.
Ich glaube, die richtigen Kenntnisse und Qualifikationen mitzubringen, und würde mich freuen, wenn Sie mir Gelegenheit zu einer persönlichen Vorstellung geben würden.

Redemittel
Bewerbung
Auf Ihre ... o.g. Anzeige / ... bewerbe ich mich um die Stelle /
... Ich komme aus ..., lebe (aber) seit 10 /... Jahren in Deutschland /... Ich bin mit einem Deutschen / Franzosen /... verheiratet. Ich habe / wir haben ein Kind / zwei Kinder /...Nach dem Besuch des Gymnasiums / der Schule /... in Madrid /... habe ich zuerst / danach / ein Jahr lang / zwei Jahre lang /... in Deutschland / ... gearbeitet /... gelebt /...Dann habe ich eine Lehre / eine Ausbildung als ... gemacht. Die Ausbildung habe ich 1987 / ... beendet / in ... fortgesetzt. Seitdem / jetzt arbeite ich in der Firma / bei der Firma ... in der Exportabteilung / im Einkauf /... als Einkäufer / Sekretärin /... Beiliegend / in der Anlage finden Sie meinen Lebenslauf ... Außer Spanisch / ... spreche ich noch Französisch / ... Ich interessiere

mich für die angebotene Stelle, weil … Ich würde mich freuen, wenn Sie mir Gelegenheit zu einer persönlichen Vorstellung / zu einem persönlichen Gespräch /… geben würden.

d. 1. sich bewerben um
2. mit jemandem verheiratet sein
3. eine Ausbildung machen, Ausbildung beenden.
4. in einer, in der Exportabteilung arbeiten
5. auf dem Markt tätig sein
6. Gelegenheit zu einer persönlichen Vorstellung geben

7.

Es handelt sich hierbei natürlich nicht um eine authentische Stellenanzeige.

8.

Wie viele Sprachen sprechen Sie? / Hat Ihnen London gefallen? / Wo haben Sie studiert? / Warum möchten Sie Ihre jetzige Stelle aufgeben?

Herr Kastner = **K**
Personalchef = **P**

P: … Ja, Herr Kastner, danke, dass Sie so kurzfristig kommen konnten. Ich muss nächste Woche verreisen und wollte Sie nicht so lange warten lassen. Ich habe Ihre Bewerbungsunterlagen hier vorliegen und habe nur noch ein paar Fragen. Für uns sind Fremdsprachen besonders wichtig. Wie viele sprechen Sie denn?
K: Ich bin zweisprachig aufgewachsen, mit Französisch und Deutsch, habe dann auf der Uni noch Englisch studiert und zum Spaß Arabisch gelernt.
P: Das kann sich sehen lassen. Für Sie ist Sprachenlernen wohl ein Hobby?
K: Das kann man sagen. Aber ich sitze nicht nur und lerne, sondern treibe auch viel Sport, vor allem Tennis.
P: Wir haben hier eine Tennismannschaft, wenn Sie das interessiert. Aber zurück zu Ihrer Ausbildung. Wo haben Sie eigentlich studiert?
K: In Hamburg und ein Jahr lang in London. Dort habe ich anschließend auch noch ein 4-monatiges Praktikum gemacht.
P: Ich selbst war auch sechs Monate in London. Hat es Ihnen gefallen?
K: Sehr gut. Ich mochte vor allem die Mentalität der Leute. Und die Berufserfahrung, die ich gesammelt habe, hätte ich woanders nicht bekommen können.
P: Berufserfahrung, ja. Sie wollen Ihre jetzige Stelle aufgeben. Warum?
K: Ich möchte meine Sprachen etwas mehr benutzen. An meiner jetzigen Stelle brauche ich nur Englisch und bei Ihnen wird viel Französisch verlangt.
P: Richtig. Das gefällt mir alles ganz gut. Haben Sie selbst jetzt noch Fragen?
K: Ja, ich wüsste gern, …

a. 1. Haben Sie ein Hobby? ✔
2. Wie alt sind Sie?
3. Wie lange haben Sie …
4. Wie viele Sprachen … ✔
5. Sind Sie verheiratet?
6. Wann haben Sie die …
7. Hat Ihnen London … ✔
8. Wo haben Sie studiert? ✔
9. Warum möchten … ✔
10. Haben Sie gute …

b. Der Personalchef wollte wissen,
… wie viele Sprachen ich spreche
… ob mir London gefallen hat
… wo ich studiert habe
… warum ich meine jetzige Stelle aufgeben möchte

9.

b. Moderator = **M**
Frau Waigel = **W**

M: Guten Tag, liebe Hörerinnen und Hörer. Willkommen zu unserem Magazin aus dem Berufsleben. Heute begrüßen wir bei uns im Studio Frau Waigel vom Arbeitsamt Stuttgart. Frau Waigel, wir alle wissen, dass immer nur ein Bewerber eine Stelle bekommen kann – leider. Aber wissen wir auch, warum die Mitbewerber vom Arbeitgeber abgelehnt werden? Die Bewerber selbst wissen es meistens nicht.
W: Ja, es wäre schön zu wissen, warum man eine Stelle nicht bekommt. Die meisten Bewerber bringen es ja nicht einmal zum Vorstellungsgespräch. Sie bleiben schon bei der Vorauswahl hängen. Eine Umfrage bei Arbeitgebern hat gezeigt, dass es eigentlich nur vier wichtige Gründe gibt, warum jemand abgelehnt wird.
M: Und ist das für alle Tätigkeiten gleich? Oder gibt es Unterschiede zwischen, sagen wir, Facharbeitern und Angestellten?

W: Oh ja, da gibt es Unterschiede. Aber auch Gemeinsamkeiten. Zum Beispiel spielen fehlende Kenntnisse sowohl bei Facharbeitern als auch bei Angestellten in qualifizierten Tätigkeiten die größte Rolle. Bei Facharbeitern sind sie etwas wichtiger: 47 % werden aus diesem Grund abgelehnt, bei Angestellten sind es 40 %.

M: Welche Rolle spielt die Ausbildung selbst dabei?

W: Bei Facharbeitern eine große. Sie steht an zweiter Stelle der Ablehnungsgründe mit 33 %. Für einen Facharbeiter ist auch die Berufserfahrung wichtig. Wenn er zu wenig hat, wird er auch häufig abgelehnt. 32 % der Ablehnungen gehen auf das Konto der Berufserfahrung. Zu wenig Erfahrung im Beruf spielt bei den Angestellten keine so große Rolle.

M: Und wie sieht es mit Ausbildung und Berufserfahrung bei den Angestellten aus?

W: Sie werden staunen: Sowohl Ausbildung als auch Berufserfahrung spielen bei den Angestellten gar keine wichtige Rolle. Sie erscheinen bei den vier wichtigsten Gründen für Ablehnung gar nicht!

M: Das ist wirklich erstaunlich. Ich kann mir nicht vorstellen, was stattdessen bei Angestellten wichtig ist. Vielleicht erwarten sie eine zu hohe Bezahlung?

W: Genau richtig. Zu hohe Einkommenserwartungen stehen mit 35 % an zweiter Stelle als Ablehnungsgrund! Danach folgt noch ein Grund, der mit der Person selbst zu tun hat: die persönliche Eignung für die Stelle. 21 % der Bewerber werden aus diesem Grund abgelehnt. Bei den Facharbeitern sind es interessanterweise noch mehr, nämlich 31 %.

M: Jetzt fehlt uns nur noch der vierte Grund für Angestellte.

W: Ähnlich wie bei den Einkommenserwartungen sind es Wünsche der Bewerber: Man kann sich nicht auf die Arbeitszeit einigen.

M: Danke für Ihre interessanten Ausführungen.

Ob Ihre Einschätzung richtig war, das wissen wir nicht. Aber wir können Ihnen hier die Prozentzahlen geben. Sie können dann noch einmal vergleichen.

1. 47 % fehlende Kenntnisse
   33 % Ausbildung
   32 % Berufserfahrung
   31 % persönliche Eignung

2. 40 % fehlende Kenntnisse
   35 % zu hohe Einkommenserwartungen
   21 % persönliche Eignung
   X Arbeitszeitwünsche

10.

a. Sehr geehrte**r** Herr Schlosser,auf **I**hr Schreiben vom 21. M**ä**rz 19xx teilen wir Ihnen mit, dass wir keine weiteren Ingenieur**e** einstellen können, da wir ein kleiner Betrieb sind und die Arbeiten von unsere**m** Bauingenieur überwacht und ausgeführt **werden**. Wir geben Ihnen nachstehend die Adre**ss**e einer größeren Firma in Kassel, die Ihnen vie**ll**eicht weiterhelfen könnte.
Wir hoffen Ihnen mit diesen **A**ngaben gedient zu haben und verbleiben
mit freundliche**m** Gruß / mit freundlich**en** Grüß**en**

11.

a.
1. Neuling
2. Fehler offen zugeben
3. Abteilungsleiter gegeneinander ausspielen
4. Geheimnisse für sich behalten
5. Lorbeeren ernten
6. Schikanen einstecken
7. eine Person schneiden
8. Firmenklatsch
9. Betriebsfeiern
10. sich drücken
11. etwas ausplaudern

12.

Redemittel:

Das Thema ist …
Es geht um …
Die Grafik ist vom …
Das Datum der Grafik ist …
Ich bekomme / Wir bekommen Informationen über …

Vergleiche
Mehr / Weniger Männer / Frauen / Kinder / …
Die Anzahl der Männer / Frauen, die in die Kantine gehen / …
… ist größer / kleiner als …
Die Anzahl … ist genauso groß wie …

Die Anteile werden in Prozentzahlen / … ausgedrückt.

13.

d. **Redemittel**
Meinung
Meiner Meinung nach …
Ich bin der Meinung, dass
Das finde ich auch / nicht.
Das halte ich für richtig / für falsch.

Dem stimme ich zu / teilweise zu / nicht zu / vielleicht zu / …
Das kommt darauf an, ob …
was …
wie viele …
wo …
…
Darüber muss ich noch einmal nachdenken.

Grafik: Nur Männer?

14.

c. Moderator = **M**
Herr Emmeluth = **E**
Herr Kuhr = **K**
Frau Baker = **B**

M: Herr Emmeluth, Sie bekommen von VW jetzt keine Sonderzahlung mehr. Ist das für Sie ein großes Problem?
E: Na ja, schön ist es nicht. Wir haben früher die Zahlung dazu benutzt, unsere Heizölrechnung für das ganze Jahr zu bezahlen. Das können wir jetzt nicht mehr. Aber ich mache das jetzt monatlich. Dann tut es nicht so weh. Und übrigens: Wir haben so viel gespart, dass wir dieses Jahr sogar in Urlaub fliegen können.
M: Herr Kuhr, wie sieht es bei Ihnen aus? Wie ist Ihre finanzielle Situation jetzt?
K: Mit vier Kindern und 800 Euro Miete im Monat war die Sonderzahlung ein Betrag zum Überleben. Wir müssen Opfer bringen. Meine Söhne können zum Beispiel nicht an ihren Klassenfahrten teilnehmen, die hätten mich 500 Euro gekostet. Meine Frau arbeitet als Aushilfe in einem Hotel. Sie bekommt keine zusätzliche Arbeit. Um unsere Heizölrechnung bezahlen zu können, habe ich von meiner Bank den Dispositionskredit erhöhen lassen.
M: Frau Baker, was sagen Sie zu der Streichung der Sonderzahlung?
B: Der Wegfall der Sonderzahlung haut bei mir richtig rein. Aber ich verdiene 1 330 Euro netto und bekomme 130 Euro Alimente und kann deshalb den Verlust ganz gut auffangen. Jedenfalls sehe ich keinen Grund, von VW wegzugehen.

Ich möchte dort in eineinhalb Jahren den Industriemeister machen.

15.

1. a. Heute ist Montag, der 14. Februar.
   b. Nächsten Monat, also im März, nehme ich meinen Urlaub.
   c. Letzten Montag war der 7. Februar.

   d. Nächstes Jahr, 1997, möchte ich mir eine neue Stelle suchen.

2. Wir haben (am) Mittwochnachmittag geschlossen.
3. Wir haben vom 25. Juli bis 4. August Betriebsferien.
4. Während der Semesterferien habe ich als Kassierer gearbeitet.
5. Wir laden Sie zum Vorstellungsgespräch am 1. Juni, um 14.00 Uhr, ein.
6. Seit zwei Jahren arbeite ich bei Müller & Co.
7. Vor zwei Jahren habe ich die Firma verlassen.
8. — 1992 und 1993 war ich im Ausland.

Kapitel 2

1.

a. *Gerd Schneider,* Dipl.-Kaufmann, Einkauf, Verkauf oder Buchhaltung
Maria Baumann, Geschäftsführerin, steht in der Hierarchie über den Abteilungen
Thomas Manz, Exportkaufmann, Verkauf
Markus Buchner, Chem.-techn. Assistent, Planung (oder Produktion, ist hier nicht aufgeführt)
Markus Ottinger, Ing. grad., Planung (oder aber in der Produktion, ist hier nicht aufgeführt)
Christine Näther, Dipl.-Chemikerin

2.

Lesen Sie die Texttranskriptionen bitte erst, wenn Sie a bis c gelöst haben.

c. *Am Empfang*
– Guten Morgen, Herr …?
– Hier ist meine Karte, bitte. Worcester von der Fa. Cranbourne.
– Werden Sie erwartet?

- Oja, natürlich, ich habe einen Termin bei Herrn Schmidt.
- Welchen Herrn Schmidt meinen Sie? Im Verkauf oder im Labor.

- Oh Entschuldigung, Herrn Schmidt im Verkauf.
- Wie bitte?
- Herrn Schmidt vom Verkauf.
- Kleinen Moment bitte … Nehmen Sie doch bitte einen Augenblick Platz. Herr Schmidt kommt sofort und holt Sie ab.
- Danke. Vielen Dank.

Am Telefon
- Lorenz KG, guten Morgen.
- Maier von der Firma Thomas. Ich möchte gern Herrn Schmidt sprechen.
- Welchen Herrn Schmidt meinen Sie? Mit dt oder mit Doppel-t?
- Mit dt.
- Herr Schmidt ist leider noch nicht im Haus.
- Oh. – Äh. – Wann kommt er denn? Er erwartet nämlich meinen Anruf.
- Einen Moment bitte. Ich verbinde Sie mit der Verkaufsabteilung. Vielleicht kann man Ihnen da weiterhelfen.
- Danke schön.

3.

Redemittel

Telefonzentrale – Empfang

A – [Sie melden sich am Telefon] – Firmenname, guten Tag / Morgen
Einen Moment bitte, ich verbinde Sie (mit Herrn / Frau Meier / …)
Herr / Frau … spricht gerade
Herr / Frau … ist heute / diese Woche / … nicht im Büro
Herr / Frau … ist gerade nicht in seinem / ihrem Zimmer / gerade in einer Besprechung.
Worum geht es? / Kann ich Ihnen weiterhelfen?
Er / Sie erwartet meinen Anruf.
Können wir Sie zurückrufen? Geben Sie uns / mir bitte Ihre Nummer?

B – Haben Sie einen Termin (mit Herrn / Frau …)?
Ich sage Bescheid, dass Sie da sind.
Nehmen Sie doch bitte einen Augenblick Platz.
Herr / Frau … kommt sofort / in fünf Minuten / …
Herr / Frau … kann leider erst in 15 Minuten …
Herr / Frau … kommt und holt Sie ab.
Herr / Frau … erwartet Sie in seinem / ihrem Büro / Zimmer.
Hier ist meine Karte.
Ich möchte mit Herrn / Frau … vom Verkauf / Einkauf / … sprechen.
Ich habe mit Herrn / Frau … vom Verkauf / Einkauf / … einen Termin.
Herr / Frau … ist heute nicht im Hause.

4.

a. Bis zu 200 Mitarbeiter sind bei Chemotec beschäftigt.

b. 1. Versuchslabor
2. Qualitätskontrolle
3. Fertigung
4. Rohstoffe
5. Kaufmännische Leitung
6. Rechnungswesen
7. Kostenrechnung
8. Ausbildungswesen
9. Kundendienst

5.

A Marketing – mit Kunden telefonieren, Preise vergleichen, Werbung planen

B Finanzbuchhaltung – Rechnungen bearbeiten, Abrechnungen kontrollieren

C Einkauf – Glasflaschen bestellen, Preise vergleichen, mit der Spedition telefonieren, mit Lieferanten telefonieren, Bestand kontrollieren
D Personalwesen – Marketingassistentin einstellen, Vorstellungsgespräche führen
E Auslieferungslager – Versandpapiere unterschreiben, mit der Spedition telefonieren, Bestand kontrollieren
F Produktion Badeöl – Maschinen prüfen, Glasflaschen abfüllen

6.

1. Vertrieb, Auftragsbearbeitung
2. Verwaltung, Rechnungswesen
3. Verwaltung, Ausbildungswesen
4. Vertrieb, Auftragsbearbeitung
5. Vertrieb, Außendienst
6. Fertigung, Einkauf
7. Vertrieb, Fakturierung
8. Vertrieb, Marketing
9. Verwaltung, Personalwesen

7.

b. 1. Lage
   2. Wirtschafts- und Bevölkerungsstruktur
   3. Ausbau der Infrastruktur

8.

a. 1. Handel, Gastronomie, Bauwesen, Metall verarbeitende Industrie, chemische Industrie, (Tier- und Pflanzenproduktion), Lebensmittelindustrie
   2. hohes Potential an Facharbeitern, hoher Anteil an arbeitsfähiger Bevölkerung
   3. 32 000
   4. umfangreiche Investitionen geplant
   5. Bahn: Strecke Hannover wird ausgebaut;
      Straße: A2 wird ausgebaut;
      Wasserwege: Kanalausbau
   6. die Entfernungen entnehmen Sie bitte der Karte
   7. das müssen Sie entscheiden

9.

a. der Lieferant – liefern
die Verarbeitung – verarbeiten
der Anschluss – anschließen
der Vorschlag – vorschlagen
die Versorgung – versorgen
der Stand – stehen
das Erzeugnis – erzeugen
der Unternehmer – unternehmen
der Handel – handeln

Hinweis:
unternehmen: die Unternehmung,
das Unternehmen, (siehe auch Kapitel 3)
der Unternehmer

Erläuterung:
unternehmen – Etwas unternehmen bedeutet etwas machen.

Beispiel:
Was unternehmen wir denn heute?

Das Unternehmen kann zwei Bedeutungen haben, einmal das Unternehmen, d. h. der Plan, der realisiert wird, oder das Unternehmen als der Betrieb, die Firma. Der Unternehmer ist immer derjenige, der ein wirtschaftliches Unternehmen leitet oder besitzt. Die Unternehmung bedeutet das Gleiche wie das Unternehmen.
Ähnlich zweideutig oder mehrdeutig sind die Wörter der Handel und handeln: Handeln bedeutet Geschäfte machen oder etwas tun.

b. nur diese sind richtig: Verkehrslage, Verkehrsnetz, Verkehrsstruktur, Industriearbeit, Industrieproduktion, Industriezweig, Industriegebiet, Handwerk, Handarbeit, Handproduktion, Ballungsgebiet, Ballungsraum, (Fachwerk = ein Haustyp in Deutschland), Facharbeit, Fachgebiet, Fachangebot, Infrastruktur, Bauwerk, Baulage, Baustruktur, Bauindustrie, Bauarbeit, Bauproduktion, Baugebiet, Bauangebot, Lebensmittelindustrie, Lebensmittelproduktion, Lebensmittelangebot

Kapitel 3

1.

b. Schlossermeister, nicht Werkzeugmacher, Ferdinand Humpel
Es halfen ihm zwei Gehilfen und zwei Lehrlinge, nicht drei Gehilfen und zwei Lehrlinge.
Aus der Werkstatt wurde eine kleine Fabrik, nicht eine große Fabrik.
Das Kapital bekam Ferdinand Humpel von seinem Bruder, nicht von seinem Schwager.
Die Firma heißt Humpel Werkzeug KG und nicht OHG.
Nach dem Ersten Weltkrieg hatte die Firma Humpel Werkzeug KG Probleme, aber gutes Werkzeug lässt sich immer verkaufen.
Die Zahl der Mitarbeiter war auf mehr als 300 angestiegen. (Wenn das Wort weniger richtig wäre, müsste stehen „weniger als 300 gesunken“.)
Familientradition ist es Qualität und Kundendienst zu unterhalten.
Eine besonders große Rolle spielt der Export.
Der Enkel des Gründers heißt Wolfram Humpel, nicht Wolfgang Humpel.

2.

a. Sekretariat = **S**
Max Fechtner = **F**

S.: Sekretariat Frau Krause.
F.: Guten Tag. Hier spricht Max Fechtner von der Weinheimer Rundschau. Ist Frau Krause zu sprechen?
S.: Sie ist leider in einer Besprechung. Worum geht es denn?
F.: Ja … wir haben von Ihnen Informationsmaterial erhalten über Ihr 100-jähriges Jubiläum. Wir möchten gerne einen Artikel

über Sie schreiben und dazu möchte ich gern mit Frau Krause ein Interview führen.
S.: Sind Sie heute Nachmittag erreichbar? Wir könnten Sie gegen vier Uhr zurückrufen um einen Termin zu vereinbaren.
F.: Ja, das passt mir gut. Ich gebe Ihnen meine Telefonnummer: 06231–72, Durchwahl 541.
S.: Wir rufen Sie heute noch an.
F.: Danke und auf Wiederhören.

Anruf für:	Frau Krause
Anruf von:	Max Fechtner, Weinheimer Rundschau
Datum: –	(keine Angaben, nehmen Sie das aktuelle Datum)
Uhrzeit: –	(keine Angaben, nehmen Sie die aktuelle Uhrzeit)
Tel. Nr.	06231 / 72 – Durchwahl 541
Nachricht:	Informationsmaterial 100-jähriges Bestehen erhalten, möchte Artikel schreiben
Bitte um:	Rückruf, um vier Uhr, heute

b. Sind Sie heute Nachmittag erreichbar?
Worum geht es denn?
Ist Frau Krause zu sprechen?
Wir könnten Sie zurückrufen, um einen Termin zu vereinbaren.
Ja, das passt mir gut.

3.

a.
- Sekretariat Herr Dr. Bauer.
- Guten Tag. Könnte ich bitte mit Herrn Dr. Bauer sprechen?
- Wie ist Ihr Name bitte?
- Oh, Entschuldigung. Korowski von der Fa. Huber & Co., Druckerei.
- Worum geht es denn?
- Sie haben Prospektmaterial bei uns bestellt. Ich hätte da noch eine Frage wegen des Farbdrucks.
- Ist es dringend? Herr Dr. Bauer ist in einer Besprechung.
- Ja, ziemlich. Wir müssten heute noch Bescheid bekommen.
- Herr Dr. Bauer wird Sie sofort anrufen, wenn er zurück ist.
- Wann erwarten Sie ihn denn zurück?
- In etwa einer Stunde. Genügt Ihnen das?
- Ja, das ist kein Problem. Ich erwarte seinen Anruf. Danke.

5.

a.
1. Notfalldienst
2. Rundumservice
3. Kaffeetheke
4. Geräteverleih
5. Urlaubsdienst

6.

1. Bedürfnisse der Kunden
2. Kundenbindung
3. Zusatzleistung
4. garantieren
5. Verkaufsgespräch
6. ausleihen
7. Schäden
8. Renovieren

7.

a.

Anrede:	Sehr geehrte Damen und Herren
Textbeginn:	Die Firma Hausmann & Söhne in Krefeld ist ein Unternehmen des Teppichgroß- und -einzelhandels.
Textende:	Wir freuen uns darauf, von Ihnen zu hören oder Sie in unseren Geschäftsräumen begrüßen zu dürfen.
Grußformel:	Mit freundlichen Grüßen

b. Sehr geehrte Damen und Herren,
die Firma Hausmann & Söhne in Krefeld ist ein Unternehmen des Teppichgroß- und -einzelhandels. Das Unternehmen ist ein Familienbetrieb und beschäftigt insgesamt zehn Mitarbeiter.

Beide Söhne des Firmeninhabers arbeiten aktiv im Geschäft mit. Durch die verkehrsgünstige Lage im Krefelder Industriezentrum ist das Unternehmen sowohl vom Stadtzentrum als auch von der Autobahn gut zu erreichen. Wir haben außerdem ein Fachgeschäft im Stadtzentrum von Krefeld. Bei unseren Produkten handelt es sich vor allem um Teppichfliesen höchster Qualität und in bester Auswahl. Außerdem finden Sie bei uns ein großes Angebot an Berberteppichen und afghanischen Teppichen. Durch Direktimport können wir beim Kauf einen Preisvorteil erzielen, den wir voll an unsere Kunden weitergeben.

In unseren ausgedehnten Geschäftsräumen finden Sie ausgebildetes Personal, das Ihnen stets zur fachlichen Beratung zur Verfügung steht. Als ganz besonderen Service bieten wir die Beratung in Ihren eigenen vier Wänden. Qualifizierte Dekorateure kommen zu Ihnen ins Haus und bringen eine ausgedehnte Musterkollektion mit. Für diesen

Service genügt ein Telefonanruf von Ihnen, um mit uns einen Besuchstermin zu vereinbaren.

Wenn Sie allerdings Ihre Fliesen selbst verlegen wollen, ist das auch kein Problem: Sie bekommen bei uns alles notwendige Werkzeug und Zubehör. Wir freuen uns darauf, von Ihnen zu hören oder Sie in unseren Geschäftsräumen begrüßen zu dürfen.
Mit freundlichen Grüßen

8.

b. Die sind nächste Woche lieferbar.
Ja, wir sind auch sonntags erreichbar.
Nein, die Gardinen sind leider nicht waschbar.

9.

b. Wir geben Ihnen hier einige Beispiele:
Importieren Sie Ihre Produkte?
Woher importieren Sie Ihre Produkte?
Bieten Sie auch Beratung zu Hause an?

11.

c.
1. Die Mitarbeiter arbeiten besser und mit mehr Freude.
2. Die Leitlinien des Betriebes legen die Grundidee, das Motto des Unternehmens fest.
3. Werbeargumente finden bedeutet Punkte, Argumente zu finden, die in der Werbung den richtigen Effekt haben.
4. Ein klares Profil entwickeln bedeutet, dass jeder Kunde genau weiß, was für eine Firma, was für ein Betrieb oder was für ein Unternehmen hinter dem Namen steckt.

d. 1 d; 3 b; 2 a; 4 c

12.

b. sich beschäftigen mit, sich aufregen über, sich wenden an, sich freuen über / auf, sich einigen mit / über / auf, sich orientieren an, sich halten an, sich erinnern an

c.
1. Vielleicht erinnern Sie sich an unser Gespräch auf der Messe.
2. Könnten wir uns auf einen Kompromiss einigen?
3. Bei Fragen wenden Sie sich bitte an Frau Brummer.
4. Bitte regen Sie sich über dieses Problem nicht auf. Wir werden eine Lösung finden.
5. Über eine baldige Antwort würde ich mich sehr freuen.
6. Alle unsere Mitarbeiter müssen sich an die Regeln halten.
7. Haben Sie sich schon mit dem Problem unseres Kunden beschäftigt?
8. An den roten Pfeilen können Sie sich orientieren.

e.
1. Kundenkontakte können aufgebaut werden.
2. Das kann gemacht werden.
3. Kann der Termin geändert werden?
4. Können die Kunden überzeugt werden?
5. Eine Kaffeetheke kann eingerichtet werden.
6. Die Preise können verglichen werden.

13.

Für Ihre Redemittelliste
Wir könnten Folgendes tun: ... / eine Werbeagentur suchen / ...
Ich möchte vorschlagen, dass wir ...
Ich möchte den Vorschlag machen, dass ...
Das / Die Idee finde ich gut / nicht gut / nicht so gut / ...
Einverstanden.

Darüber müssen wir noch einmal nachdenken / sprechen / ...
Ich bin nicht (so) sicher, ob das geht / ob das nicht zu teuer wird / ist /
Ich weiß nicht so richtig, könnten Sie mir/uns das noch einmal/genauer erklären / noch einmal vorführen/demonstrieren

Ich möchte einen Gegenvorschlag machen: ...
Eine andere Möglichkeit wäre, ...
Wir könnten auch ...

Kapitel 4

1.

b. *Produkt:* Haltbarkeit, fehlerfrei, Garantie, gutes Funktionieren, Kontrolle, hoher Standard, überprüfen, testen, Erfüllung / Erfüllen aller Anforderungen und Wünsche, Zuverlässigkeit, Technologie, Innovation, nicht reparaturanfällig, gute Verarbeitung, Präsentation, Bedürfnisse von Kunden und Markt erfüllen, Materialien

Mitarbeiter: vollkommene Zufriedenheit, Kontrolle, Ausbildung, Motivation, Konzentration bei der Arbeit, Zuverlässigkeit, gute Zusammenarbeit, aus Fehlern lernen, Weiterbildung, Innovation, freundlich und höflich, gleicher Standard durch alle Abteilungen, Transparenz der Arbeitsvorgänge, Verantwortungsbewusstsein, Informationsfluss, Schulung, Kompetenz beim Kunden, gutes Arbeitsklima, Kontinuität, keine tödliche Routine, Bedürfnisse von Kunden und Markt erfüllen, Zufriedenheit und Freude an der Arbeit

Kunden: vollkommene Zufriedenheit, Garantie, Kundendienst, hoher Standard, Erfüllen aller Anforderungen und Wünsche, Zuverlässigkeit, Kundenbetreuung

2.

Frau Schwind = **S**
Herr Harrer = **H**

S: Ach ja, guten Morgen, Herr Harrer. Danke, dass Sie gekommen sind. Ich habe Sie zu mir gebeten um von Ihnen ein paar Ideen zu bekommen. Es geht um Qualitätsverbesserung.

H: Ja, das habe ich Ihrer Nachricht entnommen. Die Qualität unserer Leistungen zu verbessern liegt uns immer am Herzen. Haben Sie an etwas Bestimmtes gedacht?

S: Nein, eigentlich nicht. Ich denke im Moment an ein Brainstorming, sozusagen einen gedanklichen Rundumschlag, an ein Sammeln von Ideen.

H: Ich weiß nicht, ob Ihnen meine Ideen dazu gefallen werden, denn die kosten fast alle Geld.

S: Das habe ich erwartet. Aber ich glaube, dass sich solche Investitionen auszahlen. Wir müssen einfach immer an unserem guten Ruf arbeiten, und das geht nicht immer umsonst.

H: Ja, richtig. Zum guten Ruf gehört auch, dass wir jede Kritik ernst nehmen und bereit sind aus unseren Fehlern zu lernen. Wir müssen unsere Kunden bestens betreuen, und dazu gehört regelmäßige Schulung aller Mitarbeiter.

S: Ja, das sollten wir öfter tun, und zwar von der Rezeptionistin bis zum Werbetexter. Ich glaube, das wäre auch motivierend für alle, denn schließlich ist Freude an der Arbeit ein wichtiger Qualitätsfaktor.

H: Vielleicht könnte man in diesem Zusammenhang für einige Mitarbeiter die Arbeit interessanter machen. Ich weiß zum Beispiel, dass manche gerne mehr Verantwortung hätten. Viele Routinearbeiten können von Computern gemacht werden. Wir sollten ernsthaft in neue Technologie investieren.

S: Ja, müsste man genauer überlegen. Wie sehen Sie denn das Arbeitsklima bei uns? Finden Sie, dass Kollegialität herrscht? Wie könnte man den Informationsfluss zwischen Kollegen verbessern?

H: Tja, ich habe das Gefühl, dass wir alle ganz gern hier arbeiten. Aber der Informationsfluss, der könnte sicher verbessert werden. Wir müssten vielleicht …

Folgende Qualitätskriterien werden genannt: aus Fehlern lernen; Kundenbetreuung; Schulung; Freude an der Arbeit; Routinearbeiten; neue Technologie; Arbeitsklima; Informationsfluss

4.

a. *Argumente für Teamarbeit*
- jeder ist für den Erfolg verantwortlich
- jeder kann seine Probleme mit Kollegen besprechen
- jeder weiß Bescheid
- die Mitarbeiter können ihre Fertigkeiten besser einsetzen
- es ist keine Katastrophe, wenn einer einmal krank ist
- weniger Fehler …

Argumente gegen Teamarbeit
- alles geht langsamer
- man kann selten in Ruhe arbeiten (schlechte Konzentration)
- es wird viel über andere Dinge geredet
- die Mitarbeiter sind ständig in Besprechungen
- besondere Leistungen von einer Person können nicht honoriert werden
- stille Mitarbeiter haben weniger Chancen …

b. (1) A; (2) A; (3) A und B; (4) A; (5) B; (6) B

Die Redemittel finden Sie in der Texttranskription:

A: **Hast du schon gehört,** wir sollen in Zukunft immer mehr Teamarbeit machen. **Ich weiß nicht so recht, was** ich **davon halten** soll. **Ich denke immer, dass** man allein schneller arbeiten kann.

B: Das **sieht** vielleicht **auf den ersten Blick so aus. Aber ich glaube, dass** bei Teamarbeit mehr herauskommt, **weil** mehr Ideen zusammenkommen. Das dauert vielleicht wirklich länger, aber es bringt mehr.

A: **Da bin ich nicht so sicher.** Was dabei herauskommt, sind doch nur Kompromisse. Und ich bin einfach nicht daran gewöhnt, immer alles zu diskutieren.

B: Ja, lernen müssen wir schon. **Aber stell dir vor,** wir wissen dann auch viel mehr, weil wir bei allem dabei sind. Wir brauchen nicht ständig Memos schreiben und die anderen informieren, wir sind alle beteiligt.
A: **Na ja, dann** fühlen sich vielleicht auch die Kollegen mehr verantwortlich, die sich sonst gerne drücken. **Aber ...**

5.

a. eine Idee für ein Produkt haben, eine Idee für ein Produkt entwickeln
eine Idee darstellen, eine Idee schriftlich darstellen,
eine Idee beschreiben, eine Idee als Zeichnung darstellen,
eine Idee zeichnen
eine Idee prüfen und bewerten
einen Prototypen herstellen, einen Prototypen herstellen lassen
den Prototypen testen
Kosten berechnen
Produktion planen
ein Marketingkonzept entwickeln / erarbeiten
Produktion aufnehmen

6.

b.
1. umweltfreundlich
2. haltbar
3. waschbar
4. erfolgreich
5. bügelfrei
6. sichtbar
7. neuartig
8. pflegeleicht
9. nützlich
10. vielseitig
11. benutzerfreundlich
12. geruchlos
13. farbecht
14. kalorienarm

d. **Redemittel**
Beschreiben
Bei diesem Produkt handelt es sich um ...
Der / Die / Das hier gezeigte ... ist ...
Er / Sie / Es bietet leichten Zugriff / hohen Komfort / ...
Sein / Ihr / Sein Inhalt beträgt ...
Der / Die / Das ... wiegt ... kg (Kilogramm) / Pfund / g (Gramm) / Milligramm
Der / Die / Das ... ist ... cm / Zentimeter) / mm (Millimeter) / m (Meter) hoch / breit / tief.
Der / Die / Das ... ist umweltfreundlich / marktgerecht / ...
Der / Die / Das ... ist ein Produkt / ein Gegenstand / ..., der / die / das ... ist.
den / die / das man gut einsetzen / anwenden / gebrauchen kann.
dem / der / dem Sie immer vertrauen können.

7.

b.
1. Ressourcen
2. Sicherheit
3. Entwicklung
4. Leistungen
5. Verbesserung
6. Energie
7. Produktionsmethoden
8. Recyclingverfahren
9. Solarzelle
10. Klimaschutz
11. Aufgaben

9.

Vergleichen Sie auch Kapitel 1, Aufgabe 12

In Westdeutschland fürchten sich **die meisten** Menschen vor der Luftverschmutzung.
In Ostdeutschland finden **mehr Menschen** das Ozonloch am gefährlichsten.
Das Waldsterben **steht** sowohl in Ostdeutschland als auch in Westdeutschland **an dritter Stelle,** doch haben in Ostdeutschland **14 % mehr Leute** Angst vor dem Waldsterben.
Zehn Prozent der Befragten fürchten sich in Westdeutschland vor der Meeresverschmutzung.
In Ostdeutschland ist das den Leuten nicht so wichtig. **Da haben 19 % Angst** vor den Verkehrsproblemen, **das interessiert aber die Westdeutschen nicht.**
In Ostdeutschland scheint das Müllproblem **mehr** Angst zu machen **als** in Westdeutschland.

10.

1 Nein; 2 Ja; 3 Ja; 4 Ja; 5 Nein; 6 Ja; 7 Nein; 8 Ja; 9 Nein; 10 Nein;

Sender Freies Berlin, Moderator = **SFB**
Verbraucherzentrale Berlin, Herr Weber = **W**

Abschnitt 1
Guten Tag, liebe Zuhörerinnen und Zuhörer. Wir bekommen immer wieder Briefe, in denen Sie uns fragen: Lohnt es sich Energie sparende Produkte zu kaufen – um Kosten zu sparen und natürlich um der

Umwelt zu helfen. Denn schließlich kostet es Geld, neue Produkte zu kaufen. In unserem heutigen Beitrag versuchen wir diese Frage zu beantworten. Wir haben einen Experten bei uns im Studio, Herrn Weber von der Verbraucherzentrale Berlin. Herr Weber, wo und wann lohnt sich die Investition in umweltfreundliche Produkte?

W: Nun, im Prinzip bei solchen Produkten wie Kühlschränken, Lampen und vor allem bei Heizung und beim Auto.

SFB: Wie sieht es zum Beispiel beim Kühlschrank aus? Wie können wir eigentlich genau erfahren, wie viel Strom unser Kühlschrank, den wir in der Küche stehen haben, wirklich verbraucht?

W: Man kann von der Verbraucherzentrale einen Apparat leihen, der den Verbrauch genau misst. Wenn Ihr Kühlschrank mehr als 1,5 Kilowattstunden pro Tag verbraucht, dann ist das zu viel. Vergleichen Sie mal: Der alte Kühlschrank kostet etwa 72 Euro pro Jahr, ein moderner, Strom sparender Kühlschrank ohne Gefrierfach nur 19 Euro im Jahr. Sie haben also, sagen wir, 320 Euro für einen neuen Kühlschrank investiert und sparen rund einen Fünfziger pro Jahr.

Abschnitt 2

SFB: Klingt attraktiv. Aber muss man nicht auch bedenken, dass die Produktion eines neuen Geräts Rohstoffe und Energie kostet, wenn wir an die Umwelt denken?

W: Oh ja. Für die Umwelt lohnt sich das Ganze nur, wenn Ihr jetziges Gerät älter als zwölf Jahre ist und mehr als 1,5 Kilowattstunden am Tag frisst.

SFB: Und wie sieht es mit Energiesparlampen aus?

W: Hier lohnt sich die Investition auf jeden Fall. Eine Kompakt-Leuchtstofflampe mit 11 Watt kostet ungefähr 20 Euro. Das sieht auf den ersten Blick sehr teuer aus, verglichen mit der 60-Watt-Glühbirne für 70 Cent. Aber die Energiesparlampe hält 8-mal länger. Dazu kommt der Stromspareffekt zwischen 11 und 60 Watt.

Abschnitt 3

SFB: Man spricht sehr viel von Strom fressenden Kühl- und Gefrierschränken und Lampen. Aber ist es nicht so, dass die größten Energiediebe Heizung und Auto sind?

W: Da haben Sie Recht. Aber hier kann man keine allgemeinen Empfehlungen geben. Häuser sind so verschieden. Zuerst ist es wichtig, die Isolierung zu überprüfen. Wenn die schlecht ist, sind neue Fenster und eine Dämmung für die Außenwände notwendig. Erst danach lohnt es sich über die Heizung selbst nachzudenken.

Abschnitt 4

SFB: Welche Möglichkeiten für Heizungsanlagen würden Sie empfehlen?

W: Eine neue Erdgas-Heizung zum Beispiel ist eine gute Geldanlage. Sie bekommen in einigen Städten sogar einen Geldzuschuss, wenn Sie auf Gas umsteigen. Das sind etwa 500 Euro, die Sie dazubekommen. Der neue Gaskessel spart gegenüber einer alten Ölheizung schnell 250 bis 500 Euro im Jahr – eine gute Geldanlage, würde ich sagen.

Abschnitt 5

SFB: Und halten Sie Solaranlagen auch bei unserem Klima für eine gute Idee?

W: Aber sicher. Mit einer Solaranlage kann eine vierköpfige Familie bei mittlerem Wetter 2 500 Kilowattstunden Energie im Jahr sparen. Vergleichen Sie das mit elektrisch erwärmtem Badewasser – etwa 317 Euro. Und auch mit Ölheizung zahlt diese Familie immer noch 130 Euro. Durch eine Solaranlage fallen diese Kosten weg. Sie hält 20 Jahre und durch die Ersparnis bei den laufenden Kosten lohnt sich ihre Anschaffung wirklich.

SFB: Vielen Dank für das Gespräch, Herr Weber. Bei Fragen, liebe Zuhörerinnen und Zuhörer, wenden Sie sich an Ihre Verbraucherzentrale.

11.

b. 1 falsch, 2 richtig, 3 falsch, 4 richtig,
5 richtig, 6 falsch, 7 falsch, 8 falsch

12.

a. *Wir werden produzieren* – Futur → Zielvorgabe
die … gerecht werden – Vollverb → Absicht
Wir werden … erreichen – Futur → Zielvorgabe
die Zusammenarbeit soll gefördert werden – Passiv → Zielvorgabe
… beibehalten werden – Passiv → Absicht
… dass wir erreichen werden – Futur → Zielvorgabe
… (sie) … sich positiv entwickeln werden – Futur → Absicht / Zielvorgabe

b. Wir produzieren ausschließlich ohne Konservierungsstoffe, um unseren Kunden gesunde Nahrungsmittel zu bieten. Unser Ziel ist optimale Bedienung, damit unsere Kunden höchste Zufriedenheit erfahren. Wir entwickeln neue Motoren, um die Umwelt zu schonen. Die Qualität unserer Produkte wird ständig geprüft, um die Umwelt zu schonen. Die Qualität unserer Produkte wird ständig geprüft, um unseren Kunden gesunde Nahrungsmittel zu bieten. Wir brauchen die Kommentare unserer Kunden, um aus unseren Fehlern lernen zu können.

Redemittel
Ziele / Absichten formulieren:

Unser Ziel ist ...,
damit ...
um ... zu ...

Wir haben die Zufriedenheit / ... unserer Kunden / ... zum Ziel.

..., weil nur so unsere Ziele erreicht werden können.

Wir werden immer ...

Die Zusammenarbeit / Das Betriebsklima soll gefördert werden / weiter entwickelt werden.

Wir erwarten, dass ...
Dieses Ziel soll durch ... / mit Hilfe von ... / ... erreicht werden.

c. Wir können Ihnen hier natürlich nur Vorschläge machen:

1. Wir kaufen nur erstklassige Rohstoffe, um immer hochwertige Qualität produzieren zu können.
2. Unser Kundendienst ist Tag und Nacht erreichbar, damit der Kunde immer gut betreut ist.
3. Bei uns ist Teamarbeit sehr wichtig, weil nur so unsere Ziele erreicht werden können.
4. Wir verwenden nur Mehrwegflaschen, um die Umwelt zu schonen.
5. Unser neues Werk arbeitet mit Solarenergie, um Energie zu sparen.
6. Sogar unsere Standardmodelle haben einen Airbag, damit unsere Kunden immer sicher fahren können.

Kapitel 5

4.

a. Werbeträger – Das sind alle Einrichtungen, in denen und auf denen die Verbraucher mit Werbung konfrontiert werden, z. B. Tageszeitungen, Fernsehen ...
Werbemittel – Das sind alle Ausdrucksformen, die ein Unternehmen benutzt, um für ein Produkt zu werben, z. B. Filme, Briefe, Prospekte ...
Werbung – Das sind alle Maßnahmen, die die Produkte eines Unternehmens in der Öffentlichkeit bekannt machen sollen.

b. Werbeträger können aber auch sein: Straßenbahnen, PKW, Schuhe, Trikots bei Sportlern, die Produkte selber ...
Werbemittel können auch sein: Rezensionen, Spots, Plakate ...

5.

a. Euro / 1960 bis 1997 / Prozent / um ... zurückgegangen / von ... auf 33,5 Mio gestiegen.

d. ca. 4,9 % – 19,8 – 318,2 – viermal

6.

a. 1 deutsches, 2 um, 3 sich, 4 im, 5 es, 6 werden, 7 der, 8 dieselbe, 9 die, 10 als

7.

interpack: Düsseldorf, Internationale Messe für Verpackungsmaschinen
boot: Düsseldorf, Internationale Bootsausstellung
HANNOVER MESSE: Hannover, Industriemesse
CeBIT: Hannover, Weltzentrum-Büro – Information – Telekommunikation
ORGATEC: Köln, Internationale Büromesse
PRECIOSA: Düsseldorf, Internationale Fachmesse für Schmuck, Uhren, Edelsteine, Silberwaren
SPOGA: Köln, Internationale Fachmesse für Sportartikel, Campingbedarf und Gartenmöbel
DRUPA: Köln, Internationale Messe Druck und Papier
GAFA: Köln, Internationale Gartenfachmesse
IAA: Internationale Automobil-Ausstellung, Frankfurt

8.

a. 1 Kooperation, 2 Marktorientierung, 3 Kommunikation, 4 Internationalität, 5 Geländequalität, 6 Logistik, 7 Standort, 8 Düsseldorf

b.
1. der Stand + die Qualität: beschreibt, wie ein Messestand ausgestattet ist: Größe, Einrichtung, Besprechungsraum (?) ...
2. die Branche + die Kompetenz: hier: wie gut / kompetent eine Messe in der eigenen Branche ist.
3. begleiten + das Programm: hier: Angebot zu der Messe: Vorträge, Interviews, Workshops, Preisverleihung etc.
4. hoch + das Maß = das höchste Niveau, das erreicht werden kann
5. die Investitionen + das Gut: das sind zum Beispiel Maschinen, die gekauft werden, um Produkte zu erzeugen, die dann verkauft werden. Konsumgüter ↔ Investitionsgüter
6. die Wirtschaft + die Metropole: eine Großstadt, die wirtschaftliches Zentrum ist.

c.
1. 40 Messen, davon 20 Messen die Nummer 1 ihrer Branche
2. mehr als tausend Veranstaltungen, ca. 200 000 Besucher, Begleitprogramm zu den Messen, oder aber unabhängig
3. Die Hallenflächen betragen 200 000 Quadratmeter
4. Ja.
5. Sehr gut
6. Das müssen Sie entscheiden.

9.

a.
1. Herr Habicht, Frau Käutner
2. Anfrage wegen Stand auf der CeBIT
3. Standgröße: 28 m² in Halle B
4. Kosten: 12 800,–
5. bitte schriftlich bestätigen

H: Hier spricht Habicht von Schöller Software. Guten Tag, Frau Käutner. Wie geht es Ihnen?
K: Guten Tag, Herr Habicht. Mir geht's gut, trotz der vielen Arbeit. Bei uns klingelt zur Zeit am laufenden Band das Telefon. Das Messe-Fieber ist wieder ausgebrochen.
H: Ja, ich sehe mit Schrecken, dass gar nicht mehr lange Zeit ist. Ich möchte mich nur bei Ihnen erkundigen, ob Sie für uns noch einen Stand haben. So wie das letzte Mal, etwa 25 m² groß.
K: Ich nehme an, Sie wollen wieder nach Halle B?
H: Ja, das wäre uns am liebsten.
K: In Halle B haben wir noch zwei Möglichkeiten, einmal direkt am Eingang, das wäre Stand Nr. 3 und dann in Reihe 2, Stand Nr. 15. Sie haben ja sicher den Messeplan vorliegen.
H: Hm, ja, sind die beiden Stände identisch? Auch preislich?
K: Der am Eingang ist etwas größer, kostet auch mehr. Die Lage ist ja auch besser. Der würde für die gesamte Dauer der Ausstellung 12 800,– Euro kosten.
H: Ich glaube, das lässt sich machen. Wie groß ist der Stand genau?
K: Das sind 28 m².
H: Okay. In Ordnung. Bitte halten Sie uns den Stand frei. Wir bestätigen gleich heute schriftlich.
K: Danke, Herr Habicht. Und viel Erfolg auch dieses Jahr wieder.
H: Alles Gute, Frau Käutner. Auf Wiederhören.

b. Wir geben Ihnen ein Lösungsbeispiel:
(Briefkopf)

Sehr geehrte Frau Käutner,
Bezug nehmend auf unser heutiges Telefongespräch möchte ich meine Standreservierung bestätigen. Wir reservieren hiermit einen Stand von 28 m² in Halle B. Die Kosten betragen 12 800,– Euro.
Mit freundlichen Grüßen
Habicht

c.
– Hallo, Hotel Landfried, guten Tag.
– Guten Tag, hier Gerber, Schöller Software. Ich möchte bei Ihnen zwei Einzelzimmer mit Bad und Frühstück reservieren. Nichtraucherzimmer bitte.
– Für wann?
– Vom 1–4. Oktober.
– Also 3 Übernachtungen.
– Nein, wir würden am 5. Oktober abreisen.
– Moment – ja, das geht auch. An wen geht die Rechung?
– An Schöller Software GmbH, Ismaning bei München. Und die Reservierung ist für Herrn Habicht und Frau Gerber.
– Ja, dann ist ja alles klar.
– Einen Augenblick noch, wir werden wahrscheinlich erst nach 22.00 Uhr ankommen.
– Das macht nichts, unsere Rezeption ist durchgehend besetzt.

10.

2 –; 3 gute; 4 einem; 5 –; 6 statt; 7 –; 8 uns; 9 dürfen; 10 auf

11.

Richtig sind: 1 c; 2 a, b; 3 a; 4 b, c; 5 b

Herr Sanders = **S**
Frau Baumeister = **B**

S: Guten Tag, ich sehe, Sie interessieren sich für unser Viscoseangebot. Kann ich Ihnen vielleicht einige Informationen dazu geben? Mein Name ist übrigens Sanders, ich arbeite bei Akzo Nobel im Produktbereich Viscose. Sie ist also mein Spezialgebiet.

B: Ja gerne, Herr Sanders. Ich komme von Per und Günther und arbeite dort im Verkauf. Wie Sie wissen, konzentrieren wir uns auf den Verkauf von Markenartikeln. Ich kenne Enka Viscose schon, aber ich möchte gerne ein bisschen mehr darüber wissen. Ihre Viscose ist ja recht teuer, wenn ich sie mit anderen ähnlichen Stoffen vergleiche. Warum eigentlich? Warum ist sie so teuer?

Stop

S: Nehmen Sie den Stoff einmal in die Hand, fühlen Sie ihn – Sie werden merken, dass er phantastisch weich ist. Halten Sie ihn ans Licht – Sie sehen, wie seidig er schimmert. Das sind zwei Qualitätsmerkmale, die unsere Viscose anderen gegenüber qualitativ überlegen machen.

B: Sie haben recht, man sieht es sofort.
Wie erreichen Sie diese Qualität?

S: Wie Sie vielleicht wissen, ist Viscose ihrem Ursprung nach ein Naturprodukt. Der natürliche Rohstoff für Enka Viscose ist das Holz der Südkiefer. Schon bei diesem Rohstoff beginnen regelmäßige Kontrollen, die sich fortsetzen bis hin zu Qualitätsprüfungen bei Webern, Druckern und Modeherstellern. Keine andere Viscose wird in ihrem gesamten Entstehungsprozess so streng kontrolliert wie Enka Viscose.

Stop

B: Gut, das klingt sehr gut. Und wenn Sie eine ungeprüfte Viscose daneben halten, ist der Unterschied schon offensichtlich. Aber wer garantiert mir denn, dass Enka Viscose wirklich so viel besser ist als ein anderer Stoff? Wie kann ich meine Kunden davon überzeugen, dass sie nicht die billige Viscose aus Indien oder Südostasien kaufen sollen?

S: Sie sehen hier unser Goldetikett. Dieses Etikett garantiert Qualität. Sie haben damit unsere Kontrollgarantie: Wir garantieren, dass unsere strengen Normen eingehalten werden. Ihre Kunden haben den Qualitätsbeweis. Kein anderer Hersteller kann ihnen diesen Beweis liefern.

Stop

B: Heißt das auch, dass sich Ihre Viscose besonders angenehm trägt und …, ja, wie ist das mit dem Waschen? Ich gehe davon aus, dass der Stoff leicht wasch- und bügelbar ist? Denn das ist ja oft ein Problem bei billiger Viscose.

S: Wir garantieren, dass unsere Viscose nach dem Waschen ihre Form behält und auch vollkommen farbecht ist. Es ist allerdings wichtig, ein gutes Feinwaschmittel zu verwenden und keinen Weichspüler zu benutzen. Sonst verliert das Kleidungsstück seine Form.

Stop

B: Ich glaube, das ist ein wichtiges Verkaufsargument – die Pflegeleichtigkeit. Ich habe auch den Eindruck, dass Enka Viscose bei Modeschöpfern und Designern sehr beliebt ist. Ist das richtig?

S: Ja, und das liegt vor allem daran, dass der Stoff fast unbegrenzte Möglichkeiten bietet für Farben und Dessins.

B: Gut, ich danke Ihnen für Ihre Ausführungen. Könnten Sie mir vielleicht ein paar weitere Informationen zuschicken? Haben Sie so etwas wie eine Broschüre? Oder einen Katalog?

S: Sicher, gerne.

B: Hier ist mein Kärtchen. Ich freue mich darauf, von Ihnen zu hören.

13.

a. Enka Viscose ist ihrem Ursprung nach ein Naturprodukt. Ganz am Anfang des komplizierten Herstellungsprozesses steht ein natürlicher Rohstoff, das Holz der Südkiefer, die auf ausgedehnten Plantagen in den USA kultiviert wird. Unter ökologisch wie klimatisch idealen Bedingungen wächst dort der Rohstoff Holz immer wieder nach – eine sich ständig von selbst regenerierende Quelle. Das kontrolliert angebaute Holz enthält besonders hochwertige Zellulose – die Basis des späteren Viscosegarns.

Der Verarbeitungsweg zu diesem überaus feinen, seidenähnlichen Faden ist lange und kompliziert. Der seidig glänzende Enka Viscosefaden setzt bei seiner Verarbeitung präzises handwerkliches Können und modernstes, technisches Know-how voraus. Eine Aufgabe für die Besten – die Seidenweber mit ihrer in Jahrhunderten gewachsenen Erfahrung mit feinen Garnen.

Die Kunst der Drucker gibt dem fertigen Stoff dann seine modische Aktualität.

Ein schönes Gefühl in schönen Farben – der seidige Charakter von Enka Viscose, der weich fließende Fall, der angenehme Tragekomfort und die Formstabilität und Farbechtheit nach jedem Waschen machen diesen Stoff zu einem der beliebtesten der Welt. Das gilt nicht nur für den sogenannten „Oberstoff“ – Kleider, Blusen Röcke. Auch Futterstoff bietet diesen unvergleichlichen, natürlichen Tragekomfort.
Enka Viscose ist geprüfte Markenqualität.

c. 1. Motoren, die durch langjährige Forschung entwickelt wurden.
2. Produkte, die in attraktiver Verpackung präsentiert werden.
3. Ein Problem, das immer häufiger auftritt.
4. Eine Maschine, die aus vielen Einzelteilen besteht.
5. Ein Computer, der von Fachleuten am meisten genutzt wird.
6. Eine Messe, die jährlich in Leipzig stattfindet.
7. Das Warenangebot, das immer größer wird.
8. Ein Schreibtisch, der mit Papieren überfüllt ist.

Kapitel 6

I.

a. 1 i; 2 e; 3 j; ,4 h; 5 b; 6 a; 7 d; 8 g; 9 c; 10 f

b. D. A. Jonestone Ltd.
Dean Cloughs Industrial Estate
Unit 9
Rotherham

25. März 19xx
Betreff –

Sehr geehrte Damen und Herren,
als mittelständisches Unternehmen sind wir mit der Herstellung von eingelegtem Gemüse befasst. Vom britischen Konsulat in Hamburg haben wir erfahren, dass Sie Hersteller von Glasbehältern für die Lebensmittelindustrie sind.

Wir suchen einen Lieferanten, der für unser Spezialsortiment von eingelegten Gurken neuartige Gläser liefern kann. Bitte teilen Sie uns mit, ob Sie solche Spezialanfertigungen übernehmen. Wir bitten auch um Zusendung Ihrer Export-Preisliste.
Mit freundlichen Grüßen
Frau H. Schneider, Produktbereich Glaskonserven
Hallesche Konservenfabrik KG

Hallesche Konservenfabrik KG
z. Hd. Frau H. Schneider
Produktbereich Glaskonserven
Industriestr. 25–31
06126 Halle
2x. März 19xx

Sehr geehrte Frau Schneider,
wir danken Ihnen für Ihre Anfrage vom 25. März dieses Jahres. Unser Unternehmen ist schon seit 25 Jahren auf die Herstellung von Spezial-Glasbehältern für Lebensmittel und pharmazeutische Produkte spezialisiert. Unser Sortiment umfasst sowohl Standardausführungen als auch Sonderanfertigungen nach Kundenspezifikation. Wir machen Ihnen gerne ein detailliertes Angebot, wenn Sie uns genaue Daten über die von Ihnen gewünschten Behälter überlassen.

Beigelegt finden Sie, wie gewünscht, unsere aktuelle Export-Preisliste.
Mit freundlichen Grüßen
...

c. Wir geben Ihnen ein paar Lösungshilfen:

Bitte teilen Sie uns mit, ob Sie solche Spezialanfertigungen übernehmen. ↔ *mündlich:* Ich würde gerne wissen, ob Sie solche ...
Ich möchte Sie fragen, ob sie solche ...
Wir danken Ihnen ... ↔ *mündlich:* Vielen Dank für Ihr Interesse ...
Ich möchte mich erst mal für Ihr Interesse bedanken und ...
Beigelegt finden Sie, wie gewünscht, ... ↔ mündlich: Gut, dann schicke ich Ihnen ...
... wie Sie (sicher) wissen, sind wir ein Unternehmen, das ...

2.

a.
1. Anfrage
2. Angebot
3. Auftrag
4. Auftragsbestätigung
5. Lieferung
6. Rechnung
7. Bezahlung

b. *Anfrage:*
Spezialanfertigung, Gurkengläser
Antwort:
Ihre Anfrage vom 25.03.19xx

3.

1 Wenn; 2 es; 3 durch; 4 wird; 5 der; 6 auf; 7 hinzuweisen; 8 dass; 9 des; 10 bevor

4.

a. *Bei Auftragserteilung erkennt der Kunde die folgenden Bedingungen an:*
Sonderkonditionen müssen von uns ausdrücklich schriftlich bestätigt werden. Unsere Vertreter dürfen keine Vereinbarungen treffen, die von den vorliegenden Bedingungen abweichen.
Unsere Preise gelten grundsätzlich ab Lager. Für Mehrwegverpackungen berechnen wir pro Lieferung ein Viertel unserer Selbstkosten. Glasflaschen sind grundsätzlich zurückzugeben (siehe Verpackungsordnung). Ein Pfand wird berechnet. Die Transportversicherung ist vom Kunden zu tragen.
Unsere Zahlungsbedingungen lauten:
Sofort nach Rechnungserhalt netto (auf unser Bank- oder Postscheckkonto)
Die Lieferung erfolgt auf Rechnung und Gefahr des Bestellers. Wir sind für Transportschäden nicht haftbar.
Bei Waren, die wir auf Lager haben, beträgt die Lieferzeit normalerweise 2–3 Arbeitstage. Lieferzeiten auf Sonderbestellungen sind im Einzelfall zu regeln, da sie zumeist von unseren Lieferanten abhängen.

b. Die Firma muss die Sonderkonditionen schriftlich bestätigen.
Der Kunde muss die Glasflaschen zurückgeben.
Der Kunde muss die Transportversicherung tragen.
Der Kunde muss die Rechnungen sofort bezahlen.
Sonderbestellungen müssen im Einzelfall geregelt werden.
usw.

c. Rotwein = morgen → falsch
2–3 Tage für die Weißweine → falsch
keine Verpackungskosten → falsch
Sonderkonditionen: Frachtkosten werden bezahlt, ist als Vereinbarung durch einen Vertreter nicht möglich

…
V: So, Herr Frisch, dann notiere ich mal: Sie bestellen 10 Kisten Beaujolais, 5 Kisten Chablis und 5 Kisten Gewürztraminer.
K: Den Beaujolais brauche ich ganz dringend. Haben Sie ihn auf Lager?
V: Ja ja, Sie bekommen ihn gleich morgen. Das ist gar kein Problem. Die Weißweine müssen wir selbst auf Lager bekommen. Aber sie sind schon bestellt. Das heißt, 2–3 Tage Maximum.
K: Sehr gut. Zur Verpackung: Die Flaschen gebe ich natürlich zurück. Und auch die Kisten. Dafür muss ich dann nichts bezahlen?
V. Nein, Ihnen entstehen keine Kosten.
K: Die Preise erscheinen mir ab Lager etwas hoch. Können Sie mir denn irgendwie entgegenkommen?
V: Ja, wir könnten in Ihrem Fall, wo Sie so ein guter Kunde sind, die Frachtkosten bezahlen.
K: Ja, das wäre dann alles …

d.
1. … muss … einen Bericht schreiben.
2. … muss sofort geschrieben werden.
3. Die Kunden müssen bestens beraten werden.
4. Der Vertreter muss … betreuen.
5. Die Vertreter müssen … gekleidet sein.
6. Zum Kundenbesuch muss ein Anzug getragen werden.
[formal richtig, doch würde man das nicht so sagen]

5.

a. 1, 2, 4, 5, 7

b. 1 b, 2 a, 3 b, 4 a, 5 c

Frau Küster, Firma Bellini = **K**
Herr Bleich = **B**

K: Fa. Bellini, guten Morgen.
B: Guten Morgen. Mein Name ist Bleich. Spreche ich mit Frau Küster?
K: Ja, richtig. Was kann ich für Sie tun?
B: Frau Küster, bitte entschuldigen Sie, dass ich Sie so einfach telefonisch überfalle. Ich habe Ihren Namen von einem Geschäftsfreund

bekomen, Herrn Bachmann, der für Sie als Handelsvertreter arbeitet.

K: Ach ja, er betreut den Bereich Rheinland-Pfalz und Nordrhein-Westfalen. Interessieren Sie sich auch für eine Handelsvertretung?

B: Ja, und zwar hat Herr Bachmann mir erzählt, dass Sie einen Vertreter für Norddeutschland suchen. Ist das richtig?

K: Ja, wir haben bisher zwei Interessenten für dieses Gebiet, aber noch ist nichts entschieden. Kennen Sie denn unsere Firma und unsere Produkte?

Stop

B: Nun, soweit ich von Herrn Bachmann weiß, sind Sie noch nicht lange auf dem deutschen Markt tätig.

K: Das ist richtig. Unsere Firma ist überhaupt noch recht jung. Wir bestehen erst seit drei Jahren und haben bis vor einem Jahr nur den italienischen Markt beliefert. Dabei hatten wir sehr viel Erfolg und haben uns entschlossen, unsere Produkte in Deutschland zu vertreiben.

B: Und bei Ihren Produkten handelt es sich vorwiegend um Baby- und Kinderkleidung?

K: Inzwischen sind daraus Textilien aller Art für Kinder geworden, also auch Kinderbettbezüge, Decken, Vorhänge fürs Kinderzimmer usw.

Stop

B: Das ist prima, das würde hervorragend in mein übriges Sortiment passen. Ich vertreibe nämlich Kinderwagen und hochwertiges Kinderspielzeug. Darf ich Sie fragen, ob Sie alle Ihre Produkte selbst herstellen?

K: Bisher ja. Und zwar produzieren wir ausschließlich in Italien. Wir legen größten Wert auf Qualität und bestes Design und freuen uns, dass die besten Mode- und Stoffdesigner Italiens für uns arbeiten. Allerdings kann man nicht vorhersagen, was in ein paar Jahren sein wird.

B: Ja, überall und besonders in der Textilbranche spürt man die Konkurrenz aus Billiglohnländern. Sie sicher auch.

K: Leider haben Sie Recht. Und wenn wir weiterhin auf Expansion setzen, kann das bedeuten, dass ein Teil unserer Produktion in osteuropäische Länder verlegt wird. Aber das ist nicht aktuell.

Stop

B: Das freut mich. Denn in meinem Marktsegment sind Ihre Qualitätsargumente sehr wichtig.

K: Erzählen Sie doch etwas über Ihre Kunden.

B: Ja, also ich beliefere hauptsächlich den Einzelhandel direkt und zwar vorwiegend Fachgeschäfte. Meine Kunden erwarten ausgezeichnete Beratung von mir mit viel Einzelinformation über die Produkte. Diese Information geben sie dann an ihre Endverbraucher weiter. Ganz wichtig ist in meinem Bereich auch der Kundendienst.

K: Auch wir legen auf Kundendienst größten Wert. Aber das versteht sich bei Produkten in unserer Preislage und unserer Qualität von selbst. Wie sehen Sie denn die Chancen, den Großhandel zu gewinnen?

B: Ich habe da schon ein paar Kontakte. Mit dem richtigen Sortiment könnte durchaus was drin sein.

Stop

K: Was ich bisher von Ihnen gehört habe, gefällt mir ganz gut. Ich mache Ihnen einen Vorschlag. Der Chef, Herr Morini, besucht nächste Woche Norddeutschland. Er hat ein paar Termine mit Kunden in Bremen und Hamburg. Vielleicht könnten Sie beide sich zu einem ersten Gespräch treffen? Bremen ist der 1. und 2. September und Hamburg der 3. Welcher Ort wäre Ihnen lieber?

B: Bremen, wenn möglich.

K: Wann wären Sie frei? Sagen wir abends in Herrn Morinis Hotel?

B: Der erste oder zweite sind beide möglich.

K: Ich spreche mit Herrn Morini darüber und rufe Sie zurück. Geben Sie mir bitte Ihre Telefonnummer.

B: 0428–32 87 55. Ich bin heute bis zwölf Uhr im Büro erreichbar.

K: In Ordnung, Herr Bleich. Vielen Dank für Ihren Anruf. Sie hören von uns.

6.

b. Franchising ist ein Wechselspiel, bei dem der Franchisegeber sein Wissen und sein Konzept zur Verfügung stellt, das der Franchisenehmer mit eigenem unternehmerischen Elan vor Ort umsetzt. Im Idealfall kombiniert Franchising die Vorteile eines Großunternehmens … Besonders in der Startphase können Probleme mit Hilfe des Franchisegebers gelöst werden. … Seit 1982 werden Einzelhandelsgeschäfte von Franchisenehmern betrieben und … Albert Gschwendner, der Gründer der Ladenkette, stellt sich den idealen Franchisenehmer so vor: ... Darin enthalten sind 100 000 Euro für Ladeneinrichtung und Waren sowie 10 000 Euro an Zahlungen für Leistungen des Franchisegebers vor und bei der Ladenöffnung. ... Ein Dreivierteljahr lang war sie Mitarbeiterin eines anderen Franchisepartners. Dazu kamen Schulungen zum Kaufmännischen und zur Warenkunde in der Franchisezentrale in Meckenheim.

7.

a. Sprecher der großen Warenhauskonzerne sagten:

... seien ... gekommen; ... seien ... besucht gewesen; ... habe ... gefunden; ... hätten ... heruntergesetzt, ...
Der Hauptverband des deutschen Einzelhandels erklärte: ... komme ... entgegen; ... seien ... gewesen; ... werde sich ... ändern

b. 1. ... sind die Kunden erst nachmittags in die Innenstädte gekommen
Dann waren die Häuser ... gut besucht.
Vor allem Winterkleidung hat das Interesse der Kunden gefunden.
Die Warenhäuser und Boutiquen haben die Preise ... heruntergesetzt.
2. ... „die Witterung ... kommt ... sehr entgegen."
„Bislang sind die Kunden zurückhaltend gewesen", besser: „Bislang waren die Kunden zurückhaltend."
„Das wird sich ... ändern."

8.

Beispiele:
kaufmännischer Kundendienst: Information und Beratung
Die Kunden bekommen Informationen und Beratungen.
↔ Den Kunden werden Informationen und Beratungen gegeben.
↔ Die Kunden werden informiert und beraten.

Beispiele:
technischer Kundendienst: Ersatzteilversorgung / Reparatur
Die Kunden werden mit Ersatzteilen versorgt.
↔ Ersatzteile müssen immer verfügbar sein.
↔ Die Ersatzteilversorgung muss funktionieren.

9.

a. ... dürfen ... nicht erwarten, ...
... nicht vergessen.
Nutzen Sie ...
Installieren Sie ...
Bauen Sie ...
Definieren Sie ...
Richten Sie ... aus ...
... bieten Sie ...
Ermitteln Sie ...

c. **Redemittel**
Da stimme ich Ihnen vollkommen zu.
Da bin ich ganz Ihrer Meinung.
Da kann ich nicht mitmachen, weil ...
Ich bin völlig dagegen, weil ...
In bestimmten Fällen ist das vielleicht notwendig, ...
Das ist richtig, aber ...
Wenn Sie alle der Meinung sind, dann ..., weil / denn

10.

a. Hier Max Meier
Mit wem spreche ich bitte? / Bin ich mit der Firma ... verbunden?
Ja, guten Tag, was wünschen Sie? / Wie kann ich Ihnen helfen?
Können Sie mich bitte mir Ihrem Kundendienst verbinden?
Gern, einen Augenblick bitte.
Danke.
(Firma XY) Kundendienst (Name).
Könnten Sie bitte so schnell wie möglich vorbeikommen, ...
Tut mir Leid, der nächste Termin wäre am ...
Im Augenblick sind zwei Kollegen krank / ... es geht leider nicht eher.
Es ist ziemlich dringend.
... wir versuchen, noch heute Nachmittag zu kommen.
Können Sie mir eine genaue Uhrzeit geben?
Tur mir Leid, das kann ich Ihnen nicht sagen ...
Gut, dann bin ich heute Nachmittag zu Hause.
Danke und auf Wiedersehen / Wiederhören.
Auf Wiederhören

c. Es geht um ...
Es handelt sich um ...
Leider habe ich festgestellt, dass ...
Leider ist Ihnen ein Irrtum / Fehler / ... unterlaufen;
Ich habe einen blauen Teppich / ... bestellt und keinen grünen / ...

Ich habe eine Reklamation: Der Videorekorder / …, der … ist nach zwei Monaten / … schon kaputtgegangen. Aber ich habe ja noch … Garantie …

11.

Alberto Moravia
casella postale
I- Mailand

Heinrich Mahler
Spezialgeschäft für Schirme und Regenmäntel
D-01059 Dresden

Betr.: Reklamation vom …

Sehr geehrter Herr Mahler (06)
Es tut uns außerordentlich Leid, dass Sie mit unserer Lieferung Schwierigkeiten hatten. (03) Unsere Untersuchungen haben gezeigt, dass der Stahl falsch behandelt war. (09). Bitte schicken Sie uns die komplette Sendung auf unsere Kosten per Bahnfracht zurück. (Wir sind bereit, Ihnen die Waren sofort kostenlos zu ersetzen).
(07) Wir bedauern diesen Vorfall sehr (10) und hoffen weiterhin auf gute Geschäftsbeziehungen.
Mit freundlichen Grüßen
…

Kapitel 7

1.

1 durchgeführt, 2 revolutioniert, 3 eingesetzt, 4 angeschlossen, 5 erneuert, 6 erweitert, 7 gebaut, 8 ausgebaut

2.

Rollgeld = Kosten für Straßentransport
Fracht = Bahn-, Schiff-, …-transport

3.

a. 25 t Kies nach Hoppenheim
17 t Sand für Privathaus
8 t Sand für Baustoffgroßhandel
Nein, es entstehen keine Bahnfrachtkosten.

b. 1 c, 2 a, 3 b, 4 c, 5 b

Herr Reinsch = **R**
Herr Müller = **M**

R: Morgen, Herr Müller.
M: Morgen, Herr Reinsch. Herr Reinsch, wir haben hier folgendes Problem.
Ein guter Kunde, die Firma Hansmann, hat eben angerufen. Sie brauchen eine Ladung Kies, und zwar 25 Tonnen. Sie bitten um ein Preisangebot.
R: Hm, 25 Tonnen, das ist genau eine Lkw-Ladung. Und Müller ist ein sehr guter Kunde. Wir sollten uns wirklich um ein äußerstes Preisangebot bemühen. Wohin soll der Kies denn gebracht werden?
M: Nach Hoppenheim. Das sind von der Kiesgrube in Minten genau 175 km.
R: Wenn wir ein gutes Angebot machen wollen, müssen wir auf jeden Fall eine Leerfahrt vermeiden. Haben wir denn die Möglichkeit, in Hoppenheim etwas anderes mitzunehmen?

Stop

M: Da kam vor zwei Tagen eine provisorische Anfrage von einem Privatmann. Er baut sein eigenes Haus, ein Einfamilienhaus. Er hat nach Putzsand gefragt und ich habe geschätzt, dass er etwa 17 Tonnen davon braucht. Wir könnten den Putzsand in Hoppenheim bekommen. Ich müsste mal nachfragen, was der dort kostet.
R: Scheint mir eine gute Idee zu sein. Soweit ich mich erinnere, haben die in Hoppenheim ganz gute Preise. 17 Tonnen – hm. Wir könnten den Lkw voll laden und die übrigen 8 Tonnen an den Baumarkt in Minten liefern. Die können immer welchen gebrauchen. Ich rufe da selbst gleich mal an und frage nach …

Stop

R: … Ja, Herr Müller. Das geht in Ordnung. Der Baumarkt nimmt gern 8 Tonnen Putzsand. Haben Sie mit Ihrem neuen Kunden Kontakt aufnehmen können?
M: Ja, und er war ganz zufrieden mit dem Angebot und würde den Sand gleich morgen nehmen. Ich muss den Auftrag nur noch offiziell bestätigen.

Stop

R: Prima. Haben wir morgen einen Lkw mit Fahrer frei?

M: Ja, wir können den Schulz schicken. Die Angelegenheit wird den ganzen Tag dauern. Der Fahrer muss immerhin in Minten in der Kiesgrube laden, in Hoppenheim in der Sandgrube ... Für Be- und Entladen berechne ich mal 2 Stunden.

R: Ja, das scheint realistisch. Ein bisschen Wartezeit ist da sicher auch mit drin. Gut, Herr Müller. Dann machen Sie mal Ihre Kalkulation ...

4.

b. Verkäufer = **V**
Käufer = **K**

V: liefert nicht
K: schreibt eine Mahnung
setzt eine neue Lieferfrist
V: reagiert nicht
K: schreibt eine zweite Mahnung mit einer letzten Nachfrist
K: kündigt Ablehnung der Ware an
V: reagiert immer noch nicht ...
K: kann vom Vertrag zurücktreten
verlangt Kosten zurück

5.

a. 1 falsch, 2 falsch, 3 richtig, 4 richtig, 5 richtig, 6 falsch

b. Von München nach Hannover fahren 6 Personen,
6 Reservierungen im Raucherabteil,
2. Klasse, Wagen Nr. 2
Die Reisenden haben 2 Fensterplätze und 2 mittlere Plätze und 2 Gangplätze. Sie haben nichts bezahlt.
Sie fahren am 15. 7. um 5.48 Uhr ab.
Die Zugnummer ist 884.
Sie bekommen für die Platzreservierung 100% Ermäßigung.

Von München nach Hannover fahren 3 Personen,
3 Reservierungen im Großraumwagen mit Tisch,
2. Klasse, Wagen Nr. 5
Die Reisenden haben die Plätze 35, 36, 37. Sie haben 1,50 Euro bezahlt.
Sie fahren am 15. 7. um 5.48 Uhr ab.
Die Zugnummer ist 884.
Sie bekommen für die Platzreservierung keine Ermäßigung, sie zahlen 1,50 Euro.

Von München nach Hannover fahren 6 Personen,
6 Reservierungen im Nichtraucherabteil,
2. Klasse, Wagen Nr. 3
Die Reisenden haben die Platznummern 71–76.
Sie fahren am 15. 7. um 5.48 Uhr ab.
Die Zugnummer ist 884.
Sie bekommen für die Platzreservierung 100% Ermäßigung.

6.

c. **Redemittel**
Meine Schätzung war falsch / richtig / fast richtig / nicht so falsch.
Ich hätte (nicht) gedacht, dass ... so teuer ist.
..., dass billig ist.
Autofahren ist teurer / ..., als ich gedacht habe.
Benzin / ... genauso teuer, wie ich gedacht habe.
Es kostet genauso viel, wie ...
Es kostet mehr / weniger, als

7.

a. *Gespräch 1: Porter-Service*

- Flughafen Service, guten Tag.
- Guten Tag, ich bin hier im Terminal, eben aus Mailand gelandet. Ich sehe, Sie können mir mit meinem Gepäck helfen.
- Ja, selbstverständlich. Wohin wollen Sie denn?
- Ich denke, zum Taxistand. Ich kenne mich hier nicht aus. Was kostet das denn?
- Zum Taxi, das sind 5 Euro.
- Wie weit ist es denn zum Airport-Hotel? Ich werde dort übernachten.
- Wir können Sie auch dorthin bringen. Das kostet nur 15 Euro. Wieviel Gepäck haben Sie denn?
- Zwei Koffer, etwa 40 kg insgesamt.
- Möchten Sie den Service bis zum Hotel?
- Ja, gerne.
- Gut, in 3 Minuten wird ein Porter bei Ihnen sein. Wo sind Sie genau?
- An der Gepäckausgabe 02, aus Mailand.
- Danke sehr. Wir sind sofort bei Ihnen.

Gespräch 2: Welcome-Service

- Flughafen Service, guten Morgen.
- Guten Morgen, hier spricht Meitner, Varta AG. Sagen Sie, Sie bieten doch Flughafen-Service für Passagiere und Gepäck an.
- Ja, wir haben Standard-Service und auch ganz individuelle Angebote.
- Ja, soviel ich weiß, treffen Sie doch auch Passagiere an bestimmten Orten.

- Ja, das wäre dann Ihr persönlicher Porter. Wo möchten Sie denn in Empfang genommen werden?
- Es geht um den Flug LH 5555 um 12.30 Uhr von Buenos Aires über Frankfurt.
- Das ist noch möglich. Es ist jetzt kurz nach neun. Das können wir arrangieren. Aber der Service ist nicht für Sie persönlich?
- Nein nein, ich erwarte einen Geschäftspartner und kann ihn leider nicht selbst abholen. Ein Problem ist allerdings, dass er kein Deutsch spricht.
- Kein Problem. Wir haben hier einen Mitarbeiter, der Spanisch spricht.
- Nein, nicht Spanisch. Portugiesisch, wenn's geht.
- Auch kein Problem. Wenn Sie mir nun den Namen des Herrn noch sagen?
- Sicher. Das ist Herr Gilberto. Ich buchstabiere: G-i-l-b-e-r-t-o, wie gesagt, er kommt aus Buenos Aires. Was kostet denn Ihr Service?
- Für die erste Stunde Euro 30,–. Wohin sollen wir Herrn Gilberto denn begleiten?
- Herr Gilberto soll zum Taxi gebracht werden. Und schicken Sie das Taxi in unsere Zentrale, Varta AG.
- Wird gemacht, Herr Meitner. Länger als eine Stunde sollte das ja nicht dauern.

b. *Gespräch 1:* Porter-Service
Gespräch 2: Welcome-Service

c. *Porter-Service / Welcome-Service:*
Datum: (31.05.96)
Kunde: aus Mailand
Wo: Gepäckausgabe 02
Wohin: Airport-Hotel
Kosten: Euro 15,–

Porter-Service / Welcome-Service:
Datum: (31.05.96)
Anrufer: Meitner von der Varta AG
Kunde: Gilberto
Treffpunkt: Ankunft LH 5555
Uhrzeit: 12.30 Uhr
Wohin: Taxistand – Varta AG – Zentrale
Kosten: 30 Euro

9.
a. 1 was, 2 in die, 3 wurde, 4 der, 5 jedes, 6 damit, 7 können, 8 zum, 9 die, 10 modernen, 11 festgelegte, 12 seitliches, 13 werden, 14 größte, 15 als

10.
b. 1: 24 %, 2: 85 000, 3: 327 Mio. Dollar, 4: zu viele Städte, 5: 3,1 Milliarden Dollar

11.
b. **Redemittel:**
c. Der große Nachteil/Vorteil von … ist, dass …
Der große Nachteil/Vorteil von … ist die / der / das …
Es gibt mehr Nachteile als Vorteile, …
Das / die / der ist schneller / … als …
Der / die / das schnellste / … ist (doch) …
Ich würde trotzdem sagen, dass …
Das größte/kleinste Problem bei … ist, dass …

12.
c. Ich würde gern … (+ Akk) machen (, weil …).
Ich würde mich gern für … (+ Akk) anmelden (, weil …).
Ich würde gern an … (+ Dat) teilnehmen (, weil …).
Ich erwarte neue / interessante … Informationen über … (+ Akk).
Ich erwarte, dass ich etwas / … für meine Arbeit lerne.
Ich bekomme vielleicht Informationen über … (+ Akk) vermittelt.
Ich bekomme wahrscheinlich …

Kapitel 8

1.
a. A – 3
B – 2,5
C – 1
D – 1,4

b. **Redemittel:**
beraten
Ich würde … nehmen.
Warum nehmen Sie nicht …?
Nehmen Sie doch …
Am einfachsten wäre … zu nehmen.
Der / die / das / einen / ein / eine … zu nehmen wäre doch einfacher / … / am einfachsten / …, finde ich.

Ich würde vorschlagen, Sie nehmen …
Nehmen Sie trotzdem etwas / noch Bargeld / … mit.

c. *Gesprächsnotiz vom:* … (Nehmen Sie das aktuelle Datum)

Anruf:	für Devisenstelle
Anrufer:	Bernhard Schmid, Fa. Henkel u. Söhne
Anruf wegen:	Bestellung von US-Dollar für 500,00 Euro und für 2 000 US-Dollar Travellarschecks
Bitte um:	Abbuchung vom Konto Geld wird abgeholt, morgen

Sekretärin:
Guten Tag, kann ich bei Ihnen Devisen bestellen? Wie bitte, Ihre Devisenstelle ist gerade besetzt? Können Sie meine Bestellung bitte weiterleiten? Ja, US-Dollar bitte. Ich brauche sie, wenn's geht, morgen. Ja, mein Chef braucht für etwa fünfhundert Euro US-Dollar in bar und für 2 000 US-Dollar Travellerschecks. Gut, können wir das Geld morgen abholen? Es ist für Herrn Bernhard Schmid, mit -d am Ende, Firma Henkel und Söhne, ja genau, H-e-n-k-e-l. Wir haben bei Ihrer Bank ein Konto. Können Sie den Betrag von unserem Konto abbuchen? Schön, ich komme morgen Vormittag bei Ihnen vorbei und hole es ab. Vielen Dank.

d.
1. Währungen
2. Barauszahlung
3. Überweisungen
4. Mehrwertsteuer
5. Money order
6. Euroscheck
7. Reisescheck

3.

1 – r; 2 – f; 3 – r; 4 – r; 5 – r; 6 – f; 7 – f;
8 – r; 9 – r; 10 – f

4.

a. Ein Konto eröffnen, auflösen, kündigen
einen Sparvertrag auflösen, kündigen, abschließen
Wertpapiere kaufen
Wertpapiergeschäfte abschließen
ein Darlehen aufnehmen, zurückzahlen
einen Kredit aufnehmen, zurückzahlen
Geld wechseln, abheben, einzahlen, zurückzahlen
Devisen kaufen

b. auf ein Konto einzahlen
in Euro umtauschen
vom Girokonto abheben
vom Sparkonto abheben
in Schweizer Franken umtauschen, anlegen
vom laufenden Konto abheben
in Aktien anlegen

6.

a. *Zum Franchise-Unternehmen*
– Name: Teeladen
– Zusagen des Franchise-Gebers: Ja

Zum Ladengeschäft:
– Lage: 1 A-Lauflage / Fußgängerzone / Eckgeschäft
– wann soll es eröffnet werden? Mitte November

Zur finanziellen Situation:
– eigenes Kapital: 50 000 Euro
– öffentliches Darlehen: 75 000 Euro
– Bankdarlehen: 75 000 Euro
– insgesamt: 200 000 Euro
– Sicherheiten : Bürgschaft der Eltern

Frau Knopf = **K**
Herr Schwaiger = **S**

K: Guten Tag, ich habe um 10.30 Uhr einen Termin bei Herrn Schwaiger. Mein Name ist Knopf.
Angestellter: Einen kleinen Moment, Frau Knopf. Ich sage Herrn Schwaiger Bescheid. – Bitte kommen Sie durch. Herr Schwaiger erwartet Sie.
S: Guten Morgen, Frau Knopf. Schön, Sie wiederzusehen. Sie wollen mit mir über ein Darlehen sprechen?
K: Ja, Herr Schwaiger, Sie wissen ja, dass ich mich selbstständig machen will, und ich glaube, ich habe nun endlich – nach langem Suchen – mein Traumgeschäft gefunden.
S: Erzählen Sie mir darüber.
K: Es handelt sich um ein Franchise-Unternehmen, den Teeladen.
S: Ja, den kenne ich. Es scheint ein sehr solides Unternehmen zu sein, das auch gut läuft. Ich habe erst kürzlich darüber in der Zeitung etwas gelesen.
K: Ja, mich hat das Konzept auch überzeugt. Im Prinzip habe ich mich schon eine Weile für

den Teeladen entschieden. Und der Franchisegeber hat mir nun auch die Zusage gemacht.

S: Haben Sie denn schon einen Laden gefunden?
K: Das ist es ja. Ich habe jetzt endlich hier in Friedrichshafen, in 1A-Lauflage, den idealen Laden gefunden.
S: Wo liegt der denn?
K: Mitten in der Fußgängerzone, an der Ecke Lange Straße und Hauptstraße.
S: Ja, das war früher ein Blumengeschäft, nicht wahr?
K: Richtig. Der Laden ist genau richtig und übrigens nicht mal zu teuer. Aber natürlich muss ich mich schnell entscheiden. Er wird im Oktober frei und ich könnte Mitte November eröffnen – gerade rechtzeitig für das Weihnachtsgeschäft. Nun muss ich noch das notwendige Kapital aufbringen.
S: Wie stehen Sie denn finanziell da im Augenblick? Und an was für eine Summe haben Sie gedacht?
K: Ja, der Teeladen verlangt 150 000 Euro Kapital. 50 000 Euro habe ich selbst aufgebracht, ich habe gespart und mein Mann ist bereit dazuzusteuern. 75 000 Euro habe ich aus öffentlichen Gründermitteln bewilligt bekommen, Sie kennen ja diese Sonderdarlehen für Existenzgründer vom Land Baden-Württemberg.
S: Ja, die Konditionen sind sehr günstig. Gut, dass Sie das in Anspruch nehmen.
K: Ja, als Minimum bräuchte ich von Ihnen nun nur noch 25 000 Euro. Dann hätte ich 150 000. Aber das erscheint mir ein bisschen riskant, praktisch mein ganzes Kapital sofort zu investieren. Damit wäre ich überhaupt nicht mehr flüssig und dabei würde ich mich nicht wohl fühlen. Wenn es möglich ist, würde ich gern ein Darlehen von 75 000 Euro bei Ihnen aufnehmen.
S: Haben Sie denn noch irgendwelche Sicherheiten privater Art?
K: Meine Eltern wären bereit für mich zu bürgen.
S: Gut. Prinzipiell sehe ich keine größeren Schwierigkeiten. Natürlich kann ich die Entscheidung nicht allein treffen. Ich habe mir Notizen gemacht und werde für Sie bei unserer Hauptverwaltung einen Antrag stellen. Wenn denen die Zahlen gefallen, brauchen wir natürlich die ganzen Einzelheiten, einschließlich aller Verträge und die Bürgschaft Ihrer Eltern. Aber zunächst brauchen Sie gar nichts zu machen. Sie hören von mir. Geben Sie mir doch noch Ihre Adresse, Frau Knopf.
K: Brigitte Knopf, Altheimer Straße 68, 77083 Friedrichshafen.
S: Ich gebe Ihnen in den nächsten Tagen Bescheid. Denken Sie nur schon mal an die Formalitäten.

b. … (Briefkopf)
Ihr Antrag auf ein Darlehen
Sehr geehrte Frau Knopf,
das Darlehen wird in der (von Ihnen) gewünschten Höhe genehmigt. Wir möchten Sie bitten, uns Ihre Sicherheiten schriftlich zu bestätigen. Außerdem bitten wir Sie, das beigefügte Formular auszufüllen und zum nächsten Termin mitzubringen. Bitte vereinbaren Sie mit mir einen Termin.
Mit freundlichem Gruß
…
Anlage: Formular

7.
Redemittel:
Ich würde einen Kredit aufnehmen / sparen / im Lotto gewinnen …
Ich würde aber lieber sparen / einen Kredit aufnehmen, weil es bequemer ist.
…, weil ich keine Schulden / … haben will.
Das Geld / … ist dann sowieso nichts mehr wert.
Aber meinst / glaubst du nicht auch, dass …
Aber das macht doch heute / … jeder.
Wenn man spart, dann (bekommt man das Geld nie zusammen).
Wenn man einen Kredit aufnimmt, dann (hat man sofort / zu einem bestimmten Termin Geld).

8.
sich vor … (+ Dat) scheuen
sich auszahlen
sich ausräumen lassen
sich wenden an (+ Akk)
sich beschweren bei (+ Dat)

9.
a. 1 d; 2 a; 3 f; 4 e; 5 b; 6 c

b. die Rechnung bezahlen, begleichen, schreiben
die Schulden bezahlen, abzahlen, begleichen
den Betrag einzahlen, verrechnen, bezahlen, gutschreiben
die Kosten gutschreiben, begleichen
den Scheck verrechnen, schreiben
das Bargeld einzahlen
die Gesamtsumme einzahlen, verrechnen, bezahlen, gutschreiben

10.

a. *Anruf für:* Herrn Trombler
Anrufer: Frau Gessner
Nachricht: Rechnung über 2 230,– DM, fällig am 3. Januar
Bitte um: Überweisung bis Ende Dezember möglich?

Hier spricht Gessner, Frau Gessner mit doppel-s, aus der Buchhaltung der Spedition Reinsch und Sohn. Ich hätte gern Herrn Trompler gesprochen. Ja, vielleicht können Sie ihm eine Nachricht hinterlassen. Es geht um Folgendes. Sie haben eine Rechnung bei uns ausstehen, und zwar über 1 140,– Euro. Sie ist zwar erst am 3. Januar fällig, aber wir machen gerade unsere Jahresabrechnung. Es wäre für uns sehr hilfreich, wenn Sie vielleicht schon bis Ende Dezember überweisen könnten. Kann Herr Trompler mich zurückrufen um mir zu sagen, ob das möglich ist? Vielen Dank.

b. – Quinn Guinness Brauerei
– Rechnung bezahlen
– Auftrag-Nr. 937733 vom 16. 06. 19xx
– schickt / überweist Geld heute

Guinness Brauerei, Murphy = **G**
Vetter: **V**

G: Guten Tag, hier spricht Murphy von der Brauerei Guinness, Dublin. Ist dort Mikrotronic in Nürnberg?
V: Ja, Vetter am Apparat.
G: Ah gut. Ich rufe im Auftrag von Herrn Quinn an. Er spricht leider kein Deutsch.
V: Wie bitte? Quinn? Wie schreibt man das?
G: Q - u - i - n - n. Wie Anthony Quinn.
V: (lacht) Ja, den kenne ich.
Was kann ich für Sie tun?
G: Ja, Herr Quinn hat ein kleines Problem. Anscheinend haben Sie einen Auftrag für uns ausgeführt. Herr Quinn hat eine Rechnung vorliegen. Er möchte jetzt ganz sichergehen, dass Sie Ihr Geld auch bekommen.
V: Haben Sie irgendwo meine Auftrags-Nr.?
G: Ja, hier, Moment. Hier steht Auftrag Nummer 937 733 vom 16. 6. 96.
V: Ja, die ist von mir. Sicher haben Sie auch meine Bankverbindung. Überweisen Sie das Geld doch einfach.
G: Darf ich noch einmal bestätigen: Ihre Bank ist die Volksbank Nürnberg, Konto-Nr. 383 025?
V: Richtig.
G: Und hier steht BLZ …
V: Das ist die Bankleitzahl, so eine Art Postleitzahl für Banken. Die ist wichtig. Die BLZ ist 737 800 00.
G: Und diese Angaben genügen für die Überweisung?
V: Ja, vollkommen. Mikrotronic GmbH, Nürnberg.
G: Vielen Dank, Herr Vetter. Wir schicken das Geld gleich heute los.
V: Ich danke Ihnen. Auf Wiederhören.

11.

Sehr geehrte Damen und Herren,
(04) …
(05) …
(01) Deshalb wären wir Ihnen dankbar, …
(07) …
(11) …
Wir danken Ihnen im Voraus für Ihre Zahlung
Mit freundlichen Grüßen
…

12.

1. Damen
2. angefragte
3. –
4. Elektrogeräten
5. –
6. vertrauens-
7. Letztes
8. kaufmännische
9. (auf) die
10. –
11. würden
12. –
13. negativen
14. Unsere

13.

b.
1. offene Rechnungen / Außenstände
2. Schuldner
3. Mahnung
4. Gläubiger
5. Buchführung
6. Steuererklärung
7. Forderungen
8. Wirtschaftsauskunftei
9. Kreditwürdigkeit
10. Inkasso

c. Zeile 1 bis 6 – a
Zeile 7 bis 25 – c
Zeile 26 bis 42 – b
Zeile 43 bis 54 – b
Zeile 55 bis 67 – c

14.
1 Zweigstelle; 2 Tastatur; 3 anbieten; 4 Schalter; 5 binden; 6 Investitionen; 7 Sparkonto; 8 einzahlen; 9 Geldstücke; 10 Gebühr; 11 vorformulierte; 12 austauschen; 13 Berater; 14 angesprochen; 15 Maßnahmen

Kapitel 9

2.
b. Japan 8; USA 30; Deutschland 12; Schweiz 22;

3.
b. 1 nein; 2 ja; 3 ja; 4 ja; 5 nein; 6 ja; 7 nein; 8 nein; 9 nein; 10 ja

Guten Tag, liebe Hörerinnen und Hörer unseres Magazins „Morgenstund hat Gold im Mund“. Auch heute haben wir wieder interessante Informationen für Sie. In unserem ersten Beitrag geht es um Faxgeräte und was bei ihrem Gebrauch schief gehen kann. Wir begrüßen dazu bei uns im Studio eine gestresste Faxteilnehmerin, die uns von ihren Problemen mit dem Medium berichten wird. Zuerst zu Ihnen, Frau Flohr. Erzählen Sie kurz von sich selbst.

F: Ich arbeite als Handelsvertreterin in der Lebensmittelbranche und brauche für meine Tätigkeit natürlich ein Faxgerät. Schon seit Monaten habe ich extreme Unannehmlichkeiten mit Fax-Sendungen, die irrtümlich bei mir ankommen.
SDR: Und das sind ja nun nicht nur irgendwelche unschuldigen Papiere …
F: Nein, es handelt sich durchweg um Unterlagen der Commerz-Bank und die können schon mal unwichtig und unschuldig sein, aber oftmals auch nicht.

Stop

SDR: Nennen Sie uns doch mal ein paar Beispiele von Sendungen, die Sie in letzter Zeit so bekommen haben.
F: Bei den delikateren Unterlagen wären zum Beispiel Kreditauskünfte zu nennen. Stellen Sie sich vor, was passieren könnte, wenn diese Dinge in falsche Hände fallen würden. Ich glaube, die Bankkunden, über die diese Kreditauskünfte geschrieben werden, wären nicht gerade erfreut, wenn sie das wüssten.
Ähnlich ist es mit Skizzen von Tresoren! Auch die Renditebescheinigungen verschiedener Kunden der Bank gehören dazu.

Stop

SDR: Ist ja eigentlich unglaublich, dass diese doch vertraulichen Sachen überhaupt per Fax verschickt werden, nicht wahr? Wie passiert das denn nun, dass Sie immer ausgerechnet die Faxe der Commerzbank bekommen?
F: Das ist ganz einfach zu erklären. Die Faxe sind an die Berliner Filiale der Commerzbank gerichtet. Da ich ja nun in Frankfurt wohne, wo die Zentrale der Commerzbank sich befindet, da muss nur ein Bankangestellter die Null der Vorwahl für Berlin vergessen, dann entsprechen die ersten sechs Ziffern meiner Fax-Nr. Und schon landen die Faxe bei mir.

Stop

SDR: Ganz einfach, in der Tat. Aber natürlich sehr ärgerlich für Sie. Und haben Sie sich darüber beschwert?
F: (lacht) Das können Sie mir glauben. Ich habe die Bank erst telefonisch, dann schriftlich darüber informiert, um welche Art von Papieren es sich handelt, aber die nahmen das ganz gelassen hin und sagten lediglich, daran sei nun mal nichts zu ändern, man könne sich ja wie am Telefon auch am Faxgerät verwählen.

Stop

SDR: Wirklich beruhigend, nicht wahr? Aber für Sie kostet das Ganze ja auch Zeit und Geld – bzw Faxpapier.
F: Ach ja, das war ja noch ganz witzig. Man bat mich bei meinem ersten Anruf, die Faxe zurückzuschicken. Das tat ich

auch ganz brav. Daraufhin kam prompt ein Chauffeur der Commerzbank und lieferte bei mir einige Rollen Faxpapier ab. Die konnte ich jedoch nicht verwenden, das Papier hatte die falsche Größe!

SDR: Hat die Geschichte ein Ende?

F: Leider nicht. Aber jetzt werfe ich alles einfach unbesehen in den Papierkorb.

SDR: Ja, liebe Zuhörerinnen und Zuhörer, haben Sie ähnliche Erfahrungen gemacht? Schreiben Sie uns! – Aber vielleicht lieber nicht per Fax.

4.

•••

Angebot über Faxgeräte SP 215

Sehr geehrte Frau Karcher,
wir beziehen uns auf Ihren Besuch an unserem Messestand auf der CeBIT 96 und bieten Ihnen wie folgt an: 10 Stück Faxgeräte der Serie SP 215. Der Preis beträgt 639,– Euro pro Stück.
Dieses Gerät wurde auf der CeBIT 96 zum ersten Mal vorgestellt. Wir sind in der Lage Ihnen einen Messerabatt von 15 % anzubieten.
(oder: Faxgeräte der Serie SP 215. Dieses Gerät wurde auf der CeBIT 96 zum ersten Mal vorgestellt. Bei Bestellung von 10 Geräten beträgt der Preis 639,– Euro pro Stück. Wir sind in der Lage Ihnen einen Messerabatt von 15 % anzubieten.)

Die Lieferung erfolgt ab Werk. Bitte denken Sie daran, dass die Transportversicherung von Ihnen gedeckt werden muss.

Unsere Zahlungsbedingung bei Erstaufträgen lautet Kasse gegen Dokumente. Bitte haben Sie dafür Verständnis. Bei guter Geschäftsentwicklung (Oder: Wenn sich unsere Geschäfte gut entwickeln, ...) wird es später möglich sein, durch Banküberweisung zu bezahlen.

Dieses Angebot ist auf 8 Wochen befristet.

Ihrem Auftrag sehen wir gerne entgegen.

Mit freundlichen Grüßen
•••

5.

Anruf für: Frau Karcher
Anrufer: Herr Dobermann
Firma: Schwenck, Hannover
Telefon: 0421 / 6529 – 3401
befristetes Messeangebot über neue Faxgeräte, Frist fast abgelaufen
Außendienstbesuch angeboten
Bitte um: Rückruf

- Guten Tag, hier spricht Dobermann von der Fa. Schwenck, Hannover. Könnten Sie mich bitte mit Frau Karcher verbinden?
- Frau Karcher ist leider nicht im Haus.
- Ach so, wann erwarten Sie sie denn zurück?
- Morgen erst. Kann ich Ihnen vielleicht weiterhelfen?
- Vielleicht könnte ich bei Ihnen eine Nachricht hinterlassen.
- Ja natürlich. Wie war nochmal Ihr Name?
- Dobermann, wie der Hund. Fa. Schwenck mit c-k. Hannover. Wie hatten Frau Karcher ein Messeangebot über unsere neuen Faxgeräte geschickt. Das Angebot war auf acht Wochen befristet. Nun ist diese Frist fast abgelaufen. Unser Vertreter für Dänemark wird in zwei Tagen einige Kunden in Kopenhagen besuchen. Wenn es Frau Karcher recht ist, könnte er bei Ihnen vorbeikommen und eventuell anstehende Fragen klären. Vielleicht könnte Frau Karcher mich zurückrufen. Meine Telefon-Nr. ist 0421–65 29, Durchwahl 34 01.
- Ich habe alles notiert und werde es an Frau Karcher weiterleiten.
- Vielen Dank, auf Wiederhören.

6.

a. Diktaphon (Diktiergerät)

A: Sag mal, ist das neu?
B: Ja, habe ich eben ausgepackt.
A: Ich hab noch nie mit so was gearbeitet. Wie funktioniert das denn?
B: Hm, da muss ich selbst erst mal genau hingucken. Mein Altes hat ganz anders ausgesehen.
A: Hast du den Stecker eingesteckt?
B: Ach ja, richtig. Es läuft zwar auch über Batterien, aber die haben dummerweise keine mitgeliefert. Also hier ist das Netzgerät, so, jetzt ...
A: Hier, leg mal die Kassette ein. Mensch, die ist aber klein.
B: Ja, die nennt sich auch Mini-Kassette. Wie rum muss ich die denn einlegen? Ach so, mit Band nach hinten, okay.

A: So, und jetzt kannst du einfach loslegen. Sag mal was.
B: Nein, warte, hier gibt es eine Sicherheitsverriegelung. Die muss ich erst mal lösen. So, jetzt. Wenn ich diesen Schalter nach unten schiebe, müsste eigentlich das Band laufen.
A: Es läuft. Jetzt kannst du was sagen.
B: Wo ist denn das Mikrofon? Und wie dicht muss ich da ran? Lass mal die Bedienungsanleitung sehen ...

b. Stecker, Batterien, Netzgerät, Kassette, Band, Sicherheits-Verriegelung, Schalter, Mikrofon

1. bringen
2. schaltet
3. geschoben
4. schieben
5. eingestellt
6. steht
7. bringen
8. eingestellt
9. geregelt
10. aufnehmen
11. angeschlossen
12. gebracht

8.

a. Hier einige Kriterien, die von Interesse sein könnten, aber lesen Sie möglichst erst den Text. Stand-by-Leistung (Dauer 50 Stunden); Aufladen möglich, auch wenn noch nicht ganz leer; klein und handlich, passt in Damenhandtasche, Jackentasche; Tarif; flächendeckendes Netz; Freischaltung fürs Ausland; Gewicht; Display; Mailboxsystem, d.h. es ist ein Anrufbeantworter integriert; Klingelgeräusch-Ersatz, Vibrieren oder Blinken

c.
1. leider nicht
2. zwischen 250 und 500 Euro
3. – übersichtliches Display
   – Betriebszeit
4. 54 / CM DX 1000
   Micro Tac 8200
5. b. Vibrieren statt klingeln

d. *Dagegen:* dann habe ich ja kein Privatleben mehr; man muss sich auch zurückziehen können; doof: überall piept es und die Leute telefonieren überall; keine Ruhe mehr zu einem Gespräch; man wird im Beruf und auch privat ständig kontrolliert; alle wollen sich nur wichtig machen ...

Dafür: man ist unabhängig vom Schreibtisch oder einer Telefonzelle; erleichtert die Managementarbeit, Fehlplanungen oder Wartezeiten lassen sich leichter vermeiden; Arbeitnehmer müssen nicht alles, was sie von zu Hause aus erledigen, privat bezahlen; der Kontakt mit dem Büro ist auch unterwegs gewährleistet ...

9.

a. die Videokonferenzeinrichtung, -en
der Videokonferenzraum, ¨-e
das Bildschirmmeeting, -s
der Computerdienst, -e
das Faxgerät, -e
die Videokamera, -s
der Kopierer, –
die Computerstation, -en

b. Bei uns können Sie jederzeit normale Kopien machen oder unsere Hilfskräfte darum bitten, wir stehen Ihnen Tag und Nacht zur Verfügung.
Aber wir bieten Ihnen auch andere Dienstleistungen: So können Sie stundenweise Computerstationen mieten, die mit allen Finessen des Desktop-Publishing ausgestattet sind. Hier können Sie alles nach Ihren eigenen Wünschen gestalten.
Oder Sie können, ebenfalls stundenweise, einen Videokonferenzraum mieten. – Schon 150 unserer 710 Läden bieten Ihnen diesen Service.

10.

a. Lektorin = **L**
Frau Krüger = **K**

L: So, Frau Krüger, jetzt kommen wir endlich dazu, mal in Ruhe über die Buchherstellung in unserem Verlag zu sprechen.
K: Ja, ich habe bisher immer nur einzelne Teile davon gesehen, aber jetzt, wo das alles elektronisch gemacht wird, ist es ja nicht mehr so greifbar wie früher.
L: Das ist allerdings wahr. Man sieht fast nur noch Disketten und Bildschirme. Aber es gibt immer noch richtige Autoren, aus Fleisch und Blut. Und entweder kommt dieser Autor mit einer Idee zu uns oder wir suchen uns selbst einen Autoren, wenn wir eine Idee haben. Der Autor und ich, wir sprechen dann miteinander über die Buchkonzeption, also dazu gehört der Inhalt, ob wir uns an einer Prüfung orientieren oder nicht. Welchen Umfang soll das Buch haben, wie viele Kapitel, Lösungsschlüssel, Wortlisten usw.

K: Klar, bei einem Lehrbuch ist das besonders wichtig, das sehe ich. Aber ich stelle mir das schwer vor, so ein Buch zu schreiben und zu koordinieren. Machen Sie und der Autor das ganz allein?

L: Nein, nicht ganz. Wir werden dabei von unserer Vertriebsabteilung, insbesondere dem Marketing beraten. Die haben viel Erfahrung darin, was sich verkauft und wo. Aber inhaltlich reden sie uns eigentlich nicht viel rein.

K: Und dann, wenn die Konzeption steht, geht der Autor nach Hause und fängt an zu schreiben. Wahrscheinlich stehen Sie währenddessen in Kontakt miteinander?

L: Ja sicher. Der Autor erfasst, speichert seinen Text am PC und schickt uns die Diskette zu. Oder auch, wenn er entsprechend ausgestattet ist, die Dateien über ein Modem. Gleichzeitig erteilen wir einem Künstler, das ist meistens ein Fotograf bzw. Zeichner oder aber auch einer unserer Mitarbeiter, den Auftrag, die Bilder bzw. Fotos zu beschaffen. Natürlich nehmen wir auch oft Fotos, die schon woanders erschienen sind. Für diese brauchen wir dann ein Copyright.

K: Und die Bilder werden an eine Repro-Firma geschickt, nicht? Dort werden sie gescannt und dann schickt die Repro-Firma die Datei mit den Bilddateien an den Verlag – auch über Modem?

L: Richtig. Ach so, Sie wissen das, weil Sie selbst schon einmal bei einer Repro-Firma gearbeitet haben.

K: Ja genau. Und wer koordiniert das alles? Machen Sie das?

L: Das macht unsere Herstellung. Der Hersteller koordiniert die gesamte Produktion. Zusammen mit einem Grafiker entwirft er das Layout. Jetzt hat er ja Text und Bilder. Die werden so bearbeitet, dass auf dem Bildschirm jede spätere Buchseite vollständig zu sehen ist. Von diesen gelay-outeten Seiten bekommen wir dann einen Papierausdruck, der Autor und ich.

K: Und dann schicken Sie sicher die kompletten Dateien, also das vollständige Layout, wieder an die Repro-Firma.

L: Nein, sondern über Modem an die Druckerei. Das Buch kann dann direkt gedruckt werden.

K: Die Post spielt fast gar keine Rolle mehr dabei. Und das geht ja alles viel schneller als früher.

L: Ja, es ist auch viel einfacher, Korrekturen vorzunehmen. Das beginnt schon in der ersten Phase, also gleich nachdem der Text vom Autor geschickt wurde, und auch viel später sind noch Korrekturen möglich. Man muss nur während der Layout-Phase wissen, wie viel Platz gebraucht wird. Dann sind Änderungen noch sehr spät möglich.

1.– 3.
4. Speicherung des Textes auf Diskette und Schicken an den Verlag oder Schicken der Datei über Modem.
5. Beauftragung eines Künstlers oder Fotografen.
6. Fotograf / Zeichner macht Abbildungen.
7. Abbildungen / Zeichnungen an Reprofirma.
8. Scannen der Bilder und Schicken der Datei mit Bilddaten über Modem an den Verlag.
9. Koordinierung der Produktion durch den Hersteller.
10. Entwurf eines Lay-outs durch Hersteller (mit Hilfe eines Grafikers).
11. Je ein Papierausdruck an den Autor und den Lektor.
12. Dateien (Text und Bild) über Modem (oder auf Datenträgern) zur Druckerei.
13. Direktes Drucken des Buches.

12.

C, A, B, E, D, F

13.

1 Kommunikationssystem; 2 papierlosen; 3 ermöglicht; 4 zuverlässig; 5 –; 6 Einzelhändler; 7 ausschließlich; 8 –; 9 müssen; 10 die sich auf … spezialisiert hat; 11 – ; 12 Programm; 13 –; 14 beantwortet; 15 stehen zur Verfügung;

14.

1 nein; 2 ja; 3 ja; 4 nein; 5 ja; 6 nein; 7 ja; 8 ja; 9 ja; 10 nein

15.

b. 1. a) Je öfter die Werbung im Fernsehen erscheint, desto / umso größer ist die Wirkung.
b) Je besser die Gewinnsituation der Firma ist, desto höher ist die Dividende.
c) Je früher die Waren geliefert werden, desto schneller erfolgt die Bezahlung.
d) Je länger die Ausländer in Deutschland bleiben, desto besser sprechen sie Deutsch.
e) Je mehr Computer eingesetzt werden, desto weniger Menschen werden gebraucht.

2. a) Entweder hat die Buchhaltung die Rechnung falsch ausgestellt oder der Kunde hat einen Fehler gemacht.
   b) Sie schließen eine Versicherung ab oder Sie müssen jeden Schaden selbst bezahlen.
   c) Entweder wir investieren in die neue Technologie oder wir sind nicht konkurrenzfähig.

3. a) Sie haben den Auftrag sowohl telefonisch als auch schriftlich erteilt.
   b) In der Fabrik wird sowohl samstags als auch sonntags gearbeitet.
   c) Sie können uns sowohl über Fax als auch über E-Mail erreichen.
   d) Unsere Firma ist sowohl in Europa als auch in Übersee vertreten.
   e) Er ist sowohl mit EDI als auch mit JIT vertraut.

4. a) Die Geschäftsfrau lernt nicht nur Deutsch, sondern auch Portugiesisch.
   b) Er hat nicht nur viel Erfahrung mit CAD, sondern er hilft auch jungen Kollegen bei der Arbeit damit.
   c) Die Firma hat nicht nur finanzielle Probleme, sondern es fehlt auch an geschultem Personal.
   d) Sie müssen nicht nur mit Ihrem Vorgesetzten darüber sprechen, sondern auch die Kollegen informieren.

5. a) Er hat weder das Projekt beendet noch uns darüber berichtet.
   b) Der Stellenbewerber hat weder die richtige Qualifikation noch ist er bereit seinen Wohnort zu wechseln.

6. a) Einerseits ist die Schweiz ein kleines Land, andererseits ist das Industriepotential groß.
   b) Einerseits ist der Plan leicht zu erarbeiten andererseits schwer zu verwirklichen.
   c) Einerseits bringt die Technologie viele Erleichterungen, andererseits verlangt sie viele Investitionen.
   d) Einerseits müssen wir immer mehr Überstunden machen, andererseits werden immer mehr Computer angeschafft.

16.

a. Das müssen Sie selbst entscheiden.

Kapitel 10

1.

DGB = Deutscher Gewerkschaftsbund
IW = Institut der Deutschen Wirtschaft

2.

b. Normalarbeitszeit = Das ist die Arbeitszeit, die im Tarifabkommen ausgehandelt und als Normalarbeitszeit verbindlich ist.
Teilzeit = Eine im Vertrag festgelegte Arbeitszeit, die unter der Normalarbeitszeit liegt.
flexible Arbeitszeit = Wenn ein Arbeitnehmer / Angestellter seine Arbeitszeit frei (oder in einem bestimmten Rahmen frei) organisieren kann.

3.

a. Ergibt sich aus dieser Aufgabe.

b. 1. Arbeitskräfte vermitteln
   2. 1964; Nürnberg, Frankfurt, Mannheim, Stuttgart, München; 35
   3. 3 Monate
   4. Urlaubsvertretung, Mutterschaftsvertretung, Überbrückung
   5. Monatsgehalt, unbezahlter Urlaub, bezahlter Urlaub
   6. flexibel, schnell

Frau Ruprecht = **R**
Moderatorin = **M**

M: Wir sind hier in Nürnberg, bei dem Zeitarbeitsunternehmen B. Timmermann, und sprechen mit Frau Ruprecht, der Geschäftsführerin des Unternehmens. Frau Ruprecht, was ist das eigentlich, ein Zeitarbeitsunternehmen?
R: Wir beschäftigen Mitarbeiter und Mitarbeiterinnen, die wir an andere Unternehmen vermitteln, sozusagen „verleihen", und zwar über einen Zeitraum von längstens drei Monaten. Das schreibt der Gesetzgeber vor, daher der Begriff „Zeitarbeit".
M: Können Sie uns ein bisschen über Ihr Unternehmen erzählen? Also zum Beispiel wann es gegründet wurde, wie viele Mitarbeiter Sie haben usw.
R: Unser Unternehmen existiert schon verhältnismäßig lange, wir sind eines der ältesten Zeitarbeitsunternehmen Deutschlands. Das fing im Jahr 1964 an, da hat Frau Timmermann das Unternehmen gegründet. Sie ist übrigens

immer noch die Inhaberin, obwohl sie schon seit etwa zehn Jahren im Ruhestand ist. Inzwischen haben wir expandiert, es gibt uns hier in Nürnberg, wo die Zentrale ist, dann in Frankfurt, Mannheim, Stuttgart und München, also in ganz Süddeutschland, kann man sagen. Nach Mitarbeitern haben Sie noch gefragt. Hier in Nürnberg sind es 35 im Augenblick. Manche sind schon lange bei uns, andere nur kurzfristig.

M: Um noch mal auf die Anfänge zurückzukommen: 1964, das ist wirklich schon sehr lange her. Warum wurde damals ein Zeitarbeitsunternehmen gegründet?

R: Frau Timmermann war zu der Zeit selbst als Angestellte in der Industrie tätig und wollte sich gerne selbstständig machen. Sie hatte damals schon einen guten Riecher dafür, was die Wirtschaft brauchte bzw. in Zukunft vermehrt brauchen würde. In den USA gab es schon länger ähnliche Unternehmen, aber dort sind die ökonomischen Bedingungen ja ganz anders als bei uns. Aber hier wie dort brauchen Unternehmen immer wieder kurzfristig Arbeitskräfte. Klassische Fälle sind Urlaubs-, Krankheits- und Mutterschaftsvertretung. So war das zumindest in den sechziger und siebziger Jahren. Jetzt haben sich die Einsatzbereiche und -bedingungen verändert.

M: Spezialisieren Sie sich auf bestimmte Berufsgruppen?

R: Ja, das kann man sagen. Wir beschäftigen ausschließlich Leute, die im Büro tätig sind, und da vorwiegend Schreibkräfte, Sekretärinnen und Sachbearbeiter in allen möglichen Abteilungen.

M: Warum wollen Leute Zeitarbeit machen?

R: Oh, da gibt es viele Gründe. Wenn man sozusagen ganz unten beginnt, wir beschäftigen Berufsanfänger, die vielleicht gerade eine Lehre abgeschlossen haben und sich zunächst orientieren wollen, was es so gibt in der Industrie. Sie arbeiten eine Zeitlang bei uns und suchen sich dann eine feste Stelle. Das heißt sie bekommen bei uns Berufserfahrung und Entscheidungshilfen. Aber die Mehrzahl unserer Mitarbeiterinnen genießen einfach die Freiheit und Flexibilität, die ein Vertrag mit uns ihnen bietet. Sie können bei uns Teilzeitarbeit machen, ganz individuell geregelt, oder auch Vollzeit, jederzeit Urlaub, bezahlt oder unbezahlt. Sie haben nie tödliche Routine, weil sie nie zu lange an einer Stelle sind.

M: Sie sprechen von Mitarbeiterinnen. Sie haben also vorwiegend weibliche Angestellte?

R: Ja, zur Zeit haben wir ausschließlich weibliche Mitarbeiter!

M: Was für, sagen wir, Eigenschaften müssen Zeitarbeiter bei Ihnen mitbringen? Können Sie uns eine / n typische / n Beschäftigte / n bei Ihnen beschreiben?

R: Ja, wie schon gesagt, die meisten unserer Mitarbeiterinnen arbeiten aus Gründen der Flexibilität bei uns. Das heißt natürlich im Umkehrschluss, dass sie selbst auch sehr flexibel sein müssen. Sie müssen fähig sein, sich immer wieder neuen Bedingungen anzupassen. Das setzt ständige Lernbereitschaft und Lernfähigkeit voraus. Sie müssen Gelerntes schnell in neuen Situationen anwenden können.

M: Wie sind die Arbeitsbedingungen bei Ihnen?

R: Unsere Mitarbeiterinnen bekommen einen Arbeitsvertrag, der mit uns abgeschlossen wird. Wir sind der Arbeitgeber. Wir setzen die Vergütung fest. Diese Vergütung wird entsprechend der Tätigkeit festgelegt. Und die Tätigkeit bestimmt sich natürlich aus den Qualifikationen und der Berufserfahrung der Mitarbeiterin. Das ist bei uns genauso wie bei anderen Unternehmen auch. Genauso wie bei anderen Unternehmen gibt es bei uns auch bezahlten Urlaub und – was besonders wichtig ist, die Garantie, dass die Mitarbeiterin ihr Gehalt bekommt, so lange sie einen Vertrag mit uns hat, auch wenn wir mal in Ausnahmefällen keine Arbeit für sie haben. Unsere Arbeitnehmer sind also abgesichert. Natürlich sind die Kündigungfristen, bedingt durch die Länge der Verträge, kürzer als bei unbefristeten Verträgen.

M: Kann man mit Zeitarbeit viel Geld verdienen?

R: (lacht) Wenn man regelmäßig und gut arbeitet, ja. Genauso wie anderswo. Auch bei uns gibt es Gehaltserhöhungen. Für die Karriere hat es allerdings gewisse Vorteile, wenn man kontinuierlich in einer Firma arbeitet.

M: Wer sind Ihre Kunden? Zählen Sie typische Vertreter auf.

R: Namen möchte ich keine nennen, aber allgemein gesagt haben wir Kunden aus allen möglichen Wirtschaftszweigen, hier in Nürnberg vor allem Elektrotechnik, dann die Lebensmittelindustrie, die Autoindustrie, aber auch Dienstleistungsbetriebe wie Werbeagenturen und so weiter. Unternehmen aller Größenordnungen zählen zu unseren Kunden, insbesondere mittelständische und Großbetriebe.

M: Sehen Sie eine gute Zukunft für Zeitarbeitsunternehmen?

R: Das Geschäft floriert und ich sehe keinen Grund, warum es nicht so weiter gehen sollte. Wie schon erwähnt, haben sich unsere klassischen Tätigkeitsfelder verschoben. Heute stellen Unternehmen kaum noch zur Urlaubsvertretung Zeitarbeiterinnen ein, das kostet zu viel, aber sie brauchen uns, um zum Beispiel kurzfristige Mehrarbeit aufzufangen oder zur Überbrückung, wenn nicht klar ist, ob eine Stelle neu besetzt wird oder nicht. Wir müssen uns auf neue Aufgaben einstellen und möglichst vorausdenken. Außerdem müssen wir im Zuge der rasenden technologischen Entwicklung unsere Mitarbeiterinnen weiterbilden. Auch das tun wir.

M: Vielen Dank für das Gespräch.

5.

a.
- a) Beim Betreten der Firma muss der Ausweis vorgezeigt werden.
- b) Die Arbeitszeiten müssen eingehalten werden.
- c) Jeder Betriebsunfall muss sofort gemeldet werden.
- d) Betriebsräte und Jugendvertreter müssen gewählt werden.
- e) Die Interessen der Arbeiter müssen berücksichtigt werden.
- f) Die Löhne und Gehälter müssen pünktlich ausgezahlt werden.
- g) Neue Betriebsvereinbarungen müssen bekannt gemacht werden.
- h) Die gleitende Arbeitszeit muss jetzt eingeführt werden.

b.
- a) Wenn die Türe verschlossen ist, bitte klingeln / klingeln Sie bitte.
- b) Nachdem Sie Ihre Arbeit beendet haben, schalten Sie bitte das Licht aus.
- c) Bevor einem Mitarbeiter gekündigt wird, wird der Betriebsrat informiert.
- d) Bevor Sie die Werkstatt verlassen, achten Sie bitte darauf, dass Sie die Maschinen ausschalten.
- e) Bevor Sie die Maschinen ausschalten, prüfen Sie bitten den Ölstand.
- f) Nachdem Sie ein Telefongespräch beendet / geführt haben, notieren Sie bitte sofort die Sprechzeit und den Gesprächspartner.
- g) Während der Arbeit in der Montagehalle bitte Schutzbrille tragen / muss jeder Mitarbeiter eine Schutzbrille tragen / Während Sie in der Montagehalle arbeiten, tragen Sie bitte eine Schutzbrille / bitte Schutzbrille tragen.
- h) Wenn Feueralarm gegeben wird, bitte sofort das Gebäude verlassen / verlassen Sie bitte sofort das Gebäude.

7.

a. Zeilen 1–22: c
Zeilen 23–41: b
Zeilen 42–57: a
Zeilen 58–74: b
Zeilen 75–91: a

b. Gegenargumente in Anhang
- Kosten
- kaum Unfallgefahr im Betrieb
- Krankenhaus sehr nah
- Mitarbeiter sollen zum eigenen Arzt gehen …

8.

a. 1 Beruf; 2 vereinbaren; 3 Arbeitgeber; 4 installierte; 5 ausarbeitet; 6 Termine; 7 einfache; 8 im Büro; 9 verändern; 10 handelt; 11 tragen; 12 Firmensitz; 13 Angestellten; 14 persönliche; 15 trennen; 16 übertragen; 17 gesehen; 18 die Gefahr; 19 Verträge; 20 Kontakt

Testkapitel 1 + 2

Die Testkapitel sind für den Gruppenunterricht gedacht und erfüllen damit die Funktion einer Lernzielkontrolle.
Die Lösungen sollten gemeinsam erarbeitet werden.

Textquellen

Seite

28 Sie haben es geschafft! – aus: Informationen für Berufsstarter, Die Kärtner Sparkasse
31 nach: Entspannter diskutieren, in: Wirtschafts-Woche Nr. 26 vom 22.6.1995, S. 95
34 nach: Einfach motivierter, in: Wirtschafts-Woche Nr. 14 vom 1.4.1994, S. 73
61 nach: Damit der Kunde wiederkommt, in: handwerk magazin – Meister 94/95, S. 67
68 nach: Verschaffen Sie sich Profil, in: handwerk magazin – Meister 94/95, S. 64f.
76 nach: Broschüre „100-jähriges Jubiläum der Firma Herz Armaturen, A-Wien“
83 nach: Wir brauchen Innovationen statt Restriktionen, Verband der Chemischen Industrie e.V., Frankfurt am Main
86 nach: Unternehmen als Praktiker, in: Neue BS Nr. 5/1994, S. 11
91 nach: Helmut Raithel, Das blaue Wunder, in: manager magazin, Heft 2/1996
96 nach: Knapp kalkuliert, in: WirtschaftsWoche Nr. 47 vom 16.11.1995, S. 84
100 nach: Besucherprospekt Messe Düsseldorf
120 nach: Rechte im Binnenmarkt, in: test Nr. 2/1993, S. 14
125 nach: Bewährter Weg in den Einzelhandel; Schöne Bescherung im Weihnachtsgeschäft, in: Handelsblatt Nr. 7 vom 16./17. 2.1996
127 zitiert aus: DIE WELT, Februar 1996
142 nach: Rechte im Binnenmarkt, in: test Nr. 2/1993, S. 15
154 nach: Peter Pletschacher, Checklist: Gut verpackt ist halb verstaut, in: Lufthansa Bordbuch Nr. 1/1996, S. 11
156 nach: Kurierdienste, in: WirtschaftsWoche Nr. 46 vom 9.11.1995, S. 114
173 nach: Auf allen Kanälen, in: WirtschaftsWoche Nr. 51 vom 14.12.1995, S. 119
179 nach: Außenstände kosten Geld, in: RWR Nr. 6/1996
182 nach: Mr. Money, in: WirtschaftsWoche Nr. 50 vom 8.12.1994, S. 128f.
193 nach: Mobiltelefone – Unauffälliges Vibrieren, in: WirtschaftsWoche Nr. 50 vom 7.12.1995, S. 128
195 nach: Rund um die Uhr im Angebot, in: WirtschaftsWoche Nr. 24 vom 10. 6.1994, S. 109
202 nach: Explosion der Dienste, in: EUmagazin 31 7-8/1995
203 nach: Beschauliche Landstraße, in: EUmagazin 30 4/1995
204 nach: Auf den Kopf stellen, in: WirtschaftsWoche Nr. 6 vom 1. 2.1996, S. 44ff.
221 nach: Doris Steiner, Wir machen ständige Verbesserung zum Prinzip unseres Handelns, in: Sichere Arbeit Nr. 2/1994
223 nach: Susanne Hassenkamp, Arbeitsplatz der Zukunft: Die eigene Wohnung? – in: Brigitte Nr. 14/1995, S. 84ff.
234 14 – nach: Einfach motivierter, in: WirtschaftsWoche Nr. 14 vom 1. 4.1994, S. 73
240 10 – nach: Jörg Weber, Bescheidene Birne, in: Wochenpost Nr. 48 vom 23. 11.1995
244 11 – nach: Broschüre „Enka-Viskose“, Akzo Nobel Faser AG, Wuppertal
255 3 – nach: Brisante Irrläufer, in: FOCUS Nr. 32/1995

Bildquellen

Seite

11 Christiane Gerstung, München
11 Timotheus Fischer, München
12 Erich Schmidt Verlag, Berlin
24 Christiane Gerstung, München
30 Globus Kartendienst, Hamburg
46 Wirtschaftsförderungsamt des Landkreises Jerichower Land
48 Wirtschaftsförderungsamt des Landkreises Jerichower Land
80 Christiane Gerstung, München
84 Erich Schmidt Verlag, Berlin
89 IKEA / Werbeagentur Grabarz & Partner, Hamburg
90 Christiane Gerstung, München
90 Timotheus Fischer, München
91 Beiersdorf AG, Hamburg
94 ZAW, Bonn
99 Erich Schmidt Verlag, Berlin
108 Christiane Gerstung, München
128 aus: Seidel/Temmen, Grundlagen der BWL, S. 116, Verlag Dr. Max Gehlen, Bad Homburg
138 Thomas Plaßmann, CCC München
139 Christiane Gerstung, München
140 Christiane Gerstung, München
148 Deutsche Bahn AG
149 Globus Kartendienst, Hamburg
158 Erich Schmidt Verlag, Berlin
159 Huss-Verlag, München
163 Christiane Gerstung, München
168 Globus Kartendienst, Hamburg
185 Heinz Langer, CCC München
186 Globus Kartendienst, Hamburg
187 Globus Kartendienst, Hamburg
191 Dictaphone International, CH-Killwangen
193 Timotheus Fischer, München
198 Christiane Gerstung, München
211 Erich Schmidt Verlag, Berlin
215 Christiane Gerstung, München

Wir haben uns bemüht, alle Inhaber von Text- und Bildrechten ausfindig zu machen. Sollten Rechteinhaber hier nicht aufgeführt sein, so bitten wir um entsprechenden Hinweis.